음운과 방언 1

음운 연구를 위하여

음운과 방언 1

음운 연구를 위하여

초판 1쇄 발행 | 2020년 6월 15일

지은이 이병근
펴낸곳 (주)태학사
등록 제406-2020-000008호
주소 경기도 파주시 광인사길 217
전화 031-955-7580
전송 031-955-0910
전자우편 thspub@daum.net
홈페이지 www.thaehaksa.com

편집 김성천 최형필 조윤형
디자인 이보아 이윤경
마케팅 안찬웅
경영지원 정충만
인쇄·제책 영신사

값 25,000원

ISBN 979-11-90727-07-5 94710
ISBN 979-11-90727-06-8 (세트)

이 도서의 국립중앙도서관 출판예정도서목록(CIP)은 서지정보유통지원시스템
홈페이지(http://seoji.nl.go.kr)와 국가자료종합목록 구축시스템(http://kolis-net.nl.go.kr)에서
이용하실 수 있습니다.(CIP제어번호: CIP2020021520)

음운과 방언 1

음운 연구를 위하여

이병근 지음

태학사

내 언어의 삶

세월이 많이도 흘렀습니다. 내가 입을 떼며 말을 배우기 시작한 지 자그마치 80년이 넘는 세월이 흐르고 말았습니다. 내가 태어난 곳은 경기도 용인시 현재의 이른바 동백지구 인근의 한 초가집이었습니다. 근처에는 수원과 여주를 아침저녁으로 '칙칙폭폭' 오가던 협궤열차 정거장이 있었습니다. 말하자면 영릉이 있는 전통적 지역이었던 여주군과 조선조의 정조대왕의 꿈이 서린 옛 신도시에서 근대 도시로 탈바꿈하던 수원시, 수원 시내가 멀지는 않았던 용인 땅('용구현')에서 나는 태어났고 광복 이후 바로 우리 식구는 아예 수원 시내로 이사를 가 그곳에서 부모형제들과 함께 어린 시절을 보내다 한국동란을 맞았고 경남 울산으로 피난을 갔었습니다. 열세 살 때 서울로 올라와 휴전을 맞이했으며 중고교를 거치면서 어린 시절의 용인말 '앉은뱅이', 초등학교 시절 교과서의 '오랑캐꽃', 그 후 서울 표준말의 '제비꽃'과 훨씬 뒤에야 알게 된 '바이오렛'으로 변모하는 모습으로 시간과 공간을 지내며 내 자신의 '말(方言)'을 굳히면서 자랐습니다.

은사이신 심악 이숭녕 선생께서 국어음운론 강의를 마치시고 따라오라 하시면서 대학로 학교 앞 '세느강'(성균관을 거쳐 흘러내려오는 시내의 대학생들의 애칭) 건너의 한 다방으로 저를 데리고 가서서 커피 한 잔을 마시라고 권하시더니 어디에 관심이 있는가 하고 물으셨습니다. 깊이 생각도 하지 않고 그냥 "살아 있는 말인 '현대 방언'에 관심이 있는데요." 하고 대답하고 말았습니다. "응, 그렇군. 방언학을 새롭게 개척해야 하네. 일제 강점기의 그런 연구 말고." 그런 심악 선생께서 독일방언학을 공부하시며 방언채집·연구를 오래하셨다는 얘기를 전혀 모를 때의 일이었습니다. 방언 채집과 연구가 문헌 중심의 국어(음운)사 연구의 기초였던 것입니다.

중·고교에 다니며 저 유명한 〈소나기〉의 작가 황순원 선생을 비롯한 몇몇 문학 선생님들, 광평대군의 후손으로 조윤제 선생 밑에서 《방언집》 제2집의 방언조사에 참여했던 이정하 선생, 시인이며 고전문학 교수를 지낸 박노춘 선생, 시골의 어느 초등학교만을 나와 우리에게 투박한 영남 사투리로 '국어'를 가르치며 〈훈민정음 원본의 발견 및 그 유래〉란 논문까지 발표했던 어느 시골스런 국어 선생 정휘만 선생 등등 여러분을 만났습니다. '행복론', '인생론' 등으로 나의 길을 찾아 헤매던 그 무렵, "우리 것을 함께하며 산다면 자신의 일생도 그런대로 행복할 수도 있겠구나." 하는 생각에 이르러 국어국문학 그중에서도 언어연구로서의 '국어학'에 뛰어들었던 나였습니다. 이리해 대학의 한국어학 전공의 선택은 문학, 연극, 합창 사이를 헤맸던 고교생의 객지생활을 무척 안정시키게 했습니다.

소설 원서를 잠바주머니에 꾸겨 넣고 기차를 타고서 '국어국문학과 1년생'은 이 지방 저 지방 돌아다니며 자신의 정체성을 확인해 보곤 했습니다. 과연 언어연구로 후회 없이 삶을 누릴 수 있을까. 도시거리에서의 '명찰(明察)'을 잠시 접어 두고 시골의 사랑방 구석에 쪼그려 앉아 어른들의 정담(?)을 들어 보았습니다. 삼남지방으로 갈수록 그곳 '사투리'를 도대체 알아들을 수 없었습니다. '비료(肥料)'를 [비로]라 해도 알기 어려웠을 때에 '점심'을 [오로(午料)]라 하면 어떻겠습니까. 그런데도 이상하리만큼 이 방언 해득의 어려움을 극복해 보자 그런 마음이 들었습니다.

당시의 언어이론이 그랬듯이 일단 유럽의 구조주의 언어이론을 깔고, 또 새로이 들어오던 미국의 기술언어학 이론도 접하며 거기에 나 자신의 '말'을 연결시켜 보곤 했습니다. 특히 미국 하버드 옌칭연구소에서의 연구생활을 마치고 돌아온 이기문 선생은 새로 나온 현대언어학 원서를 선물로 주시고 딴 원서도 읽으라고 권하시고 갖다 주시곤 했습니다. 이렇게 해서 언어학 기초를 조금씩 쌓아 가면서 그 이론과 한국어의 특성을 이어 보게 되었습니다. 차츰 음운론적 연구를 시도해 보면서 언어현상을 비롯한 인간현상 그리고 자연현상을 연결해서 과연 인간이란 무엇인지 고통스레 다가가 보려고도 했습니다. 그러나 방법론적 고민은 철학적 인간론에는 쉽게 닿지는 않았습니다. 여전히 방언은 방언대로 어려웠습니다. 고향에서 먼 방언들은 더욱 제 귀에 좀처럼 들어오지 않았습니다. 특히 남쪽 경남북 농촌의 영감님들이 가락을 얹어 빨리 시끄럽게 떠드는 사랑방의 농촌 방언은 도대체 알아들을 수가 없었습니다. 전쟁 통에 일 년간이나 나를 '근-이가'라고 부르며 울산 친구들에게서 듣고 썼던 '사투리'는 어린 시절의 가장 큰 방언사용의 경험이었으나 거의 도움이 되지 않았습니다. 방언차를 느끼게 하는 언어상의 가장 큰 특징의 하나가 운율적 자질은 아닐까? 막연하지만 그런 생각은 지금까지도 지울 수가 없습니다.

3학년 1학기 심악 선생의 연구실에 불려가서 졸업논문 주제는 무엇으로 잡았느냐고 말씀하시면 막막하기만 했습니다. 그래서 어릴 적 타곤 했던 수원-여주간 협궤열차로 용인의 고향마을을 찾았습니다. 4백 년 이상 살아온 우리 집안의 집성촌에서 저녁 무렵 '마실 온' 동네 어른들의 한담(閑談)은 듣기에 그리 편할 수가 없었습니다. 가끔 어릴 적 들었던 말인데도 모르는 말이 있으면 여쭐 수가 있었습니다. 다만 그 마을에서 뻔히 알 만한 풀이름 등을 묻는 경우에 도회지 가서 살더니 건방져졌다는 등 농 어린 꾸중도 어쩌다 듣기는 했었습니다. 그래도 이곳을 두 번 세 번 들렀습니다. 결국 "아! 내 말은 용인도 수원도 서울도 아닌 뒤죽박죽이구나." 하고 알게 되었는데도 마음은 편했습니다. 삼남(三南) 말이나 북선(北鮮) 말의 느낌과는 전혀 달리 내가 익힌 방언은 편했습니다. "이 방언을 내 언어연구 출발의 바탕으로 삼자." 그러기 위해서 "이 방언 하나라도 제대로 알자." 자꾸 그런 생각이 들었습니다. "여기를 고향으로 언어 명찰(言語明察)의 바탕을 마련해 보지." 그 뒤로는 경기 북부 지역도 들러 보곤 했지만 나의 방언은 경기도 지역의 하위방언(subdialect)에 머물러 있었습니다. 그리고 우선 이 방언의 음운론적 바탕을 마련하고자 기술을 해 보려 했습니다. 그리고는 차츰 이른바 중부방언의 경계와 밀접한 자연경계일 소백산맥을 따라 몇 군데를 임의로 다녀 보았습니다. 경상북도의 울진읍내, 영주 풍기와 순흥, 충청북도 수안보 인근, 보은군 마로, 그리고 영동 황간과 경상북도 금릉, 이어서 전라북도 무주 무풍과 남원 운봉 등의 지역들이 테스트의 선택 지역이었습니다. 이리해 몇 편의 논문을 시도해 발표해 보았습니다. 이것이 방언에 관심을 두고 20년 가까운 세월을 '집시'처럼 살아온 전부였습니다. 여기서 일단 방언자료 채집과 관찰을 통한 명찰(明察)의 대상을 삼았던 음운론의 세계에서 음운체계와의 관련성을 고통스럽게 느껴 보고 우선 차분히 모양을 갖춰 보려 했습니다. 큰 방언권의 경계를 통해 경험한 결과 동남방언과 서남방언은 느낌부터 역시 내게서 너무 멀리 있었습니다. 때로는 같은 방언을 기초로 한 문헌자료를 바탕으로 근대어까지 거슬러 올라가 음운론적 세계를 들여다보기도 했습니다.

이 무렵 제가 초창기에 가졌던 연구의욕에 대해 우선 이런 평가들이 있었습니다.

> 방언구획의 설정에 관한 이론적인 고찰로서 이병근 씨의 〈방언 경계에 대하여〉(한국문화인류학 제2집 '69. 11)가 있다. 그는 서울대 국문학과 출신으로 주로 중부 방언의 연구에 몇몇 노작을 내고 있는 소장 국어학자이지만, 본 논문은 종래의 국어 방언 연구에서는 그 대부분이 상이한 체계에 속한 방언 요소를 각 방언 체계의 상이한 구조적 관계를 충분히 강조함이 없이 비교하여 왔다고 논하고, 나아가 방언 구획을 단순히 개개 제각각의 특징이나 현상에 따라서가 아니라 구조적인 관점에서 행하려 한 방법론적인 시도를 국어 방언의 실례를 들어가며 논고한 의욕적인 고찰이다.
> - 우메다 히로유키, 〈조선어방언연구의 근황〉, 《方言研究叢書》 2(1973), 廣島方言研究所 紀要

그런데 이 글은 초창기의 한국문화인류학회에서 방언학의 방법론을 외국이론에 의거해 소개해 달라는 청탁으로 썼기에 일제 아래에서부터 내려온 전통적인 방식에서 벗어나 체계와 구조를 염두에 두고 공부하던 당시의 내 자신의 생각을 정리한 것에 지나지 않는 것이었습니다. 물론 그 사고의 바탕은 구조주의적 방언학이었습니다. 그것이 일제 이후의 방언학 연구의 목적과 이론과 방법보다는 앞선 것 같다고 믿었기 때문이었습니다. 당시에 인류학자 레비-슈트로스(C. Lévi-Strauss)의 몇몇 논문은 그 시절 언어학적 사고에 의한 것으로 무척 매력적이었던 것 같습니다.

이어서 당시까지 시도해 본 방언음운론 관련의 몇 편의 내 글들에 대해 우메다(梅田博之) 선생은 또 이렇게 언급했었습니다.

> 중부 지역의 방언에 관해서는 이병근 씨의 다음과 같은 일련의 상세하고 용의주도한 연구가 연이어 발표되었다. …… 〈경기지역어의 모음체계와 비원순모음화〉는 경기도 방언을 중심으로 문헌어의 순음에 뒤따르는 모음 o가 방언형에서 ɔ로 변화하는 현상을 논한 통시론적인 고찰이지만, 그의 고찰이 언제나 체계와의 관련에 두고 이루어지고 있음은 평가받을 만하다. 아무튼 그의 논고는 모두 종래의 언어 이론에 대한 깊은 이해 위에 세운 방법론에 기반을 두고 있어 금후의 활약이 크게 기대된다.
>
> - 우메다 히로유키, 〈조선어방언연구의 근황〉(1973)

한편 70년대 말에는 저의 당시까지의 시론들에 대해 김완진 선생의 이런 평가도 있었습니다.

> 이병근은 출발에서부터 근대어 및 현대방언들을 대상으로 하였다는 점에서 그의 선배들과 구별되는데, 〈경기지역어의 모음체계와 비원순모음화〉(동아문화 9, 1970)를 비롯한 일련의 논문들에서 착실한 사실 기술을, 그리고 〈음운규칙과 비음운론적 제약〉(국어학 3, 1975) 이후로는 비범한 이론적 깊

이를 보여 주어 장래가 촉망된다.

- 김완진, 〈한국어의 연구동향과 과제〉, 《한국의 민족문화−그 전통과 현
대성》(1979)

한 방언 또는 지역어를 관찰하는 가운데 "아! 현대방언을 하려면
우선 근대한국어에 대한 언어지식이 풍부하면 좋겠구나." 하는 생각
이 자주 엄습해 오곤 했습니다. 부분적이기는 하나 우선 현대한국
어와 가까운 19세기 자료부터 출발했습니다. 그렇게 해 시도해 보았
던 음운론 연구 몇 편을 《음운현상에 있어서의 제약》(1978)이라 제목
붙여 묶어 보았습니다. 음운현상에 관련된 여러 '제약'을 들여다보니
까 자연히 옛날 선학들의 관찰보다 정밀해질 수밖에 없었습니다.
  그러다 보니 새로운 과제들을 안게도 되었습니다. 집시의 세계는
새로운 길을 열어야 했습니다. 음운론적 관찰의 단위는 교착어인 한
국어의 특성상 흔히 문법형태소들을 포함하는 단위일 수밖에 없습니
다. 이 단위는 어휘적 요소가 중심이 될 수밖에 없으면서 음운, 형태
와 조어는 물론이고 의미까지 한 뭉치가 되어야 했습니다. 곧 어휘의
총체적 문제가 된다면 우리에게 요구되는 대상이 바로 어휘체계로서
의 '사전(辭典)'이 되었습니다. 80년대 초 2년간 어쩌다 둘러본 프랑스
파리 대형서점들의 언어학 코너에는 사전학 관련 저서들이 여럿 있
어 나로 하여금 새로운 분야를 고민하게 했습니다. 관악캠퍼스로 돌
아와 아무 준비 없이 '사전학'으로 대학원 시간을 채워 보았습니다.
가장 출발점이 되는 '사전의 역사'에서 출발해 교착어로서의 한국어
를 위한 '사전에서의 음운 표시'를 어찌해야 할 것인가 하는 등 초보
적인 발걸음을 디뎠습니다. 여기저기 불려 다니며 몇 자씩 적게 되어

새로운 사전 관련 글들을 묶어 《한국어 사전의 역사와 방향》(2000)으로 간행해 사전학의 기초를 삼아 보려 했습니다. 이 사전학이 매력이 있다면 그것은 비록 단위는 표제항에 갇혀지지만 사전학은 언어학과는 달리 매력적인 점을 가지고 있을 것입니다. 표제항을 중심으로 거시구조와 미시구조를 체계화시키며 음운 형태(조어) 의미 나아가서 통사와 화용까지 종합적으로 묶어 고민할 수 있다는 것이었습니다. 흔히는 어휘음운론, 어휘형태론, 어휘통사론, 어휘의미론 등등의 사고가 한 덩어리가 되어야 할지도 모릅니다.

이렇게 자리를 조금씩 옮기다 보니 다시 방언, 음운, 그리고 단어 내지 어휘들을 현대 이전의 자료를 연결시켜 종합적으로 볼 수 있는 길을 열려 했던 것이 '어휘사' 연구의 시도였습니다. 그러나 중세국어로부터 알타이제어에 이르기까지 폭넓게 어휘사를 다루며 어원어(etymon)까지 파고들었던 이기문 선생의 〈어휘사〉 연구와는 성격을 달리할 수밖에 없었습니다. 문헌과 방언 자료의 한계를 나 혼자 극복할 수 있는 문제는 아니었습니다. 그래도 시도한 몇 편의 글들을 묶어 《어휘사》(2005)라 붙여 간행해 보았습니다. 당시까지 쌓인 방언자료들을 많이 참고하기는 했습니다만 그래도 입맛에 맞는 자료가 충분치 않아 너무나 소략했습니다. 문헌어와 방언을 하나로 묶은 한국어의 종합 사전을 우리가 볼 수 있기에는 요원하기만 합니다.

이숭녕 선생님은 음운론(특히 음운사) 연구에서 조어론과 형태론 연구 등으로 또 어학사 등 여러 분야로 연구 주제를 옮기셨을 때에 이를 새로운 분야의 '개척'이라 하셨습니다. 그리고 늘 initiative를 잡으라고 후학들에게 말씀하셨습니다. 저도 과연 심악 선생님의 뒤를 이어 새로운 분야를 개척한 점이 있을까요?

이런 과정을 거치고 오랫동안 머물던 학교를 물러선 내게 일석학술재단에서는 '일석국어학상'이란 무거운 상을 주었습니다. 음운론 연구와 어휘사 연구를 특별히 언급하시면서 내가 감당하기 어려운 찬사의 표현을 담아 축사를 해 주신 이기문 선생도 먼저 가신 일석과 심악 뒤를 이어 얼마 전에 하나님의 부름을 받고 우리 곁을 떠나셨습니다. 선생은 분명 음운사와 어휘사 연구를 중심한 국어사 연구의 거목이었습니다. 곧 다가오는 스승의 날에 성묘로 세 분께 인사를 올리려 합니다.

　　　　언어연구는 일종의 끊임없는 명찰(明察)입니다.

　지금 이 순간의 작업은 마치 유물들을 끌어 모아 박물관에 전시하는 것 같습니다. 조각조각 천을 모아 짠 조각보는 그 나름대로의 미적 조화를 이루는데 여기 나의 글들은 나름대로 추리기는 했지만 마음과 정신만을 모았을 뿐이었습니다. 모든 연구행위의 부족한 것은 자신만이 가장 잘 알 것입니다. 자료도 연구방법도 자신만의 것이라고 우겨대기도 어렵고 생각의 바탕도 자신의 것이라고 할 수도 없는 듯합니다. 온통 남의 것을 주워서 이리 궁리 저리 궁리해 가며 조각보를 만들어 보았을 뿐입니다. 이제 와서도 대단한 창조물을 완성한 것처럼 말은 못합니다.

　'국어학'에 발을 들여놓은 지 무척 오래되어 이 머리글조차 꾸미기가 어렵습니다. 은사이신 일석 이희승 선생께서 학교를 떠나신 지 지금의 저만큼 시간이 흘렀을 적에 "요즈음은 어찌 소일을 하십니까?" 한 물음에 "아무 생각 없이 산책을 합니다." 하고 답하신 일이 있는데 선생은 당시에 정신적으로 아마 최고의 경지에 이르셨던 것 같습니다. 나이 든 이제도 나는 '방하착(放下着)'을 다짐하지만 아직도 착(着)하며 머리를 비우지 못하는 모양입니다. 서울대 정승철 교수와 김현 교수가 나의 묵은 글들을 입력까지 해 디밀지 않았더라면 아마 그대로 방치된 채로 오랜 세월을 보냈을 것입니다. 역시 집착(執着)을 버리지 못하고 우선 이렇게 《음운과 방언》 두 권을 묶어 보았습니다. 서로서로 얽혀 있는 글들이 많기 때문입니다. 중단 없는 전진은 못하더라도 되돌아볼 수 있는 기회를 준 후학들이 마냥 고맙습니다. '주식회사'로 바꾸어 새로운 분위기를 마련하려는 태학사의 지현구 회장님을 비롯한 직원 여러분께서 그 새로운 분위기에 걸맞지 않은 이런 묵은 글들을 정리해 주시니 정말 고맙습니다. 건강과 회사경영 모두 튼실하시기를 빕니다.

2020년 4월 19일
이 병 근

차례

동시조음규칙과 자음체계

Prestopped Nasals를 중심으로

1.

이 작은 글의 목적은 자음에 관련되는 이음규칙으로서의 한 동시조음규칙(coarticulation rule)을 기술하고서, 이에 의한 이음들이 자음체계와는 어떠한 상관성을 보여주는지를 음미하는 데에 있다. 여기서 제시되는 동시조음(또는 이중조음)적 음성들은 plain nasal consonant 인 [m, n]과는 구별되는 prestopped nasal consonant 즉 'ㅁ, ㄴ'이면서도 'ㅂ, ㄷ'을 섞어내는 [ᵇm, ᵈn](혹은 [ɓm, ɗn])인바, 순수 자음이 이완된 비음들(obstruent-released nasals)인 것이다. 물론 /m/과 /n/의 표면적인 이음들이다. 이들의 음성적 관찰은 현재의 필자로서는 자신의 인상주의적인 청각에 따를 수밖에 없다.

하나의 단위 음소는 일정한 환경에 의하여 이음들로 실현되는데, 이 이음들의 존재가 음운체계 전체에 대하여 어떠한 의미를 지니게 되는가 하는 것이 문제인 것이다. 음소가 개개의 고립된 항목으로 행동하지 않고 음성자질에 따라 부류로서 행동하여 한 음운체계의 하위 체계를 형성하되, 그 하위 체계들 사이에는 일정한 위계(hierarchy)가 내재하고 있음은 잘 알려진 사실이다. 한국어의 음운체계는 순수자음, 비음 및 유음들의 세 하위 체계가 존재하거니와 공명도에 따른 동화에서 보면 유음, 비음 및 순수자음의 순서로 음운론적 강도가 큰 위계질서가 존재한다(졸고 1977 및 이승재 1980). prestopped nasal consonant의 [ᵇm, ᵈn]는 어떤 이음규칙들에 의하여 실현되는 것이며 또 그들은 음운체계의 내재적 질서에 무엇을 뜻할 수 있을 것인가?

2.

자음과 모음이 결합되어 실현될 때에 음성적인 similitude로 흔히 동시조음을 경험하게 된다(cf. '과일'의 'ㄱ'은 [kʷ]). 이러한 음성적인 similitude에 따른 자동적인 동시조음 이외에 국어의 비음들은 그 실현 위치에 따라 특이한 이음들을 실현시키고 있다. 어중이나 어말에서는 비음들은 순수한 [m, n, ŋ]으로 실현되나, 어두 위치에서, 보다 정확히는 기식군으로 특징지어지는 phonological phrase의 첫 자음으로 실현될 경우에는 구강자음들이 이완된 비음들로 동시조음되어 나타나는 일이 있다. 비강순음인 [m]이 구강순음인 [b]를 함께 조음시킨 [ᵇm](b-released m)과 비강치음인 [n]이 구강치음인 [d]를 함께 조음시킨 [ᵈn](d-released n)이 그것들이다.[1] [ᵇmiːp-] '밉다'의 'ㅁ'과 [maːm] '마음'의 'ㅁ'은 음성적으로 분명히 달리 인식되며 [ᵈnue] '누에'의 'ㄴ'과

---

[1] 이 글에서는 편의상, 인접된 두 음성 사이에서 similitude에 의하여 동시적으로 일어나는 double approaches와 release와를 구별하기 위하여 prestopped nasal consonants라 하였다. 물론 동시조음이란 표현은 위의 두 경우에 모두 적용된다.

[na] '나'의 'ㄴ'도 분명히 달리 인식된다. 어두 위치에 실현되지 않는 분포적 제약을 가지는 [ŋ]은 자연히 [ᵇŋ]도 실현시키지 않는다.

비음은 비음이되 다만 동기관적인 구강자음을 약하게 동시조음시키는 이들 음성들은 이미 小倉進平에 의하여 몇몇 방언에서 산발적으로 관찰된 바가 있고, 필자도 이에 관심을 보인 바가 있다. 소창이 관찰한 것은 한국어(특히 전라남도 방언)의 'ㅁ'('무엇, 먼' 등의)을 일본어와 마찬가지로 b와 같이 발음하는 일이 있다는 사실(1923:104~105)과 'ㄴ'이 d에 가깝다는 사실(1923:96) 등인데, 평안도 방언의 어두 ni라든가(1930:7) 제주도 방언의 어두 ni(또는 nui)가 di 음과 같게 들린다는 것이었다(1944:464~465).[2] 필자는 충북 황간의 지역어에서 [ᵈn]는 [ᵈniːɣa] '네가'에서 가장 두드러지게 나타나고 [ᵇm]은 [ᵇmuːtʰɛ] '못해'에서처럼 실현됨을 지적하였는바(1969:43), 이는 모두 '고모음 앞에서'라는 실현제약을 암시한 것이었다. 경기 지역어에서도 이 동시음을 제시한 바 있다(1970:11). 현재의 필자로서는 이들 동시조음의 비음들이 실현되는 분포 지역을 엄밀하게 언급할 수는 없으나, 동북방언과 동남방언 즉 성조 방언권을 제외한 대부분의 서부방언권에서 실현되지 않나 여기고 있다. 만일 이러한 분포가 실증된다면 [ᵇm, ᵈn]은 [m, n]과 지리적 상보를 이루는 지리적 이음(geographical allophones)이 되는 것이며, 비음운적인 diaphone에 의한 방언 구획에 참여시킬 수 있는 특징의 하나가 될 것이다.[3]

---

2 小倉進平(1923)은 倭漢三才圖會(1712)의 '물'(不留〈 ブル〉)과 '먹'(保久〈 ボク〉)에 우선 관심을 보였는데, 송민(1974)에서는 한국어에 관련된 '가나' 전사자료를 검토하는 가운데서 '4'(止伊〈 トイ〉)를 추가하고서 한국어의 [ᵇm, ᵈn] 등이 #_i, #_u에서 실현됨을 언급한 바 있다. '가나' 자료는 '梅'(バイハイ波伊以), '男'(ナンザウ奈牟左留) 등의 예를 보면 그 조건이 일정치 않은 듯하다(cf. 安田章 1964:25~26).

순수자음이 이완된 이들 비음들 [ᵇm], [ᵈn]은 emphatica를 나타낼 때에는 물론 무성화된 [ᵇm̥]과 [ᵈn̥]으로 실현될 수도 있으나 이는 문체적 이음에 지나지 않는다. 일반적인 음성 행위에 있어서는 강한 유성성에 평행되는 b-released m과 d-released n인데, 이의 실현은 후속모음의 특이한 제약을 지닌다. 즉 그 후속모음이 i, ü, ɨ, u 등의 고모음일 경우에 이들 이음의 실현이 가능하다. 물론 수의적이다.

$$m \rightarrow [+b-\text{realeased}] \, / \, \# \, \underline{\quad} \begin{bmatrix} V \\ +\text{high} \end{bmatrix}$$

[ᵇmiʔkɨrəp-]	'미끄럽-'	[ᵇmudi-]	'무디-'
[ᵇmiup-]	'밉-'	[ᵇmuɣəp-]	'무겁-'
[ᵇminmitʰa-]	'밋밋하-'	[ᵇmuk]	'묵'
[ᵇmil]	'밀'	[ᵇmul]	'물'
[ᵇmi:l]	'밀(랍)'	[ᵇmu:]	'무'
[ᵇmiin]	'미인'	[ᵇmuim]	'무임'
[ᵇmi:sin]	'미신'	[ᵇmusik]	'무식'

고모음 앞에서의 이 이음화 규칙은 비고모음 앞에서는 수의적으로도 적용되지 않는 것은 물론이다. '메뚜기, 머루, 모기, 매, 말' 등에서의 'ㅁ'은 plain nasal consonant인 [m]이지 [ᵇm]은 아니다. 또한 이중모음 앞에서의 'ㅁ'도 그 핵모음이 고모음이 아니기 때문에 [ᵇm]의 이중조음은 경험하지 못한다(cf. '며칠, 묘' 등). 다만, 비고모음이었던 것

---

3 여기서 기술되는 자료는 바로 비성조권을 주로 대상으로 한 것이다. 다만 방언형은 서울·경기 지역형을 취한다.

이 vowel-raising을 일으켜 고모음화하게 되면 [ᵇm]의 이중조음을 경험
하게 된다:

me:- 〉 ᵇmi:-　　　　　　'메다'
mo:s(ha-) 〉 ᵇmu:s(ha-)　　'못(하-)'

치음의 /n/에 대해서도 동일한 성격의 이음화 규칙이 적용된다:

$$n \rightarrow [+d-realeased] \mathbin{/} \# \underline{\quad} \begin{bmatrix} V \\ +high \end{bmatrix}$$

[ᵈnü:]	'뉘'		
[ᵈnɨri-]	'느리-'	[ᵈnuri-]	'누리'
[ᵈnɨɲʧʰəŋ]	'능청'	[ᵈnuna]	'누나'
[ᵈnɨtʰinamu]	'느티나무'	[ᵈnuruk]	'누룩'
[ᵈnɨ:l]	'늘'	[ᵈnun]	'눈'
[ᵈnɨ:kʔtɛ]	'늑대'	[ᵈnu:n]	'눈'
[ᵈnɛŋmaŋnəm]	'늑막염'	[ᵈnue]	'누에'
[ᵈnɨmnɨm]	'늠름'	[ᵈnugak]	'누각'

'노래, 넉살, 나라, 냄비' 등의 'ㄴ'은 d가 이완되지 않은 순수한 [n]으로
실현된다. 다만 앞선 단계에서 비고모음이었던 것이 고모음으로
vowel-raising을 일으켜 재구조화를 경험한 어형들은 위의 이음화 규
칙의 지배를 받는다.

[ne:]	〉	[ᵈniː]	'네(ㅅ)'
[ne:]	〉	[ᵈniː]	'네(너의)'
[neːga]	〉	[ᵈniːɣa]	'네가'
[nəː(k)]	〉	[ᵈniː(k)]	'늭(넷)'
[nəːl]	〉	[ᵈniːl]	'닐(판)'

또한 '누(구)+의 → 뉘'도 [ᵈnü]와 같이 실현되며 '누렇다~노랗다', '눅눅하다~녹녹하다' 등에서의 어두 'ㄴ'도 [ᵈn]과 [n]으로 각각 구별되어 실현된다. 'ㄴ'을 두음으로 하는 y계 이중모음 음절은 대부분의 방언에 존재하지 않는데, '뉴우스'와 같은 외래어에서 [ᵈn]을 관찰할 수도 있다. emphatic한 '냥반, 녀석, 년놈' 등의 'ㄴ'은 고모음을 후속시키지 않기 때문에 [ᵈn]가 아닌 [n]으로 실현됨은 물론이다. 이상에서 보면 어두의 'ㅁ'과 'ㄴ'이 완전히 동일한 제약 아래서, 즉 고모음 앞에서 prestopped nasal consonant로 이중조음을 실현시킴을 알 수 있다. 말하자면, 비음의 하나하나가 고립적으로 행동하는 것이 아니라 하나의 체계로 행동함으로써, 결국 위의 이음화 규칙이 두 개의 별개의 규칙이 아니라 하나의 규칙이 되는 것이다. 이를 우선 비음의 순수자음 이완화 규칙이라 부르겠다.

$$\begin{bmatrix} C \\ +\text{nasal} \\ \alpha\text{place} \end{bmatrix} \rightarrow \begin{bmatrix} +\text{released} \\ \alpha\text{place} \end{bmatrix} / \# - \begin{bmatrix} V \\ +\text{high} \end{bmatrix}$$

(어두의 비음들은 고모음 앞에서 순수자음으로 이완되어 동시조음을 일으킨다.)

이 이완 규칙에서의 determinant가 고모음이라는 사실은 생리음성학적인 면에서는 의의를 지닐 수 있을 것이다. 혀를 높이는 조음적 행위는 velum의 긴장을 일으켜 구강을 완전히 폐쇄시키지 못하게 할 수 있어서 결국 완전히 순수한 비음을 실현시키기 어려울 수 있다. 음성의 실현은 생리적인 면에서 보면 하나의 조음기관만이 작용하는 것은 아니다. 그러기에 순전한 음성적 차원에서의 음성 관찰은 entire articulating complex에 의존되어야 할 것이다. 특히 동시조음의 경우에는 그러하다. 그러나 언어학적으로는 이러한 이음들이 체계 속에서 가지는 의의가 무엇인가 하는 것이 문제이다. 이의 해명을 위하여 비음 체계와 가장 밀접한 관계를 지니고 있는 단 하나의 하위 체계인 순수자음 체계의 이음들을 간략히 제시하겠다.

3.

이미 잘 알려진 또 하나의 이음규칙으로 유성화 규칙이 있다. 두 유성음 사이에서는 유성음만이 실현되는 이 규칙은 형태소 구조의 내부에서는 물론이요, 형태소 경계에서도 음소적 차원의 음운규칙의 지배를 받지 않는 경우에는 대체로 필수적으로 적용된다. [nɛmbi] '냄비', [kudu] '구두', [məndʒə] '먼저', [tʃulgi] '줄기' 등에서의 [b, d, dʒ, g]가 그 예들이요, [ibi] '입+이', [ibutʰə] '이+부터', [sando] '산+도', [nadʒe] '낮+에', [sandʒotʃʰa] '상+조차', [moge] '목+에', [talgwa] '달+과' 등에서의 [b, d, dʒ, g]이 그 예들이다. 이 유성화 규칙은 앞에서 언급한 비음의 순수자음 이완화 규칙과는 달리 제2음절 이하에서 적용되는 것이다. 물론 음소적 차원에서의 격음이나 경음에는 적용되지 않으며, 순수 마찰음인 'ㅅ'에도 적용되지 않는다.

다음에 제시하는 이음화 규칙에 의하여 실현되는 음소와 이음과의 관계를 살펴본다.

$$\begin{bmatrix} C \\ -\text{cont} \\ +\text{tense} \\ -\text{asp} \end{bmatrix} \rightarrow [+\text{voice}] \, / \, [+\text{voice}] \, \_\_ \, [+\text{voice}]$$

/ p   t   ʧ   k /

↓ (유성화규칙)

[b   d   ʤ   g]

그런데 이 규칙에 적용되는 경우 가운데서 모음과 모음과의 사이에서나 유음과 모음과의 사이에서나 즉 [+voc] 간에서 수의적으로 마찰음화가 일어나기도 한다. [tubu~tuβu] '두부', [kogi~koɣi] '고기' 등과 같은 형태소 구조의 내부에서는 물론이요, [ibʉn~iβʉn] '입은', [igə~iɣə] '익어', [ilgə~ilɣə] '읽어' 등과 같은 형태소 경계에서도 실현된다. 다만, 체언 어간과 같이 potential pause를 요구할 수 있는 형태소의 경우에는 동일한 환경에서도 실현되지 않는다. 즉 [ʧibʉn~ʧiβʉn] '집은(집-)'과는 달리 '집+은'은 [ʧibʉn]으로 실현된다. 음성적 제약은 미세하게 관찰하면, 고모음이 앞이나 뒤에 올 경우에 마찰음화가 더욱 쉽게 실현되는 듯하다. [b, d, ʤ, g]의 유성음 가운데서 특히 [β, ɣ]가 가능한 것은 /t/에 대한 무성마찰음 /s/가 존재하고 /ʧ/은 그 자체로서 마찰음의 속성을 지니고 있기 때문이 아닌가 한다. 그런데 이 유성마찰음화 규칙은 무성음에는 적용되지 않는 것으로 보아 적용

범위가 넓은 유성화 규칙이 적용된 뒤에 수의적으로 적용되는 것이라 할 수 있다. 말하자면 /p/→[b]→[β]의 과정은 phonetic leaping이 아니라 gradual change에 관련되는 것이다. 이들 관계를 종합하면 다음과 같다.

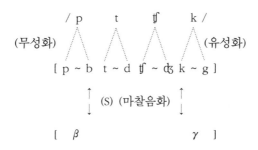

이는 곧 격음과 경음의 계열을 제외한 순수자음 체계의 이음적 관계를 종합한 것이 된다. 한 가지 유의해야 할 점은 여하한 환경에서라도 음성적 차원에서는 비음적인 이음이 존재하지 않는다는 사실이다. 말하자면 [ᵐb, ⁿd, ᵑg...] 등의 동시조음적 이음들은 인식되지 않는 것이다.

비음의 순수자음 이완화 규칙과 순수자음의 유성화 규칙을 종합하면 다음과 같다:

$$p \qquad t(\approx s) \qquad ʧ \qquad k$$
$$b \sim \beta \qquad d \qquad ʤ \qquad g \sim \gamma$$
$$\star^{m}b \qquad \star^{n}d \qquad \qquad \star^{\upsilon}g$$

$$^{b}m \qquad ^{d}n \qquad \qquad \star^{g}ŋ$$
$$m \qquad n(\sim ɲ) \qquad \qquad ŋ$$

물론 순수자음 체계에서의 격음과 경음을 생략한 것이다. 위의 체계에서 우선 주목해야 할 점은 유성마찰음의 실현 사실, prenasalized obstruent들인 [ᵐb, ⁿd, ᵑg]가 존재하지 않는 사실과 prestopped nasal들인 [ᵇm, ᵈn]이 지니는 체계상의 의의 등이다.

유성화 규칙에 이어서 수의적으로 실현되는 β‥γ의 마찰음의 존재는 t≈s에서와 같이 폐쇄와 마찰이라는 시차적 자질 즉 [±cont]의 존재에 이음적 차원에서 유추되어 체계상의 균형을 잡으려는 경향을 보여주는 것이다.[4] 한편, [ᵐb, ⁿd, ᵑg]이 존재하지 않는 이유는 순수자음들이 어두나 어말에서는 유성화될 수 없다는 사실에 있으며, 어중에서는 유성화 규칙의 제약에서 볼 수 있듯이 prenasalization이 실현될 수 없는 사실에 있다.

문제의 핵심은 유성적 순수자음이 동기관적으로 이완된 비음들인 [ᵇm, ᵈn]의 존재가 자음체계에 대하여 무엇을 뜻하는 것인지에 있다. 이들 이음들은 음운론적으로 비음에 속하는 것들이면서도 순수자음과 비음 사이의 중간 어디인가 위치하고 있는 것들이다. 순수자음보

---

4 [ɸuː] '後'의 [ɸ]와 [xik] '흙'의 [x]의 실현도 /p/와 /k/에 대한 무성마찰음적인 음운적 공간을 간접적으로 채우고 있다.

다는 비음 쪽에 가까이 있음은 물론이다. 그런데 음운체계의 하위 체계로서의 순수자음 체계와 비음 체계 사이에는 엄격한 위계질서가 존재한다. 이를 입증하여 주는 가장 대표적인 예는 자음동화이다(졸고 1977). 즉 순수자음은 비음에 의하여 비음화할 수는 있어도 그 반대의 경우는 성립되지 않는다(cf. irreversibility). 동화의 힘이 순수자음보다 비음이 큰 것이다. 그런데 이러한 음운론적 차원에서의 위계질서와는 달리 비음이 순수자음으로 이완화되는 경우가 있었고 순수자음이 비음으로 이완화되는 경우는 없었다. 따라서 음운규칙과 이음규칙 사이에 평행성을 보여 주지 않는 사실을 알게 된다. 음운론적인 것과 음성학적인 것이 동일하게 평가될 수는 없다. 더욱이 실현 환경의 차이 즉 형태소 경계와 어두 위치, '자음(비음) 앞에서'와 '고모음 앞에서' 등의 각각의 차이는 음운론적 차원에서 동일시할 수는 없게 한다.

우리는 음운체계에 있어서의 빈칸을 이음으로써 채우려는 즉 시차적 자질에서의 빈칸을 비시차적 음성자질의 이음으로써 채우려는 경향을 흔히 보게 되는데, 앞에서의 유성마찰음화 규칙이 바로 그 예가 되는 것이었다. 한편, 체계상의 이러한 빈칸뿐만 아니라, 체계 안의 위계를 달리하는 두 하위 체계 사이에서 두 체계에 걸치는 이중조음적인 이음의 출현을 기대할 수도 있을 것이다. [^{b}m, ^{d}n]의 실현은 바로 이러한 성격의 것들이 아닌가 한다. 국어의 음운체계에서 순수자음들은 비음, 유음, 활음, 모음 등의 다른 하위 체계와는 [±sonorant]에 의하여 구별되는 유일한 하위 체계인 것이다. 이 순수자음과 비음의 두 하위 체계 사이에서 음운론적 강도가 큰 비음을 순수자음으로 이완시키되 음운론적 혼동을 피하면서 그 빈칸을 음성적으로 채우는 것이라고 설명할 수도 있을 듯하다. 이음들이 특정의 환경에서 실현되는 것은 이음 그 자체의 운명인 것이다. 고모음 앞에서 이들 이음들 [ᵇm, ᵈn]의 실현이 가능한 것은 혓바닥의 뒤쪽을 올려 고모음을 실현시킬 때에 velum이 긴장되면서 비강 통로를 완전히 닫기 어려워 결과적으로 구강음과 비강음과의 동시조음이 가능할 수 있다는 생리적 설명은 이음적 환경에 대한 것이다.

체계상에서 구개음에 대한 동기관적 비음이 존재하지 않는 것은 구개음에 대응하는 prepalatalized nasals가 음성적으로도 존재하지 않게 한다. 구개음화된 'ㄴ'인 [ɲ]의 실현으로서 충분한 것이다.

요컨대 [ᵇm, ᵈn]과 같은 순수자음+비음의 동시조음적 이음이 존재하는 것은 두 체계 사이의 강력한 위계적 간극을 음성적으로나마 메우려는 경향의 반영이 아닐까 한다.

[《말소리》 1, 대한음성학회, 1980]

붙임: 이 작은 논문은 서울대 언어학과 중심의 대한음성학회에서 청탁을 받아 창간호(1980년)에 쓴 것인데, 당시에 필자는 언어학과의 강의도 맡고 있었다. 일부 외국인들과 필자에 의해 감지되었던 한국어 특히 태백·소백산맥 서쪽의 비성조적 '서부' 방언의 음성특징 중 비음(/ㅁ, ㄴ/)이 일정한 음성적 조건 아래에서 각각 짝이 되는 구강음(/ㅂ, ㄷ/)과 어두에서 동시에 조음되는 특정음들에 대한 음성·음운체계의 해석을 시도한 것이다. 음성체계와 음운체계와의 구별이 단순치 않은 것처럼, 언어현실에서는 경계(cf. 구강음과 비음)를 구분 짓기 쉽지 않은 경우가 종종 있지 않겠는가. 한 인간이 두 사회집단 사이를 넘나들되 그래도 한 쪽을 선호한다면 그것은 현대사회의 한 딜레마가 아니겠는가.

참고문헌

송 민(1974), 모음 〈ㆍ〉의 비음운화 시기, 《논문집》(성심여대) 5.

이병근(1969), 황간지역어의 음운, 《논문집》(서울대 교양과정부) 1.

이병근(1970), Phonological and Morphophonological in a Kyonggi Subdialect, 《국어연구》 20.

이병근(1977), 자음동화의 제약과 방향, 《이숭녕선생 고희기념 국어국문학논총》, 탑출판사.

이승재(1980), 구례 지역어의 음운체계, 《국어연구》 45.

小倉進平(1923), 《國語及び朝鮮語發音槪說》, 京城: 近澤印刷所出版部.

小倉進平(1930), 《咸鏡南道及び黃海道の方言》, 京城: 京城帝國大學.

小倉進平(1944), 《朝鮮語方言の硏究(下)》, 東京: 岩波書店.

安田章(1964), 《全一道人の硏究》, 京都: 京都大學 文學部.

Heffner, R-M. S.(1950), *General Phonetics*, Madison: The University of Wisconsin Press.

Jones, D.(1957), *An Outline of English Phonetics*, Cambridge: W. Heffer & Sons Ltd.

Ladefoged, P.(1971), *Preliminaries to Linguistic Phonetics*, Chicago: The University of Chicago Press.

Martinet, A.(1952), Function, Structure and Sound Change, *Word* 8.

Pike, K. L.(1958), *Phonetics*(6th printing), Ann Arbor: The University of Michigan Press.

자음동화의 제약과 방향

1.

음운변화―공시적이든 통시적이든―는 흔히 언어적인 동기에 의해서 이루어지든가 아니면 사회적인 동기에 의해서 이루어지든가 한다. 언어학자에게 일차적으로 주어지는 관심은 앞의 경우인데, 이 언어내적인 음운변화의 동기에는 다시 음운론적으로 설명될 수 있는 경우와 비음운론적으로 동기화될 수 있는 경우가 있다. 필자는 음운현상에 대한 비음운론적 제약에 관하여 검토한 바 있었는데(1975), 다시 본고에서는 음운론적으로 설명될 수 있는, 더욱 한정시켜 말하면, 음성적으로 제약되고 있는 음운현상을 검토하여 음운현상에 대한 또 하나의 문제를 제기하여 보려 한다. 그것은 자음에 의한 자음동화현상으로 국한되는데, 흔히 자음접변이라 불리는 동화현상이 그 중심 과제가 되는 셈이다. 이 자음동화를 통해서 focus인 피동화자음과 determinant인 동화주와의 사이의 여러 제약들―특히 crossover constraint―과 방향 등등에 대한 의의를 되씹어 보려는 것이 본고의

목적이 된다.[1]

고희를 맞으신 심악 이숭녕 선생께서 학부강의에서 주셨던 하나의 음운사적 과제가 있었다. 당시에 주셨던 주제는 '夫里·火'와 '忽' 사이에 나타나는 순음과 연구개음(또는 후음) 사이의 대응이라는 것이었다. 이에 관련된 사적 사실은 이미 심악 선생께서 다각적으로 검토하신 바 있다. 이 P〉K 사이의 음운대응은 이른바 Trubetzkoy 식의 상관관계에 의하여 설명되지 못한다고 지적하고 있다(1955:86). 상관관계의 세트인 상관속은 양면적·비례적·유무적인 상관대립에 의존하는데, P와 K는 이러한 상관대립을 보여 주지 않기 때문에 하나의 상관속을 이루지 못하는 것이었다. 상관속의 개념은 여러 음운론적 대립을 종합하여 음운체계와 그 하위체계를 형성하게 하고 또 이들 체계에 의하여 음운현상을 자연스럽게 설명할 수 있게 하는 것이었다. 그렇다면 이러한 상관관계에 의하여 자연스럽게 설명될 수 없었던 P와 K 사이의 대응이라는 음운사는 어떻게 합리적으로 설명되어야만 하는가? 바로 이것이 우리에게 주어진 과제였던 것이다.

필자는 '숩〉속, 붑〉북' 등의 문헌상의 P〉K의 음운사와 방언에서의 P/K의 대응(주벅/주걱, 저붐/저굼, 어둡다〉어둑다 등)을 궁리해 보다가 최근에 이에 관련된 한 방언학적인 문제를 졸속으로 또 소략하게 다루어 본 바 있다(1976). 이 소고의 목적은 방언분화와 방언접촉에 P/K의 대응이 체계적으로 어떻게 관련되어 있는가 하는 문제를

---

1 여기서 determinant(D)와 focus(F)란 용어는 음운규칙에서 예를 들면 다음과 같이 쓰여진다.

A→B / C(X) __

F   S.C.   D(개재음) F

논의하는 것이었는데, 자료를 '새우'의 방언반사형들인 '土鰕'를 뜻하는 '생이/새갱이/새뱅이'에 국한시켰기 때문에 그 음운론적 동기에 대한 폭넓은 설명을 제시하지 못하였지만, P/K의 음운사를 가능하게 한 음운론적 동기를 가정하였었다. 즉 음운변화 또는 음운교체는 흔히 시차적 자질에 의하여 묶여지는, 이른바 자연부류 안에서 가장 자연스럽게 이루어진다는 전제 아래에서 P/K의 교체는 이들을 자연부류로 묶을 수 있는 자질인 gravity에 의존하였으리라는 것이었다. 말하자면 P/K의 교체는 동일한 조음점에서 실현된 단계변이 (Stufenwechsel)가 아니라 조음점을 껑충 뛰어넘은 phonetic leaps에 속하는 [+grave]의 자연부류 안에서의 교체가 되는 것이다. 물론 이 음운사적 규칙은 공시론적인 교체를 지배하는 음운규칙이 아니고 개신에 의하여 재구조화를 일으킨 규칙의 첨가이며 특별한 음운론적 조건이 주어진 것도 아니다.

필자는 이 P/K의 대응이란 사실에서 제시할 수 있었던 자음들의 자연부류와 음운변화와의 관계에 대한 여러 문제를 검토하기 위하여 순음과 연구개음 사이의 교체가 포함되는 현대국어의 자음동화현상을 본고에서 분석하려 한다. 그것도 일단은 자음에 의한 자음동화만을 대상으로 하며 모음에 의한 자음동화라든가 기타 음운현상들에 대한 상호관계는 우선은 보류한다. 이러한 자음동화를 분석하면서 새로운 이론적인 지향은 물론이고 동화에 대한 전통적인 개념들—순행/역행동화, 직접/간접동화 등등—에 따르는 문제들도 고려하게 될 것이다. 국어의 자음동화를 지배하고 있는 자음들의 자연부류는 어떠하며 그 자연부류들 사이의 강약정도(strength hierarchy)는 어떠하며, 직접/간접동화에 따르는 순행동화/역행동화와의 관계는 어떠한 제약을 가지는가, 그리고 추상적인 기저형으로부터 음성형식에 이르는 과정에서 이 자음동화에 전후하는 규칙들과의 순위는 무엇을 의미하는가, 이러한 질문들이 본고의 관심사들이 되는 것이다.

2.

음운규칙으로서의 자음동화규칙이란 형태소경계를 넘어서면서 선행형태소의 말자음과 후행형태소의 두자음 사이에서 이루어지는 동화규칙을 이른다. 물론 단어경계를 넘어서는 경우에도 자음동화일 수 있겠으나, 필자는 이를 엄격히 구별하고자 하는 것이다. 즉 그것은 단어형성에 관여하는 형태론에 속하는 음운론적 작용으로서의 형태론적 규칙과 굴절·활용형식에서의 형태음소론적 교체를 지배하는 음운규칙을 구별하려는 것이다. 이 형태론적 규칙과 음운론적 규칙은 많은 경우 동일하게 기술될 수 있지만, 늘 일치하는 것은 아니기 때문이다. 또한 'natural phonology, but unnatural morphology'(Skousen 1974)가 말해 주듯이 음운론적 규칙에 비해 형태론적 규칙은 자연스럽지 못한 경우가 숱하다. 현재의 논의는 음운론적인 것에 관여되지, 형태론적인 것에 관여되지는 않기 때문에, 단어형성에 있어서의 음운론적 과정들은 대부분 논외로 할 것이다.

동화란 어떤 음운(피동화음)이 인접한 딴 음운(동화주)의 영향으로 동일한 또는 유사한 음운으로 바뀌는 음운론적 과정으로 context-sensitive한 일종의 자질변경규칙이라 할 수 있다. 그런데 전통적으로 동화는 그 동화주 즉 determinant가 피동화음 즉 focus에 선행·후행하는가 하는 방향에 따라 순행동화와 역행동화를 구별하였고 그 focus

와 determinant와의 사이에 개재음이 있는가 하는 인접위치에 따라 직접(contact) 동화와 간접(distant) 동화를 구별하기도 하였다. 이러한 전통적인 동화의 분류는

$$A \rightarrow B \Big/ \begin{array}{ll} B(X) \underline{\quad} & \cdots \text{(1) 순행} \\ \underline{\quad} B(X) & \cdots \text{(2) 역행} \end{array}$$

와 같이 대체로 표시될 수 있겠는데, 만일 순행이나 역행을 모두 가능하게 받아들이게 되면 이른바 거울영상규칙(mirror image rule)이 된다. 이 역의 방향까지도 가능할 경우 우리는 가역적(reversible)이라고 하고 오직 하나의 방향만을 취하여 그 역은 성립되지 않는 경우 비가역적(irreversible)이라고 할 수 있다. 이러한 방향의 문제는 물론이고 개재음의 유무에 의한 직접·간접이라는 crossover constraints의 문제도 어떠한 음운론적 의의가 있는지 음미하지 않으면 안 될 것이다.

자음(전통적인 개념으로서)의 분류는 순수자음(obstruents), 비음 및 유음으로 할 수 있는데, 이에 따라서 자음동화는 변자음화(peripheralization), 비음화(nasalization) 및 유음화(liquidization)로 나뉘게 된다.

3.

변자음화란 [-grave]의 중자음들 즉 치음 및 경구개음들이 [+grave]의 변자음으로 즉 순음 및 연구개음에 의하여 변자음으로 동화되는 규칙인데,[2] 오직 역행동화만이 가능한 것이다. 물론, 수의적인 성격이 강하다.

1.   a. 낫(낮, 낯)+보다 → 낟보다 → 낟뽀다(~나뽀다)

밭+보다 → 받보다 → 받뽀다 → 밥뽀다(~바뽀다)

돈:+보다 → 돈:보다(~돔:보다)

b. 잇:+고 → 읻:고 → 읻:꼬 → 익:꼬(~이:꼬)

있+고 → 읻고 → 읻꼬 → 익꼬(~이꼬)

받+고 → 받꼬 → 박꼬(~바꼬)

낫(낮, 낯)+까지 → 낟까지 → 낙까지(~나까지)

밭+까지 → 받까지 → 박까지(~바까지)

잔+까지 → 잔까지(~장까지)

위의 예들을 통해서 'ㄷ'이나 'ㄴ' 같은 [-grave]의 중자음이 순음이나 연구개음 즉 [+grave]의 변자음과 결합할 때 [+grave]에 의하여 역행 동화되는 것을 쉽사리 알 수 있다. 물론 순음이 동화주이면 순음으로, 연구개음이 동화주이면 연구개음으로 동화되기 때문에 이 동화에 있어서 후설성은 αF가 된다.

〈 변자음화규칙 〉

$$\begin{bmatrix} C \\ -\text{grave} \end{bmatrix} \rightarrow \begin{bmatrix} +\text{grave} \\ \alpha\text{point} \end{bmatrix} / \_\_ + \begin{bmatrix} +\text{grave} \\ \alpha\text{point} \end{bmatrix}$$

([-grave]의 자음(치음·경구개음)들이 [+grave]의 연구개음을 만나면 연구개음으로 닮아 버린다−수의적)

---

2 이들은 사실 경음화에 가려져 동화규칙으로 보는 판단을 흐리게 하는 듯하다. 그러나 조음점에 따라서 볼 때 '전+부터 → 점부터, 신+보다 → 심보다' 등이 분명 동화규칙에 의존하고 있기 때문에 변자음화규칙은 동화규칙으로 볼 수밖에 없을 것이다.

그러나 '낫+보다→*낟또다, 낫+만→*난난 ~*낟딴' 등과 같은 [−grave] 를 동화주로 하는 순행동화규칙은 국어에 존재하지 않으며 또한 다음과 같은 [−grave]에 의한 역행동화규칙도 존재하지 않는다.

2. a. 집+도 → *짇또   b. 국+또 → *굳또
       집+처럼 → *짇처럼   국+처럼 → *굳처럼
       집#사람 → *짇싸람   국#사발 → *굳싸발
    c. 섬:+도 → *선:도   d. 당+도 → *단도
       섬:+처럼 → *선:처럼   당+처럼 → *단처럼
       섬:#사람 → *선:싸람   당#사람 → *단싸람

말하자면 변자음과 중자음과의 접촉에서 중자음이 변자음으로 동화될 수 있어도 그 반대방향은 성립되지 않으며 그것도 역행동화만이 가능한 것이다. 또 이 동화현상은 피동화음과 동화주 사이에 어떤 음운도 개입시키지 않는 직접동화인 것이다. '앉+고→안꼬~앙꼬'에서 알 수 있듯이 기저형에서의 삼자음연속은 단순화규칙에 의하여 둘째 자음을 탈락시킨 다음에 자음동화가 다시 일어나기 때문에 역시 직접동화가 되는 셈이다. 이상 언급한 바와 같이 변자음화규칙이란 직접동화로서 역행동화는 가능하여도 순행동화는 불가능한 것이며 이 가능한 역행동화의 동화주는 오직 [+grave]의 변자음들뿐인 것이다. 이 변자음화규칙을 통해서 우리는 두 가지의 중요한 음운론적인 문제를 제기할 수 있다. 그 하나는 어떤 음운부류는 다른 음운부류보다 동화의 힘이 강력할 수 있다는 점이요, 또 하나는 이 음운론적 hierarchy가 강한 음운부류에 의하여 그것이 약한 음운부류가 오직

역행적으로 동화되고 그 반대의 방향은 성립되지 않는다는 비가역적 연대성(irreversible solidarity)이 존재할 수 있다는 점이다. 변자음화규칙들이 보여 주는 위의 사실들은 앞으로 검토하게 될 다른 자음동화규칙들에서도 확인될 것이다.

이 변자음화규칙을 때로 decoronalization이라든가 anterior assimilation이라 부르기도 한다. coronality를 설정한 Chomsky and Halle(1968)에 의하면 순수경구개음은 [-coronal]로 분류되고 있다. 만일 국어의 경구개음인 'ㅈ, ㅉ, ㅊ'이 순수경구개음이라면 이들은 'ㅅ, ㅆ, ㄷ, ㄸ, ㅌ'과 구별되는 [-coronal]이 되기 때문에 변음화를 decoronalization이라 함은 적합한 명명법이 못된다. 그리하여 필자는 gravity라는 자질(peripheral/medial)에 의존하여 우선 변자음화라 하여 이 규칙에 따라 [+gravel]의 변자음부류와 [-gravel]의 중자음부류(비변자음부류)로 구별하려는 것이다. 물론 이들 음운부류의 구분은 움라우트의 개재자음, 폐쇄화 등등 여러 음운현상에서 쉽게 확인할 수 있다.

순수자음의 동화 가운데서 무엇보다도 우리의 주목을 끌게 하는 것은 후부변자음화라 부를 만한 것이다. 즉 두 개의 변자음끼리 접촉할 때 순음이 연구개음에 의하여 연구개음화하는 경우가 있다. 물론, 이 경우도 수의적인 것으로 frequency norm(또는 allegro form)에서 나타난다.

밥+까지 → 박까지(~바까지)
입+거라 → 입꺼라 → 익꺼라(~이꺼라)
갚+고서 → 갑고서 → 갑꼬서 → 각꼬서(~가꼬서)
밤+까지 → 방까지

즉 'ㅂ'이나 'ㅁ'과 같은 순음이 연구개음에 의하여 역행동화되는 현상
을 본다:

〈후부변자음화규칙〉

$$\begin{bmatrix} C \\ +\text{grave} \end{bmatrix} \rightarrow [+\text{back}] \, / \, \_\_ + \begin{bmatrix} C \\ +\text{grave} \\ +\text{back} \end{bmatrix}$$

이 규칙이 말하여 주듯이 P→K는 수의적으로 가능하여도 *K→P 식
의 그 반대방향의 순행동화는 존재하지 않는다.

밥+까지 → *밥빠지   입+고 → *입뽀

잎+커녕 → *입퍼녕   갚+고 → *갑뽀

또한 순음 앞에서 연구개음이 순음으로 동화되는 *K→P 식의 역행
동화도 존재하지 않는다.

국+보다 → *굽뽀다   국+만 → *굼만

부엌+보다 → *부업뽀다   부엌+만 → *부엄만

P→K의 교체는 가능하여도 *K→P와 같은 반대방향의 역행동화가
실현되지 않는 것으로 보아 위의 후부변자음화규칙은 비가역적인 것
이다.[3] 오직 하나의 방향만이 가능하고 그 가역적인 것이 불가능한

---

3 이들 규칙에서의 P→K와 같은 교체의 방향은 '붑→북'에서의 변화방향과 일치된
  다. 이 방향은 아동어로부터 관찰되는 음운론적 보편성을 입증하여 주는 듯하다. 다

사실은 앞에서 보인 변자음화규칙의 경우와 완전히 일치하는 것이다. 또한 후부변자음화규칙도 '없:+고 → 업:꼬 → 억:꼬(~어:꼬), 옮:+게 → 옴:께 → 옹:께' 등에서 보듯이 자음군단순화규칙에 후행하는 것으로 결국 피동화음과 동화주 사이에 아무런 음운도 개재시키지 않는 직접동화인 것이다. 따라서 변자음화규칙과 마찬가지로 후부변자음화규칙은 역행동화인 것이다.

이상으로 우리는 [-grave]의 중자음과 [+grave]의 변자음과의 사이에서 실현되는 동화규칙인 변자음화규칙과, 또 변자음과 변자음과의 사이에서의 동화규칙인 후부변자음화(연구개음화)규칙을 관찰하였다. 결론적으로 중자음은 변자음에 의하여 역행동화를 입으며, 전부적 변자음은 후부적 변자음에 의하여 역행동화를 입는 일종의 phonetic leaps에 속하는 것들이다. 또한 이들은 모두 하나의 동화방향인 역행동화만을 실현시키고 그 반대방향의 동화는 실현시키지 않는 비가역적인 것이지 가역반응을 보이는 것은 아니다. 이 자음동화 자체는 피동화음과 동화주 사이에 개재음을 두지 않는 직접동화에 속하는 것이기도 하다. 이러한 관찰로부터 우리는 새로운 음운론적인 사실들의 가능성을 제시할 수 있을 듯하다.

첫째로 변자음이 중자음에 비해 동화상의 음운론적 강도(phonological strength)가 크며 변자음 가운데서도 순음보다 연구개음이 그 강도가 크리라는 가능성,

둘째로 focus와 determinant 사이에서 개재음이 없이 실현되는 직접 자음동화에 있어서는 역행동화만이 가능하리라는 사실,

---

만 Kiparsky(1965)에서 제시한 Rumania어의 K → P/__[-anterior, +coronal]과 같은 반대의 경우도 있어서 새로운 검토를 요한다.

등등이다. 국어에 관한 한, 자음에 의한 자음동화가 보이는 음운론적 강도, 방향의 비가역성 및 개재음을 필요로 하지 않는 crossover constraints 는 사뭇 타당한 것으로 보인다.

4.

국어에서 음운론적 단위로서의 비음(鼻音)은 자음에만 있다. 잘 알려진 바와 같이 이 비음에 의하여 순수자음들이 비음으로 바뀌는 동화를 흔히 비음화라고 한다. 결과적으로 음성적인 표면에서는 비음 앞에서는 비음만이 연결되어 나타난다.

$$C \rightarrow [+nasal] / \_ + [+nasal]$$

이 비음화규칙도 역시 역행적인 직접동화의 그것으로서 그 반대방향인 순행동화는 절대로 성립되지 않는 필수적인 것이다. '있+는→ 인는→인는'은 가능하여도 '있+는→인는→*인뜬'은 불가능한 것이다. '안+더니→*안너니'라든가 '짚+만→*집판~*집빤' 또 '책+만→*책판~*책빤' 등이 존재하지 않는다. 형태소경계에서 비음에 의한 순행동화는 물론이고 순수자음에 의한 비음의 순수자음화와 같은 역행동화도 존재하지 않는다는 말이다.

이 비음화가 보여 주듯이 또 하나의 음운론적 강도의 문제가 등장한다. 순수자음이 비음에 의하여 동화가 가능하고 그 반대의 경우는 불가능하다는 사실은 비음이 순수자음보다 음운론적 강도가 크리라는 것을 밝히 말하여 주는 것이다. 더욱이 비음화가 필수적이라는 사실은 이 강도를 짙게 하여 준다고 할 수 있다. 그러니까 지금까지 언급한 현대국어의 음운론적 강도의 hierarchy는 비음→순수자음(연구개음→순음→중자음)과 같은 순서를 가지게 된다. 비음화에 있어서 gravity와 backness에 의한 자질변경은 순수자음의 경우와 완전히 일치한다. 즉, [−grave]의 중자음끼리의 비음화에 있어서는 gravity의 자질변경은 일으키지 않는다. [+grave]의 변자음들이 중자음의 앞에 올 때는 그 변자음이 중자음으로 바뀌는 역행동화는 실현되지 않는다(cf. 입+는→*인는). 만일 중자음이 변자음으로서의 비음들에 의하여 동화를 입을 때는 [+grave, +nasal, αback]으로 자질변경을 하게 되며, 변자음이 중자음으로 동화되지는 않는다: 예. 눈+만→눈만~눔만(*눈난), 꽃+만→꼰만~꼼만(*꼰난). 이는 저 앞에서 본 변자음화규칙과 완전히 일치하는 것이다.

'없:+는→업:는→엄:는'과 '값+만→갑만→감만' 등이 보여 주듯이 비음화는 직접동화이며 역행동화인 것이다. 변자음끼리의 비음화도 순수자음의 경우와 마찬가지로 오직 후부변자음화만이 가능하며 연구개음이 순음으로 바뀌는 역행동화는 성립되지 않는다(방+만→*밤만).

요컨대, 비음화에 대한 관찰을 통해서 확인할 수 있는 사실은

첫째로 순수자음이 비음에 의하여 비음으로 역행동화를 입을 수 있어도 그 반대방향은 존재하지 않는다는 점에서 비음이 순수자음보다 음운론적 강도가 큰 자연부류를 형성한다는 사실,

둘째로 비음화에 있어서도 변음화 및 후부변음화가 관여함으로써 순수자음의 경우와 마찬가지로 중자음화라든가 전부변음화는 존재하지 않는다는 사실,

셋째로 직접동화로서의 비음화는 역시 역행적인 방향만을 취하는 비가역적이라는 사실,

등등을 들 수 있다.

5.

순수자음과 비음들에 의한 동화규칙들을 검토하면서 현대국어의 경우 자음에 의한 자음동화가 아무런 개재음 없이 이루어지는 직접동화인 경우 늘 역행동화만을 보인다는 사실을 강조하여 왔다. 이러한 사실을 보다 적극적으로 검토하기 위하여 얼핏 보아 위의 결론에 반증이 되는 듯한 이른바 유음화규칙을 이제 검토하겠다. 유음화에 관한 최근의 기술은 크게 두 가지로 구분할 수 있다. 그 하나는 변형생성음운론의 계열에 속하는 논저들에서 주어진

$$n \rightarrow l \, / \, \frac{l}{\_l}$$

즉 n→l%1과 같은 정도의 것으로, 이른바 순행·역행을 모두 가능하게 하는 가역적인 것으로서 방향없는(directionless) 직접동화규칙인 거울영상규칙으로 보는 견해이다.

유음화규칙에 대한 또 하나의 견해는 김완진(1972)에서 보인

$$n \rightarrow l \, / \, lC + \_$$

과 같은 정도의 것으로서, 유음화는 적어도 동화주와 피동화음 사이

에 하나의 자음을 개재시켜야 한다는 견해이다. 따라서 이러한 유음화는 하나의 개재음을 뛰어넘어 이루어지는 간접동화이며 순행동화만을 취하는 비가역적인 것이다.

　앞의 견해를 transformational generative phonology에 속하는 해석이라 한다면, 뒤의 견해는 natural (generative) phonology에 근사한 해석이라 할 만하다. 위의 두 견해의 차이는 규칙 순위에 대한 문제 이외에도 기술대상이 된 자료의 성격에 비롯된다. 가역적인 거울영상규칙으로써 해석하는 견해는 복합어형성과 같은 형태론적 범주 그리고 구형성과 같은 통사론적 범주에 관련된 자료에다가 형태음소론적 교체를 보이는 활용형들을 포함시키고 있다. 그리하여 단어경계를 기본적으로 필요로 하는 한자어가 주요한 대상이 된다(千里→[철리], 刹那→[찰라] 등). 순행적인 간접동화로 보는 견해는 활용형과 같은 형태소경계를 건너지르는 형태음소론적 교체의 범주에 관련된 자료에 기초를 두고 있다. 여기서 우리가 주의해야 할 두 가지 사실이 지적될 수 있는데, 그 하나는 단어형성에 관여하는 phonological operation 즉 형태론적 규칙과 활용형의 형태음소론적 교체를 지배하는 (형태)음운론적 규칙을 구별해야 한다는 범주상의 문제요, 또 하나는 단어경계(나아가서는 구경계)와 형태소경계를 구별해서 음운현상을 기술해야 한다는 경계표지의 문제인 것이다. 만일 이러한 구별을 현재로서 받아들이게 된다면, 후자의 견해가 타당한 것으로 받아들여지게 된다. 즉 유음화는 단어경계를 사이에 둘 경우 순행·역행동화가 모두 가능한 거울영상규칙이 될 수 있으며 형태소경계를 사이에 둘 경우에는 오로지 순행동화만이 가능한 비가역적인 규칙이 된다.

핥+는 → [할른]

앓+는 → [알른]

짧+니 → [짤리]

    위의 예들이 보여 주는 바와 같이 형태소경계를 사이에 두고 개재
자음이 동화주와 피동화음 사이에 존재하게 되면 유음화가 순행적으
로 가능하게 된다. 이러한 개재자음이 없는 경우에는 '알:+는→아:
는'과 같이

$$l \rightarrow \emptyset / \underline{\quad} + n$$

의 탈락규칙의 적용을 받아 '알+는→*알른'과 같은 유음화는 경험하
지 않게 되는 것이다. 개재자음의 유무에 따르는 음운행위는 이와
같이 상위한 것이다. 이러한 문제는 경음화규칙에서도 평행적으로
나타난다. '알고, 멀지도'에서처럼 어간말음 'ㄹ'은 모음의 경우와 같
이 경음화를 실현시키지 않고 allophonic rule로서의 유성음화만을 실
현시키는 데 대하여(cf. 알+고→[a:lgo]), 'ㄹ' 다음에 자음을 가지는
어간말자음군일 경우에는 '핥+고→[할꼬], 짧+고→[짤꼬]' 등과 같
이 경음화가 실현된다.

    형태소경계에서 개재자음이 없이 유음화를 보이는 예들이 없는 것
은 아니다. '별+님→[별림], 달+님→[달림]'이 '아드님, 따님'과는 달
리 'ㄹ'탈락을 모르고서 유음화를 일으키는데, 이것은 시어적 기능을
가지는 단어형성으로서, 우리가 현재 기술하고 있는 일상언어와는
구별되어야 하는 다른 차원의 모델인 것이다. 언어기술에서 차원을

달리하는 현상을 설명하기 위해서는 언어기술의 모델을 달리해야 된다는 것은 너무나도 당연한 것이다.

형태소경계에서의 유음화는 개재자음을 뛰어넘어 이루어지는 n → l/lC+__와 같은 간접적인 순행동화가 된다는 사실은 이제 확인된 셈이다. 물론 유음으로 시작되는 접미사형태소가 현대 국어에 존재하지 않기 때문에 -ㄴ(C)+ㄹ-의 연결에서의 음운현상을 확인할 길이 없다. 따라서 유음화규칙에 대한 현재의 논의는 순수자음과 비음에 의한 동화규칙들에서 내린 결론의 하나인 "자음에 의한 직접자음동화는 국어의 경우 역행동화밖에 존재하지 않는다"는 사실을 방해하지 않게 된다.

유음화규칙에 있어서의 동화주인 'ㄹ'은 특별한 주의를 요구한다. 'ㄹ'은 [+voc, +con]로 명시될 수 있듯이 순수자음과는 달리 모음과 동일한 음운행위를 보이는 경우가 많은 것이다. 한 예로 '알:+으면 → 알:면'은 '쏘:+으면 → 쏘:면'과 함께 단모음화를 경험하지 않고서 '으'를 탈락시키고 있다. 또한 위에서 말한 개재자음을 가지고서 실현된 유음화는 모음조화나 움라우트와 같은 모음에 의한 모음동화가 개재자음을 뛰어넘을 수 있는 점에서도 유사한 crossover constraints를 보인다. 즉 'ㄹ'이 이러한 모음적인 자질을 지니고 있기 때문에 순수자음이나 비음들의 동화와는 달리 순수자음을 개재시킬 수가 있는 것이다. 이 유음화로부터 다음과 같은 일종의 Adjacency Principle을 제기할 수 있다. 음운론적 규칙에서 [+sonorant]가 [+sonorant]에 영향을 미칠 때 개재음이 있을 수 있다면 그것은 [-sonorant] 즉 [+obstruent]인 것이다.

이상 유음화규칙에 대한 논의로부터 우리가 확인할 수 있었던 사실은 우선 다음과 같이 요약된다.

첫째로 음운론적 규칙으로서의 유음화규칙은 순행동화만을 가지는 비가역적인 것이다.

둘째로 유음화는 동화주와 피동화음 사이에 [-sonorant]의 순수자음을 기저형에 개재시킨 경우에만 가능하기 때문에 간접동화의 성격을 보인다.

셋째로 이러한 유음화규칙으로부터도 유음은 순수자음이나 비음과는 다른 음운부류에 속하면서 한편 비음과는 [+sonorant]의 자질을 갖는 점에서는 다시 크게 하나의 음운부류에 속하게 된다.

6.

음운론적 교체는 개개의 음운에 따라 이루어지는 고립적인 것이 아니고 음운론적 자질을 공유하는 음운부류에 따라 실현되는 것이다. 자음에 의한 자음동화현상들을 분석한 결과, 순수자음, 비음 및 유음들에 의한 차이 있는 동화를 볼 수 있었고, 따라서 이들 음운부류들은 동화에 관한 한 자연부류를 형성하고 있음을 확인할 수가 있었다. 형태론적 규칙 내지는 단어경계를 건너지르는 동화규칙을 보류하고서 형태소경계를 건너지르는 음운론적 규칙으로서의 자음동화규칙들을 지금까지 논의하였는바, 이를 요약하면 다음과 같다.

첫째로 자음동화규칙을 조음점으로부터 보면 중자음은 변자음에 의하여 변자음으로 동화되는데, 이 경우 변자음의 후부성자질은 αF 가 된다(변자음화규칙). 변자음끼리의 동화에 있어서는 전부변자음이 후부변자음에 의하여 후부변자음으로 동화된다(후부변자음화규칙). 이 조음점에 의한 동화는 순수자음이나 비음이나 동일한데, 이상 언급한 조음점의 변화에 있어서 그 반대방향은 존재하지 않는다. 모두 수의적이다.

둘째로 비음화에 있어서 비음의 순수자음화는 존재하지 않으며 비음화는 필수적이다.

셋째로 [+sonorant] 사이의 유음화는 음운규칙으로서 한정시킨다면 [-voc]의 개재음을 필요로 하는 간접동화이며 순행동화이다.

넷째로 변자음화, 후부변자음화 및 비음화 등의 자음동화규칙들은 모두 직접동화인데 역행적인 방향만을 보이고 순행적인 방향은 모르는 비가역적인 것들이다.

다섯째로 이상의 동화규칙들로부터 음운론적 강도의 순서를 알 수 있다: [유음→비음→순수자음]: 비음 및 순수자음은 다시 [변자음→중자음] 또 변자음은 [후부→전부]의 순서를 갖는다.

Phonological strength

이 [+cons]의 세 부류 사이에서의 자음동화는 오직 인접부류 사이에서 이루어진다. 유음과 비음, 비음과 순수자음 사이에서만이 동화가 가능하며 그 방향은 음운론적 강도에 의존한다.

대부분의 언어에서와 같이 자음동화는 역행동화가 순행동화에 비해 우세하다. 이러한 역행동화를 지배하고 있는 것이 결국 음운론적 강도에 의존한다는 사실을 암시한 셈이다. 음운체계에는 분명코 동화 현상을 지배하는 hierarchy가 있는 것이다. 때로 역행동화를 anticipation 의 개념으로 받아들이기도 하지만, 그 개념은 명백한 것이 못되는 듯하다. 역행동화의 결과는 형태소의 첫 자음의 변이의 폭을 최소로 줄이게 되며 형태음소론적 교체는 형태소의 말자음(군)에서 보다 강하게 나타나게 된다. 즉 형태음소론적 교체의 강도는 형태소의 두음 보다는 말음에 크게 작용하는 것이다. 말음위치는 중화를 가장 강하게 입는 위치이기도 하다.

동화규칙을 둘러싼 음운현상과 관련해서 자음동화규칙의 논의에 몇 가지의 남은 문제들이 있다. 그것은 음운부류에 따른 crossover constraint의 확대문제—이른바 Adjacency Principle—과 자음동화규칙에 인접하는 다른 규칙들과의 관계 등이다.

구개음화, 원순모음화 등등의 음운현상들이 입증하여 주듯이 [-cons]와 [+cons] 사이에서 동화가 이루어질 때에는 아무런 개재음을 요구하지 않는 직접동화이며 순행적이거나 역행적인데, 모음조화나 움라우트에서 볼 수 있듯이 [-cons]와 [-cons] 사이의 동화는 [-voc]의 개재를 요구할 수도 있으면서 역시 순행적이거나 아니면 역행적인 것이다. 나아가서 [+sonorant]들 사이에서의 동화는 유음화에서와 같이 [+cons]의 개재음을 요구할 수도 있는 것이다.[4] [-voc, +cons]들 사이

---

4 흔히 glide([-voc, -cons])에 속한다고 하는 'ㅎ'은 국어에서 [+cons]로 강하게 작용하는 것으로 보이기 때문에(cf. 구개음화, 중화, 음절구성 등), [+sonorant]에 의한 동화

의 자음동화는 본고에서 여러 번 강조하였듯이 개재음을 요구하지 않는 직접동화이며, 현대국어의 경우 오로지 역행적인 동화방향만을 취하여 그 반대방향은 성립되지 않는 비가역적인 것이다. 이러한 Adjacency Principle은 음운규칙에서 determinant와 focus 사이의 variables로서의 개재음에 대한 제약으로써 작용하는 것인데, 위에 가볍게 요약해 본 Adjacency Principle이 일러 주듯이 모든 음운현상들이 하나의 원리에 따라 공모한다고 말하기는 어려운 듯하다.

자음동화규칙들에 밀접히 관련될 듯한 음운규칙들로서는 자음군단순화규칙, 중화규칙 및 움라우트규칙 등이 있다. 자음군단순화규칙은 자음동화규칙에 앞설 수밖에 없는데, 음절말자음군을 인정하지 않는 현대국어와는 달리 중세국어는 음절말자음군 $-C_1C_2-$에서 C_1이 [+sonorant]일 경우에는 자음군을 형성할 수 있었고[5] 그 밖에는 형태소경계의 바로 앞 자음을 탈락시켰었다(안병희 1967). [+sonorant] 가운데서 비음보다 유음이 더욱 모음적이기 때문에, /sonorant-obstruent/까지 단순화시키게 된 현대국어에서 [+obstruent]의 개재자음을 뛰어넘는 유음화가 가능하다는 견해는 타당할 수 있는 것이다. 중화규칙은 일단 자음동화규칙들에 선행되는 것 같다. 중세국어 특히 15C에는 이미 잘 알려진 바와 같이(이기문 1972) 치음과 설음 사이에서 중화를 경험하지 않고서 음절말에서 'ㅅ'과 'ㄷ'으로 각각 실현되었고 'ㄷ → ㄴ/__+ㄴ' 정도의 비음화만을 보였는데, 16C에 들어서면서 다시 치

규칙의 개재음을 표시할 때에 [+cons]로 명시될 수 있지 않을까 한다(예. 쌓+이+다 → 쌔히다).

5 [+sonorant]는 순수자음에 비해 모음적이기 때문에 자음군 형성의 이러한 제약은 일반적으로 타당하게 여겨질 수 있다. "Syllable final C_1C_2 is permitted only if C_1 is a sonorant and C_2 is an obstruent, ……"(Pyle 1974:281)

음과 설음 사이에 'ㄷ'으로의 중화가 이루어지고 '잇+ᄂ+니→인ᄂ니'와 같은 동화까지 실현되었던 것이다. 이러한 통시적 사실은 현대 국어의 공시론적 해석에도 받아들여질 수 있을 듯하다. 이들 자음군 단순화규칙과 중화규칙은 결국 자음동화규칙에 앞서는 것인데, 움라우트규칙은 그것에 뒤따르는 것으로 보인다(김완진 1971). 움라우트 규칙에 있어서 국어의 경우 개재자음은 [+grave]이어야 하는데, [-grave]의 자음을 기저형에서 가지는 '맡기다'(→[매끼다])에서 보면 적어도 변자음화가 이루어진 뒤에(맡기다→막끼다) 다시 움라우트 규칙이 적용되고 있다. '남기다→냉기다(*냄기다), 곪기다→굉기다(*굄기다)' 등과 같은 예시는 두 규칙 사이의 적용순위를 대변해주는 것이다. 이 적용순위는 통시적으로나 공시적으로나 같은 순서를 가지고 있다.

[《이숭녕선생고희기념 국어국문학논총》, 탑출판사, 1977]

붙임: 전통문법에서 흔히 '자음접변(子音接變 닿소리 이어바꿈)'이라 불리던 현상에 대하여 특히 자음체계 속에서의 음운론적 해석을 시도하였다. 언어학에서 흔히 논의되는 자음체계와 그 내적 구조를 고려해 각각의 동화를 체계 속의 계층적 구조와 평행시켜 해석하려 했다. 사람과 사람 사이에서의 인간(人間) 세상에서도 자연현상에서와 마찬가지로 이화(異化)현상보다는 동화(同化)현상이 많다고 믿는다면 언어 연구에서도 동화현상을 다루는 것이 자연스럽지 않은가. 여기서 등장하는 가역성/비가역성, 거울영상 등의 개념은 물리적 자연현상의 개념이었다. 이 논문은 필자의 은사이신 심악(心岳) 이숭녕(李崇寧) 선생의 7순을 기리기 위해 쓴 것이다. 필자는 대학에서부터 돌아가실 때까지 은사님 곁을 지켜왔다. 스승과 제자 사이의 어딘가에 동화가 있었는지는 모른다. 워낙 높은 학문에 계셨던 분이라 그분의 학문에 접근하기는 쉽지 않았다.

참고문헌

김완진(1971), 음운현상과 형태론적 제약, 《학술원논문집》 10.

김완진(1972), 형태론적 현안의 음운론적 극복을 위하여, 《동아문화》(서울대) 11.

김진우(1973), Gravity in Korean Phonology, 《어학연구》(서울대) 9-2.

김차균(1976), 국어의 자음접변, 《언어학》 1.

안병희(1967), 한국어 발달사: 문법사, 《한국문화사 대계 V》, 고려대 민족문화연구소.

이기문(1972), 《개정 국어사개설》, 민중서관.

이병건(1976), 《현대 한국어의 생성음운론》, 일지사.

이병근(1975), 음운규칙과 비음운론적 제약, 《국어학》 3.

이병근(1976), '새갱이'(土鰕)의 통시음운론, 《어학》(전북대) 3.

이숭녕(1955), 접미사 ~b(p)~계의 연구, 《진단학보》 17.

Aronoff, M.(1976), *Word Formation in Generative Phonology*, The M.I.T. Press.

Chomsky, N. and M. Halle(1968), *The Sound Pattern of English*, New York: Harper & Row Publishers.

Grammont, M.(1933), *Traité de phonétique*, Paris: Librairie delagrave.

Heffner, R-M. S.(1950), *General Phonetics*, Madison: The University of Wisconsin Press.

Howard, I.(1972), A Directional Theory of Rule Application in Phonology, Ph.D. dissertation of M.I.T.

Hyman, L. M.(1975), *Phonology*, New York: Holt, Rinehart and Winston, Inc.

Jakobson, R.(1968), *Child Language, Aphasia and Phonological Universals*, The Hague; Paris: Mouton.

Jensen, J. T.(1974), A Constraint on Variables in Phonology, *Language* 50-4.

Kim-Renaud Young-Key(1974), Korean Consonantal Phonology, Ph.D. dissertation of University of Hawaii.

Kiparsky, P.(1971), *Phonological Change*, Indiana Linguistics club.

Naro, A. F.(1971), Directionality and Assimilation, *Linguistic Inquiry* 2-1.

Pyle, C.(1974), Why a Conspiracy, *Papers from the Parassession on Natural Phonology*, Chicago Linguistic Society.

Skousen R.(1965/1971), An Explanatory Theory of Morphology, *Papers from the Parassession on Natural Phonology*, Chicago Linguistic Society.

음운규칙과 비음운론적 제약[1]

1. 음운규칙과 예외

일반적으로 하나의 음운현상은 흔히 일정한 음운규칙으로 설명되어지기를 요청하고 있다. 이것은 그 현상에 대한 제약조건이 없다든지, 아니면 그 제약조건이 일정한 음운론적 환경에 한정된다든가 함을 뜻하는 것이다. 여기에서의 음운론적 환경은 곧 인접하고 있는 분절음소라든가 비음성적인 경계(nonphonetic, syntactic boundary)에 의하여 명시되어진다. 만일 어떤 음운현상이 음운론적 환경 이외의 다른 레벨에 의한 아무런 제약 없이 음운규칙에 의하여서만 설명될 수 있다면, 이 음운현상에 대한 설명은 '음운론적 설명'이라 할 수 있다.

---

1 본고에서 제시되는 자료들은 공통어는 물론 경기지역어가 주축을 이룬다. 경기지역어에 자주 관심을 보여 왔던 필자는 하버드 옌칭 학사의 연구보조비에 의해 다시 경기지역어의 음운현상들을 검토할 기회를 갖게 되었다. 이 주어진 기회에 대하여 이 소박한 간접적인 보고서로써 관계 여러분께 고마운 뜻을 밝힌다.

음운현상이 이와 같이 음운규칙과 그에 부대되는 음운론적 제약에 의하여 설명되기만 한다면, 음운론자에게는 그 이상의 '다행'이 없을 것이다. 그러나 이러한 음운론자의 기대는 어떤 음운현상을 치밀하게 관찰할 때, 때로 무너지고 마는 경우가 생긴다. 즉 음운론적 현상에 대한 음운론적 레벨 이외의 다른 레벨의 제약 내지는 규제를 발견하게 된다. 그리하여 이 비음운론적 제약 내지 규제는 음운론적으로 설명되지 못하고 어떤 비음운론적 범주 또는 자질에 의하여 설명되어야 한다. 통사론적 또는 형태론적(및 의미론적)인 것들이 흔히 여기에 관여한다.

　　현대국어의 주격형태 '이/가'는 흔히 음운론적으로 조건되었다고 하고 또한 음운론적 규칙성에 의하여 설명될 수 있을 듯이 보여 왔다. 모음어간 다음에서는 '-가'로, 자음어간 뒤에서는 '-이'를, 수의적으로는 'zero'로 실현될 수 있다는 진술을 흔히 들어왔다. 이는 체언어간말의 음운환경에만 치우친 '기술'에 지나지 않는 해석으로서, 교체형 '이/가'를 음운론적으로 설명할 수 있는 가능성은 국어의 음운규칙들 속에서 찾아지지 않는 것이었다. 이는 역사적인 사실을 고려해야 할 가능성을 지니고 있는 것으로서, 주격형태에 대해서만은 어느 역사적 단계에서 음운론적으로 설명될 수 있었던 것이 시간적 선상에서 변화하였다는 가능성을 다시 안고 있는 것이다.[2] 이 주격형태의 예시는 사적 형태론에 대한 미해결의 여지를 남기고 있지만, 그것은 어떤

---

2 이 주격형태 '가'의 사적 형태론에 대한 논의는 딴 레벨의 기술에로 미룬다. 우리는 근대국어의 이중모음의 발달과정에서 /y/의 삭제규칙을 볼 수 있는데, 모음어미 다음에서 주격형태 y가 탈락하고 이에 연결되었던 첨사 '-가'가 그 분포위치를 보충하고 있다는 기술도 위의 삭제규칙과 관련되기를 바란다.

형태소의 기저형에 관여하는 음운규칙들이 순수하게 음운론적으로 설명될 수 없는 경우가 존재할 수 있음을 분명히 보여준다고 할 수 있다.

비음운론적 조건은 음운론적 제약과는 달리 음운규칙에 대한 '예외'를 만든다. 흔히 예외는 음운규칙의 생산적인 적용 및 일률적인 적용을 방해하기 때문에 예외의 다산은 정밀한 음운론자에게는 불행한 일이다. 왜냐하면 지나친 예외의 존재는 그 현상에 대한 규칙성의 부재까지 결과할 수도 있기 때문이다. 언어의 기술자가 예외 즉 불규칙성의 폭을 줄이려는 노력은 이러한 이유에서도 바람직한 일이라 하겠다. 실상 우리는 표면적으로 예외처럼 보였던 현상을 정밀하게 관찰함으로써 그 예외의 폭을 최소한도로 줄여 왔던 것이다. 그러나 '보다 반듯한 체계, 균형된 체계'의 강요로부터 '일률적인 규칙의 적용'에 이르기까지, 우리는 예외의 존재를 조심스러이 받아들여야 할 것이다.

음운현상에 있어서 예외처럼 보이는 것들에 대하여 한편으로는 예외의 폭을 줄이면서 또 한편으로는 예외의 특성을 검토하려는 것이 본고에서의 기술태도이다. 방언자료를 공통어자료와 함께 고려하는 필자는 그 자료를 바탕으로 하여 경험적으로 입증할 수 있는 면에서 'linguistically significant generalization'의 개념을 기능적으로 받아들이려 한다.

2. 접사와 Paradigm

접사는 흔히 파생 및 곡용·활용 등의 범주들로 분류되어 왔는데,

이들에 대한 음운론적 관심은 어기(또는 단어형성에서의 어근)와 접사 사이에서 빚어지는 다양한 음운론적 배열 혹은 교체에 초점을 두게 된다. 복합어의 경우에는 double-base의 구성이므로 별다른 기술이 필요하게 된다. 여하튼 이러한 통합적 음운현상을 지배하는 음운규칙(P rule)이 주로 관여하게 되고 형태소구조규칙(MS rule)은 부분적으로 고려하게 된다. 우리는 상식적으로 혹은 전통적으로 다음과 같은 국어의 접사들의 특성을 알고 있다.

	파생	곡용 · 활용
접두사	+ (어휘 · 의미)	−
접미사	+ (어휘 · 의미) (통사 · 의미)	+ (통사 · 의미)

접사들의 어휘론적 · 의미론적 또는 통사론적 · 의미론적인 기능으로부터 그 접사들의 전모를 밝히는 작업은 또 다른 레벨의 연구에 미루고, 다만 접미사의 성격—특히 paradigm으로서—을 머리에 얹고서 그에 관련되는 몇 가지 음운현상들을 지금의 관심 속에 넣게 된다. 그런데 파생과 굴절 또는 복합 등이 사적 형태론과 밀접히 관련된다는 사실은 또 다시 공시적인 면과 통시적인 면을 왕래하게 한다. 일찍이 '화석화'라고 불리워져 온 통시적 현상은 규칙들의 재조정에 의한 재구조화(restructuring)와 같은 대표적인 변화양식으로 흔히 관찰된다. 예외에 특별한 관심을 보이려는 본고에서, 음운변화를 조건짓는 비음성적인 요인들로서 Kiparsky(1971a:18)에서 제시된 경계표지, 성분구조 및 음운론적 기저표시 등을 고려하게 된다. 구와 복합, 나

아가서 곡용·활용과 파생 등의 통사론적 및 형태론적 범주들이―성분구조로서의―경계표지 및 음운론적 기저표시와 같은 음운론적 조건들과 함께 음운변화에 관여하는 성격들이 검토되어야 할 것이다. 특히 여기에서의 범주들은 본고와의 관련에서 보면 계열적(paradigmatic) 조건이 되는데, inflectional paradigm에서의 곡용과 활용 사이의 통합적인 차이가 존재하는가, 존재한다면 어떤 조건들인가 하는 문제가 제기될 수 있으며, 마찬가지로 파생 및 복합의 경우에도 동일한 문제가 제기될 수 있다. 파생 및 복합의 경우가 곡용·활용의 경우에 비하여 보수적인 음운현상을 보이고 있음은 이미 지적되어온 사실이며, 곡용과 활용의 경우에도 미세한 점에 이르러서는 그 기제를 달리하고 있음도 지적해온 사실이기도 하다. 즉 계열 및 그 하위범주들은 음운규칙들의 조건이 될 가능성이 있는 것이며, 다시 통시적인 면에서는 이 조건에 따른 규칙들의 재조정이 제기될 가능성이 있는 것이다. 여기에서 제시되는 음운규칙들은 계열과 입체적 관련을 갖고 있는 통합(syntagma)의 현상을 지배하는 것들이다. F. de Saussure 이후 구조주의적인 선조성으로부터 상당히 심각하게 제기되었던 이 계열적 관계와 통합적 관계의 개념은 필자에게도 늘 매력적인 것으로 여겨져 왔던 것이다.[3] 음운론적 레벨 이외의 계열적 관계가 통합적인 음운규칙들에 있어서 어떻게 고집을 부리고 또 어떻게 확대·감소되어지는가 하는 문제는 극히 흥미롭게 여겨진다.

---

3 한 예로서 Martinet(1964)를 들 수 있고 필자의 관심으로는 졸고들(1969 이후의 것들) 을 들 수 있다. 본고에서 사용되는 '계열'(paradigm)의 개념은 인구어의 굴절적인 것 에 한정되는 것이 아니고 syntagma의 상대적인 개념으로 확대하여 받아들인다.

3. 음운규칙과 통사론적(형태론적) 범주

　명사, 동사(및 형용사), 부사 등의 통사론적 범주에 따라 음운규칙들의 기제가 다를 수 있어서 결과적으로 음운규칙에 예외를 보이게 된다. 이 경우의 음운규칙은 통합적인 것으로서 phonotactic constraints로 설명되어지며, 통사론적 범주에 따른 곡용과 활용 같은 계열에 관여하여 distinctness condition 및 leveling condition으로 설명되어지기도 한다. 음운론적으로 동일한 구-phonological phrase-를 보이면서도 통사론적으로 상이한 범주에 따라 상이한 음운규칙의 지배를 받는 사실은 결과적으로 음운론적으로 설명될 수 없음을 말해 주는 것이다. 다음과 같은 몇 가지의 음운현상들에서 이와 같은 사실들이 발견된다.

단모음화현상
　국어의 모음들이 긴장성의 자질을 포함할 수 있는 가능성은 짙다. 이 가능성이 김완진(1972)에서 상당히 성공적으로 입증되고 있는데, 이 경우에 긴장성은 음장을 잉여적으로 받아들여지게 한다. 현재의 필자는 국어의 모음체계에서의 긴장성과 이완성을 체계적으로 다룰 여유가 없기에 잉여자질로서의 음장을 기술하면서, 음장에 관여하는 규칙들을 비음운론적 레벨에서의 '규제'와 함께 더듬어 보기로 한다.[4]
　현대국어에서의 음장은 원칙적으로 제1음절에서 즉 휴지 뒤에서만

---

4 김완진(1972)에서의 긴장성의 잉여자질로서의 음장에 관한 논의는 극히 정밀한 것이었는데, 이것이 본고의 서술에 큰 힘을 가지고 깊이 관련되어 있음을 밝히는 데 주저하지 않는다.

유효하다. 따라서 제2음절 이상의 어간은 곡용이나 활용의 경우 아무런 음장상의 교체를 보이지 않으므로 지금의 관심 밖에 놓여진다. cf. 서:리(署理), 헝:겊, 사:람, 꺼:리다, 더:럽다(더:럽히다), 여:닫이, 윷:놀이 등. 나아가서 밀접히 연결된 구는 마찬가지로 첫 구성요소의 제1음절만이 음장의 유효성을 보인다. cf. 세:상 사람, 살: 사람, 코고는 소리 등. 요약컨대 음장의 행위는 'breath group' 안에서의

$$\begin{bmatrix} V \\ \alpha\text{long} \end{bmatrix} \rightarrow [+\alpha\text{long}] \,/\, \#\,\#\,(C)\,\_\,X$$

의 일반적인 공식을 표면적으로 전제하는 것이라 할 수 있겠다. 음장에 대한 지금의 초점은 기저형에서 장모음을 인정할 수 있는 단음절의 어간 또는 어기들이 어미 또는 접사와의 연결에서 어떠한 음운규칙들을 적용시키고 있는지 하는 데에 놓여지게 된다.

[규칙 1] V [-long] / ## [X__+VX]$_{verb}$

즉 용언 어간은 자음어미 앞에서 음장을 유지하나 모음어미 앞에서는 단모음화한다. 단 체언어간은 이 [규칙 1]의 적용을 받지 않아서 곡용의 경우 단모음화하는 일이 없게 된다.

체언

가:(邊) 가:(ㅅ)이 가:(ㅅ)으로 가:(ㅅ)를 가:(ㅅ)만 가:(ㅅ)도
감:(柿) 감:이 감:으로 감:을 감:만 감:도
널:(板) 널:이 널:로 널:을 널:만 널:도

발:(簾) 발:이 발:로 발:을 발:만 발:도

밤:(栗) 밤:이 밤:으로 밤:을 밤:만 밤:도

속:(內) 속:이 속:으로 속:을 속:만 속:도

종:(奴婢) 종:이 종:으로 종:을 종:만 종:도

중:(僧) 중:이 중:으로 중:을 중:만 중:도

찬:(饌) 찬:이 찬:으로 찬:을 찬:만 찬:도

천:(布) 천:이 천:으로 천:을 천:만 천:도

촌:(村) 촌:이 촌:으로 촌:을 촌:만 촌:도

흠:(欠) 흠:이 흠:으로 흠:을 흠:만 흠:도

윷:(柶) 윷:이 윷:으로 윷:을 윷:만 윷:도

셋:(三) 셋:이 셋:으로 셋:을 셋:만 셋:도

용언

갈:다(磨) 갈:지 갈:더니 갈아 (갈:면)

걸:다(懸) 걸:지 걸:더니 걸어 (걸:면)

곱:다(麗) 곱:지 곱:더니 고와 고우면

덥:다(暑) 덥:지 덥:더니 더워 더우면

안:다(抱) 안:지 안:더니 안아 안으면

담:다(浸) 담:지 담:더니 담아 담으면

붓:다(注) 붓:지 붓:더니 부어(붜:) 부으면(부:면)

걷:다(步) 걷:지 걷:더니 걸어 걸으면

좋:다(好) 좋:지 좋:더니 좋아 조으면(조:면)

용언의 경우에도 위와 같이 [규칙 1]에 따르지 않고 모음어미 앞에서조차 음장을 유지하는 예들이 있다.

    a) 굵:다 없:다 떫:다 엷:다 많:다 작:다 적:다 �io:다 (길:다 멀:다)

위 a) 실제로 보이는 것: 굵:다 없:다 떫:다 엷:다 많:다 작:다 적:다 얻:다 (길:다 멀:다)

    b) 끌:다 벌:다 졸:다 썰:다

  a의 예들은 방언화자에 따라 차이를 보이지마는 [규칙 1]의 예외가
되며([-규칙 1]), b의 예들은 단순히 예외로 처리될 수 없는 것들이다.
b의 '끌:어, 벌:어, 졸:아, 썰:어' 등은 특별한 관심 속에서 음운론적으
로 설명되어지는 것들이다. 우리는 국어의 체언이거나 용언이거나
어간내에서 두 음절모음이 연결될 때(간혹 [-voc, +voiced]를 삽입하
고 있기도 하지만) 수의적으로 수약을 보이거나 그 중에서 고모음을
소거시키면서 이어서 장모음화를 일으키는 순위규칙을 알고 있다(김
완진 1972:291~294).

    [규칙 2] 모음수약의 규칙

$$V_1V_2 \longrightarrow \begin{bmatrix} +\text{long} \\ 1,2 \end{bmatrix}$$

    [규칙 3] 고모음 소거의 규칙

$$V \begin{bmatrix} V \\ +\text{high} \end{bmatrix} \longrightarrow [+\text{long}] \ \phi$$
$$1 \quad 2 \qquad\qquad 1 \quad 2$$

    [예]

    쏘이다 → 쐬:다, 고이다 → 괴:다, 나이다 → 내:다, 까이다 → 깨:다, 싸이다
→ 쌔:다, 누이다 → 뉘:다, 사이 → 새:, (가히 → 개:)

다음 → 담:, 처음 → 첨:, 마음 → 맘:, 싸움 → 쌈:, 가을 → 갈:, 고을 →
골:, 마을 → 말:, 내일 → 낼:, 무우 → 무:, 시험 → 셤:, 수염 → 셤:, 시원하다
→ 션:하다, 끼우다 → 끼:다, 게으르다 → 겔:르다(길:르다), 게우다 → 게:다
(기:다), 모으다 → 모:다, 메이다 → 메:다(미:다), 띄우다 → 띠:다, 배우다 →
배:다, 때우다 → 때:다, 어우르다 → (얼:르다), 개이다 → 개:다, 그윽하다 →
(극:하다)

물론 '싸우다, 아울러, 바위, 사위, 저울, 터울, 겨울, 서울, 서운하다'
등과 같이 고모음을 소거시키지 않는 예들이 있어서 이 규칙의 정밀
화를 요청하고 있으나, 이 수의적인 [규칙 3]이 앞에서 든 b의 '끌:어,
벌:어, 졸:아, 썰:어' 등에 관련되어 있다고 하겠다. 즉 이는 음운변화
에 있어서의 재구조화로 향하는 듯한 경우로서 음운론적 기저표시에
의존하고 있는 것들이다. 즉 때로 어떤 약한 중간자음을 탈락시키면
서 [Vi]와 같은 히아투스가 이루어지고서 이어서 이완적인 고모음의
소거와 장모음화가 가능한 것이다. 이러한 해석에 도움을 줄 수 있는
사적인 실증적 자료가 존재한다.

끌다: 쓰으다 그으다 쓰스다 그스다
벌다: 버으다(掙錢)
졸다: 조을다 조올다 조울다 조으다 (ᄌ오롬)
썰다: 써흘다 써으다 서을다

현대의 경기지역어에서 이것들이 모음어미 앞에서도 단모음화를
경험하지 않는 사실을 이 자료상의 적극적인 도움을 받으면서 음운

론적으로 설명하는 데에 이제 더 이상의 주저를 용납치 않아 좋을 것이다. 중간자음 약화 고모음 소거 및 장모음화 등의 사적 순위에 의하여 통시적으로 설명될 수 있으며 공시적으로는 음운론적 기저형 에서의 /VV/가 [V: ∅]로 변화하는 역동적인 것으로 설명될 수도 있 다. 그리하여 [규칙 1]의 용언들의 [V, +long]$_{verb\ stem}$이 보이는 음운행 위와의 차이를 합리적으로 설명하게 되며, 나아가서 [규칙 1]의 예외 의 폭을 줄이게 된다.

요컨대 장모음음절이 단음화하는 음운현상은 음운론적으로 설명 될 수 있는 모든 경우를 전부 감안하더라도, [규칙 1]에서 보인 체언과 용언에서의 행위차로 역시 [...]$_{noun\ stem}$, [...]$_{verb\ stem}$과 같은 통사론적 범 주화의 명시에 의한 설명이 여전히 요청된다. 그리하여 "…… 용언 어간에만 적용되는 규칙인데 이완화규칙(laxing rule)이라 부를 만한 존재다. 자음어미 앞에서 긴장모음을 유지할 수 있는 어간일지라도 모음어미와 연결되어서는 그 긴장성을 상실하는 수밖에 없다", "…… 이 현상은 체언에서는 나타나지 않는 것으로 ……"의 합당한 설명(김 완진 1972:286~287)을 보게 된다.[5]

이제 우리의 관심을 활용의 경우로부터 파생의 경우에로 돌려보 자. 파생은 흔히 심각하게도 사적 형태론의 여러 문제들을 제기하지 만, 여기에서는 파생형식에 관여하는 음운규칙들을 기술하면서 굴절 형식의 단모음화규칙들과 비교할 것이다.

---

5 음장과 깊은 관련을 맺고 있는 성조도 주의 깊게 관찰하면, 거의 유사한 통사론적 범주에 의한 규칙을 볼 수 있으며, 또한 본고에서 제시된 몇몇 예외들도 성조상의 음운행위에 있어서 유사성을 보이고 있다. cf. 이기문(1972a:150) 및 정연찬(1974:27 ~90)

중세국어에서의 파생명사와 동명사는 그 형태론적 구성에서 각각 '-(ᄋ/으)ㅁ(또는 -(아/어)ㅁ)'과 '-(오/우)ㅁ'을 차이 있게 보이고 있었음은 주지의 사실이다(이기문 1972b:147).

여름 : 여룸   어름 : 어룸
사ᄅᆞᆷ : 사롬   그림 : 그룸(그륨)
주검 : 주굼   거름 : 거룸

파생명사와 동명사의 이러한 차이는 성조의 비음운화와 음장의 발달 또는 모음체계 및 '오/우'의 변천 등에 의하여 현대국어에서는 달리 보이게 되었다. 사적 형태론에서의 파생형식의 고수(화석화)와 범주상의 확대는 공시적으로 주의 깊은 관찰을 요구하고 있다. 음장에 관련하여 공시적인 기술이 가능하다면 다음과 같다.

[규칙 4] V → [-long] / # [[X __ X] $_{verb}$ + VX] noun
                                    [nom]

즉 용언으로부터의 파생명사는 모음으로 시작되는 파생접미사 앞에서 용언의 활용에서와 마찬가지로 단모음화규칙이 적용된다. 따라서 [규칙 4]는 이 경우에 [규칙 1]에 의하여 대치될 수 있다.

길:다〉길다(길억지), 덥:다〉더위, 놀:다〉놀이, 털:다〉털이개, 떨:다〉떨이, 놀:다〉노름, 걷:다〉걸음, 묻:다〉물음, 줄:다〉주름, 밉:다〉미움, 돕:다〉도움, 울:다〉울음, 참:다〉참음, 웃:다〉웃음 (예외: 사:람)

그런데 이 파생명사의 경우와 동명사의 경우와는 보다 미세한 점에서 차이 있는 음운행위들을 보이고 있다. 말자음 'ㄹ'을 갖는 용언어간이 동명사로 쓰일 경우 그것은 활용적 계열의 음운규칙에 평행되고 있다. 예를 들면 ㅣ 탈락규칙(알:+으며 → 알:며). 이는 중세국어에서의 '오/우'를 탈락시킨 근대국어 이후의 음운현상이다(예: 곪 替, 듦 入). 흔히 화석화로 불리워 온 파생명사의 경우와는 대조적으로 동명사는 그 음장을 제거시키지 않는다.

어름 : 얾: 주름 : 줆: 노름(놀이) : 놂: 길이 : 긺: 털이개 : 텒: 떨이 : 떒:

이미 중세국어에서 파생명사와 동명사 사이에 접미사의 모음이 차이를 보인 사실('ᄋᆞ/으, 아/어' 대 '오/우') 및 성조상의 차이(여·름 대 :여룸, 어·름 대 :어룸 따위)를 보인 사실 등은 무척 흥미롭게 여겨진다.[6] 이상의 사실이 순수하게 공시적으로 기술되는 경우 파생명사 및 동명사의 범주화의 명시에 의존하여 음운론적 설명을 거부할 것으로 보인다. 그러나 화석화와 같은 이 통시적 사실은 음운규칙들이 연대적으로 달리 적용됨으로써 빚어진 것이기에 역시 음운론적 설명을 요구하는 것이다. 다만 파생명사화와 동명사화가 음운규칙들의 사적 순위에 있어서 서로 차이를 보이는 조건은 바로 계열 자체에 있다고 하겠다. 이른바 paradigm condition의 문제가 된다.[7] 우리는 [규칙 1]에

---

[6] 고영근(1974)에서 이른바 파생명사라고 했던 '앎, 삶'에 대하여 고심한 바 있다. 그리하여 파생명사들이 "두 가지의 표상으로 불규칙하게 실현된다"라고 언급하고 있다. 아마도 '앎, 삶'은 국어 파생명사형성(주검, 무덤, 얼음, 놀음 등)의 규칙을 이해하지 못한 이유로 잘못 생성된 것일 듯하다. 동명사의 규칙을 파생명사의 형성에 '인위적'으로 적용하게 되면 그 규칙들은 crazy하게 될 것이다.

서 상이한 기저형에 의하여 단모음화를 모르던 '끌:다, 벌:다, 졸:다, 썰:다' 등에 관심을 보인 바 있었다. 흥미롭게도 이들은 파생명사화하였을 경우에도 마찬가지로 단모음화를 경험하지 않는다: 끌:다 〉 끄:름, 졸:다 〉 졸:음, 벌:다 〉 벌:이, 썰:다 〉 써:레(질).[8] 이것은 앞에서 기저형에서의 두 모음의 연결을 인정한 사실을 다시 뒷받침하여 준다고 믿어진다. 이들 파생명사의 어간이 다시 곡용을 하는 경우 그것들은 이미 3음절어간(표면적으로 2음절어간)으로 표시되기 때문에 체언의 일반적인 현상처럼 단모음화를 허용치 않게 된다(조:름, 조:름만, 조:름이, 조:름이야).

　파생법의 경우 또 하나의 흥미 있는 단모음화규칙에의 통사론적 범주화를 볼 수 있다. 즉 그것은 명사와 부사이다. 앞에서 든 [규칙 4]는 파생명사나 동명사에 초점을 두고 설명된 것이었다. 파생법에 의하여 용언으로부터 형성된 명사와 부사 사이에 또 하나의 흥미 있는 음운행위의 차이가 보여진다. 즉 [규칙 4]가 보여 주듯이 파생명사는 모음으로 시작되는 파생접미사 앞에서 단모음화를 경험한다. 그런데 파생부사는 같은 환경에서조차 이 단모음화를 경험하지 못한다: 많:이, 좋:이, 길:이, 고:이, 멀:리, 적:이, 없:이 등. 이는 굴절적 범주(체언 및 용언)와 달리 불변화사(관형사, 부사)의 고수적 특성에 평행되는 것으로

---

7 'paradigm condition'에 대하여는 Kiparsky(1971b, 1972)를 참조.

8 '썰다'는 중부방언에서 'ㅓ'의 심한 장모음화에 따라 vowel raising을 일으켜 /i/로의 음운변화를 거침으로써 '쓸:다'로 실현되며, '써:레질 〉 쓰:레질'까지 실현시킨다. '쓸다'(掃)에서의 '쓰레질'과는 음장에 의하여 시차적이 된다. '벌:다 〉 벌:이'도 vowel raising과 원순모음화에 의하여 '불:다 〉 불:이'로 된다.

$$[\text{규칙 5}] \begin{bmatrix} V \\ \alpha\text{long} \end{bmatrix} \rightarrow [\alpha\text{long}] \; / \; \#\# \; [\underline{\quad} + VX]_{\text{adv.}}$$

$$[\text{der}]$$

와 같은 비교체적 성격에 의존하는 것이다. 이 [규칙 5]는 실상 체언에도 이미 적용될 수 있었던 것인데, 파생부사의 경우를 위하여 따로 제시된 것이다. 즉 파생부사인 경우는 파생명사의 경우와는 달리 [규칙 1]의 지배를 받지 않고 [규칙 5]의 지배를 받음으로써 [-규칙 1]$_{\text{adv.}}$를 형성하게 된다. 이는 음운론적으로 설명될 수 없기 때문에, $X]_{\text{adv.}}$라는 통사론적 범주—부사—의 명시를 요구하는 것이라 할 수 있다.

지금까지 우리는 적어도 파생형으로 볼 수 있는, 말하자면 lexical-semantic한 사실을 보여주는 조어에서의 단모음화현상을 관찰하였다. 여기에 또 전통적으로는 파생접미사로 불리어졌던 피동, 사동, 타동 등의 접미사의 문제가 남아 있다. 이들 접미사는 순수한 단어형성의 파생접미사라고 할 수 없다. 그들은 어휘적 성격의 존재라기보다는 오히려 통사론적 변형을 유도하여 통사론적 동의성을 보이는 통사적 접사로서의 존재인 것이다. 즉 어기에 밀접히 연결되어 형태론적 구성을 보이면서 또한 변형을 요청하는 통사론적 기능을 보이는 이중적 기능의 형성소(formative)들로 파악하고 싶다. 따라서 이들의 체계적인 설명은 변형과정의 기술과 의미론적인 해석을 전제로 하여야 하겠으나, 이 문제들을 제거하고라도, 우선 음장의 교체를 기술할 수 있으리라 믿는다.

용언 어기에 이들 사동·피동접미사 및 타동접미사가 연결되면 단모음화가 실현된다.

[규칙 6] V → [-long] / # ___ + γi] verb

$$\begin{bmatrix} \text{causative} \\ \vdots \\ \text{passive} \\ \vdots \\ \text{transitive} \\ \vdots \end{bmatrix}$$

[예]

붇:다 → 불리다 걷:다 → 걸리다 눋:다 → 눌리다　　잇:다 → 잇기다

웃:다 → 웃기다 알:다 → 알리다 덜:다 → 덜리다　　걸:다 → 걸리다

몰:다 → 몰리다 열:다 → 열리다 밟:다 → 밟히다　　쌓:다 → 쌓이다

빨:다 → 빨이다 안:다 → 안기다 담:다 → 담기다　　넘:다 → 넘기다

감:다 → 감기다 숨:다 → 숨기다 신:다 → 신키다(신기다) 곪:다 → 곪기다

옮:다 → 옮기다 베:다 → 베이다

　흔히 "이, 히, 리, 기, ……"로 말해지는 이 형태소에 의하여 장모음의 어기가 단모음화를 경험한다는 사실은 그 조건이 비음운론적임을 알려준다. 기저형을 /-γi/로 잡을 수 있는 가능성이 있다면[9] 음장을 유지케 하는 '-소, -습니다'와 비교하여도 [+voiced]의 자연부류에 의한 음운론적 조건을 찾을 길이 없다. 더욱이 [+consonantal]이란 넓은 조건을 고려한다면, '#[#[숨:]verb+기+]verb → 숨기'는 바로 '숨:다, 숨:고, 숨:지, 숨:더니, ……'와 같이 자음으로 시작되는 형태소 앞에서 음장이 유지되어 [규칙 1]에 어긋나서 결국 예외가 되어버린다. 그리하여 /-γi-/의 형태소에 의한 단모음화의 조건이 활용형태소와는 다른 데

---

9 이기문(1972a:25, 95)에서는 사동의 파생접미사를 *-기(-γi-)에 소급시키고 있다. 기저형 /γi/와 평행되는 것으로는 공동격의 /-γwa/가 있다.

있음을 알 수 있고 음운론적이 아닌 데로부터 찾아야 할 것이다. 초점은 자연히 [규칙 6]에서와 같이 [+causative], [+passive], [+transitive] 등의 비음운론적인 자질의 명시화에 놓여진다. '널:다 → 널치다, 길:다 → 기다랗다, 깨:다 → 깨뜨리다(cf. 깨:지다), 작:다 → 자그맣다(자그마치)' 등과 같이 단어형성에 관여하는 파생접미사들 앞에서 단모음화하는 규칙은 경기지역어에서 major rule로 받아들일 수 있다(예외: 걸:치다 등). 이 현상이 앞에서의 형태소들에 의한 단모음화와 얼마만큼 깊은 관련성을 맺고 있는지 아직 속단하기는 어려울 것이지마는 적어도 단모음화에 대한 비음운론적 조건의 고려에서는 참고자료가 될 듯하다.

기저형으로 어간형태소에 두 모음을 이미 인정하였던 '벌:다' 등은 피동화, 사동화 등의 경우에 여전히 단모음화를 모른다.

벌:다 → 벌:리다   썰:다 → 썰:리다

'졸:다'도 형용사화한 '졸:리다', '졸:립다'와 같이 단모음화를 모르며, 이밖에 '없:다'도 'more distinctive'하게 음장을 의식하는 경기지역어의 세대에서는 단모음화하지 않은 '없:애다'로 나타나고 있다. 이러한 예들이 말하여 주듯이, 활용적 계열에서 단모음화를 실현시키지 않는 용언들은 활용 이외의 형태론적 범주에서도 그러한 실현을 모르는 것이 아닌가 한다. 여기서 활용 이외의 형태론적 범주를 고려하게 되는 이유는 '끄:름, 졸:음, 벌:이, 써:레질'과 같은 파생명사와의 관련에서가 아니라, '많:이, 길:이, 고:이, 멀:리, 적:이, 없:이' 등의 파생부사와의 평행에서이다. 사동·피동·타동 등등의 경우에는 [규칙 6]에 의

하여 단모음화를 일으키는 데 반하여 파생부사의 경우는 [규칙 5]에 의하여 이 단모음화를 모른다. 즉 두 경우가 모두 계열적 관계에 깊이 관련되어 있음을 말할 수 있다.

복합어에 대하여는 현재로서 깊은 관심을 보일 여유는 없다. 다만 구와 구별되는 구형복합어(phrasal compound)가 특이한 음운행위를 보이고 있음에 관심이 주어진다. '작:은 이'와 '작은 이'는 각각 다른 의미를 가지고 있다. 앞의 것은 '키가 작다'를 뜻하는 구이며 뒤의 것은 '之次'를 뜻하는 복합어인 것이다. '之次'를 나타내는 복합어로는 극히 생산적인데, '-아버지, -어머니, -누이, -딸, -아들, -마누라, -매부, -아(기)씨, -언니, -형, -골, -창자' 등이 그 예들이다. '작은댁'은 '삼촌댁, 첩' 등을 뜻할 수 있고, '작은집'은 '작:은 집'(집 크기가 작다)과는 달리 '삼촌댁'은 물론 '첩, 화장실' 등까지 의미확대를 시킨다. 여기에서 음장의 음운적 시차는 바로 구와 복합이라는 비음운론적 정보를 동반하고 있는 것이다. 이 명사구와 복합명사라는 사실에 따라 결국 음장이 결정된다. 즉 '작은 집'은

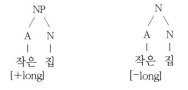

와 같은 과정에 의하여 도출된다. 그런데 어떤 종류의 음운규칙들은 'cyclic' 할 수 있는데, 바로 위의 단모음화규칙은 그 하나의 예일 듯하다. 하나의 breath group 안에서의 '소문난 작은 사람'은 다음과 같은

'cycle'을 갖는다.

	(소문난	(작은	(사람)$_N$)$_{NP}$)$_{NP}$
word length	+	+	+
cycle 1: phrase		+	−
cycle 2: compound		−	−
cycle 3: phrase	+	−	−

즉 단모음화규칙에서 보아 '작:+은→작:은'은 이미 [−규칙 1]로 제시되었던 기술에서 이례적인 경우가 되는데, 그 단모음화규칙은 명사구와 복합명사라는 통사론적 범주에 관련되어 있고, 이 규칙이 한 번 이상 적용될 수 있으며, 통사론적 단위가 크면 클수록 그만큼 더 제일 왼쪽(즉 첫 구성요소)으로 옮겨지게 됨으로써 음운론적 순환을 일으키고 있다. 명사구와 복합명사에 의한 음장의 차이를 보여주는 예로서는 '작:은/작은' 이외에 다음과 같은 예들이 추가될 수 있다.

쏜: 살 : 쏜살(같이)   썰: 무우 : 썰무

곤: 죽 : 곤죽   곤:(곯은) 달걀 : 곤달걀

썰: 물 : 썰물   밀: 물 : 밀물

구형식과 복합형식과의 이러한 음운론적 차이는 의미의 전화 및 형식의 화석화를 전제로 할 경우에 나타난다. '먼: 동(이 트다)'에서 그것을 구형식으로 보든 복합형식으로 보든 간에, 그 의미가 동일하고 또 음운론적 구도 음장의 변동이 없이 같기 때문에, 이들을 복합어로 고정시키기가 현재로선 어려워진다. '얻:어 먹다'도 역시 완전한

복합어로 인식하기에는 불안정한 것이다. 복합어에서의 단모음화규칙은 요컨대 다음과 같다.

[규칙 기] $V \rightarrow [-long]$ / # [# [X __ X + VX]$_{verb}$ # [X]$_N$]$_N$

어간말자음군 단순화

어간말자음군이 단어경계표지 앞에서 또는 형태소경계표지를 선행시킨 자음 앞에서 그 가운데 하나의 자음을 표면에서 탈락시키는 현상은 극히 상식적으로 알려져 있다. 이에 대한 규칙은 보다 정밀화할 필요를 갖는데, 일반적으로는

[규칙 8] $\begin{bmatrix} C \\ -grave \end{bmatrix} \rightarrow \emptyset / C \underline{\quad} \begin{Bmatrix} +C \\ \# \end{Bmatrix}$

와 같이 [−grave]를 탈락시키고 [+grave]를 남긴다.[10] 그러나 [+voc, +cns]의 'ㄹ'을 포함하는 자음군은 'ㄼ'의 경우를 제외하면 방언차에 따라 혹은 서울·경기지역어 안의 세대차에 따라서도 그 탈락행위를 달리하고 있다(흙→흘~흑, 밟-→발~밥-). 이는 중세국어에서 오직 인정되었던 어간말자음군의 상이한 통시적 방언투영에 말미암은 것이다.

---

10 제주방언은 '없다→엇다', '앉다→아지다' 등과 같은 특이한 자음군단순화에 의한 어간을 갖고 있다 한다. 이는 중세국어에서의 '밧긔, 밧도' 등을 연상시킨다.

$$[규칙 8a] \quad r \rightarrow \emptyset / \_\_ C \begin{Bmatrix} +C \\ \# \end{Bmatrix}$$

$$[규칙 8b] \quad C \rightarrow \emptyset / r \_\_ \begin{Bmatrix} +C \\ \# \end{Bmatrix}$$

즉 중세국어에서 탈락을 몰랐던 이들 자음군—중세국어에서는 유음계는 물론이고 비음계의 자음군(안병희 1967:198)도—은 근대국어 이후 현대국어에서는 세대차 및 방언에 따라 [규칙 8a] 혹은 [규칙 8b]를 택한다고 할 수 있다.

그런데 경기지역어(분포는 상당히 확대되지만)는 체언의 경우 [규칙 8]을 모음어미 앞에서조차 수의적으로 받아들이고 있다.

$$[규칙 9] \quad C \rightarrow \emptyset / \begin{Bmatrix} C_1 \_\_ \\ \_\_ C_2 \end{Bmatrix} + VX]_{noun}$$

값 → 갑이 갑으로 갑에 갑도

몫 → 목이 목으로 목에 목도

흙 → 흑이 흑으로 흑에 흑도

여덟 → 여덜이 여덜로 여덜에 여덜도

용언어간들은 이러한 수의적인 규칙을 모른다. 이 사실은 그 환경의 차이인 #에 말미암는 듯하다. 체언어간이 곡용 계열에서 비록 수의적이지만 이러한 단순화를 보이는 사실은 곧 환경의 제약을 받지 않음을 말하여 준다. 흔히 언어습득의 과정에서 완전히 새로운 규칙들이 적용될 때 우리는 재구조화를 일으켰다고 한다. [규칙 9]를 수의적으로 적용시키는 세대에서도 학교의 문자교육 등에 의하여 [규칙

8로 복귀하기도 한다. 때문에 이를 완전한 재구조화로 보기는 힘들게 된다. 만일 세대차에 의하여 젊은 세대의 규칙으로 인정하여 방언 현상으로 기술한다면, 재구조화의 [규칙 9]는 [-learned]로서 [규칙 8]을 [+learned]로서 형태론적 자질에 의한 조건으로 설명될 수 있을 것이다. 그리고 세대차는 곧 [규칙 8]→[규칙 9]와 같은 규칙의 변화로서의 재구조화로 설명하게 된다.

체언굴절에서의 이러한 재구조화는 체언의 복합어(phrasal compound noun)에서는 때로 실현되지 않고 이전의 [규칙 8]이 고수되고 있음을 볼 수 있다.

> 닭 → 닥이 닥은 닥도 닥만
> → 달걀 달기우리 달기장(닥장) 달기똥(닥똥) 달기다리(닥다리) 닥울음
> (달기울음) 달기털(닥털)

이 간단한 예는 결국 곡용에서의 음운규칙이 복합 또는 파생에서의 그것에 비하여 개신적이라는 사실을 말하여 준다고 할 수 있다. 이에 평행되는 예로서 아주 유명해진 예들이 있다.

> 쌀 → 찹쌀 멥쌀 좁쌀 입쌀 햅쌀(보리쌀 떡쌀)
> 씨 → 볍씨 팝씨(무우씨 꽃씨)
> 짝 → 입짝 접짝 급짝
> 때 → 입때 접때(그때)
> 쓰- → 몹쓸
> 뜨- → 부릅뜨- 칩뜨-

쓸- → 휩쓸-

이 예들은 복합어로 화석화됨으로써 복합어적인 계열의 고착성을 보여주고 있다. 우리는 통합적인 관계를 계열적인 관계와 깊은 연관 속에서 늘 파악하기를 바라고 있다. 만일 위의 예들의 기저형을 각각 유형식(relic form)의 /psal, psi, pčak, ptɛ, ……/ 등으로 설정하여, 복합적 계열을 이해하고, 이 계열적인 것이 C→[+tense]/[+obs, -released]__ 의 경음화규칙과 형태소구조규칙에 따른 p → ϕ/#__VX의 탈락규칙과 같은 음운규칙들에 의하여 그 통합적 현상을 'ad hoc'하게 이해하고자 한다. 여기에서 복합어가 기능하는 계열을 다시 한번 확인하게 된다. 말하자면 음운론적으로 모두 설명되더라도 형태론적 범주에 따라 그 음운규칙의 적용이 달라질 수 있음을 다시 한번 진술하게 되는 것 이다.

중화규칙

국어의 음절말자음 특히 장애음들은 단어경계표지 및 자음 앞에서 미파현상(혹은 내파현상)을 보임으로써 동기관적 중화현상을 파생시 키고 중부방언 및 기타 일부방언에서는 'side effect'로서 경음화(격음 화도 포함)를 다시 실현시키고 있다.

[규칙 10] 미파현상(unreleasing)

$$[+obst] \rightarrow \begin{bmatrix} -strid \\ -cont \\ -voiced \\ -tense \end{bmatrix} / \underline{\quad} \left\{ \begin{matrix} \# \\ +C \end{matrix} \right\}$$

'side effect'

[규칙 10a] 경음화규칙

$$\begin{bmatrix} -voc \\ +cns \\ -nas \end{bmatrix} \rightarrow [+tense] / \begin{bmatrix} C \\ -released \end{bmatrix} \left(\left\{ \begin{matrix} \# \\ + \end{matrix} \right\} \right) \underline{\quad\quad}$$

이들 규칙에 대한 정밀한 기술은 현재의 관심에서 벗어나는 것이기에 더 이상의 설명을 필요로 하지 않는다. 위에 내세운 규칙들은 체언과 용언의 경우에 의하여 음운론적으로 설명되는 것들이다. 그런데 경기지역어, 넓게는 중부방언에서 [규칙 10]을 적용한 어간형식을 수의적으로 택하는 경향을 볼 수 있다. 즉

[규칙 11] ㅍ, ㅋ, ㅌ ㅈ ㅊ → ㅂ, ㄱ, ㅅ / $\underline{\quad}$]noun stem [+VX]noun ending

[예]

무릎-이~무릅이　부엌-이~부억이　밭-을~밧을

젖-에~젓에　　　꽃-으로~꼿으로

이 [규칙 11]은 '낮으로→*낫으로(밤낮으로→밤낫으로), 낮에 → *낫에, 앞요→*압요, 앞에→*압에, 밖이→*박이' 등과 같은 예들이 보여

주듯이 어휘구성에 따라 또는 환경에 따라 더욱 면밀한 검토를 요구하고 있다(후술 참조 §IV). 그리고 우리가 자모명칭을 읽을 때, 그 문자표기와 관계없이 '피읍-이, 키억-이, 디긋-이, 지읏-이, 치읏-이, 또 히읏-이' 등과 같이 평음으로 실현시키는 사실도, 모음조사에 의한 곡용에서까지 [규칙 11]을 수의적으로 적용시키고 있음에 보탬이 되는 것이다. 흥미 있는 것은 이 규칙이 모음어미에 의한 용언활용에서는 결코 허용되지 않는 점이다. 그것은 중화현상을 가장 강력히 일으킬 환경의 차이 즉 #에 비롯되는 듯하다. 자립형태소로서의 체언은 그리하여 용언과는 달리 그 어휘형태를 재구조화하고 있는 것이라 할 수 있다. 따라서 이상의 통시적인 사실은 경계표지에 의한 음운론적인 조건으로 설명될 것이다.

[규칙 11]에서 특별한 처리를 요구하는 사항이 있다. 즉 'ㅌ, ㅈ, ㅊ' 등이 'ㄷ'이 아니라 'ㅅ'으로 실현되고 있음은 음절말에서의 중화규칙과는 차이를 보이는 것이다. 이를 위하여 우리는 'ㄷ'으로 어간말음을 삼는 체언은 국어에서 찾기 어렵다는 형태소구조규칙의 사실과 또 현대 이전의 어느 시기까지 (대개는 중세국어의 경우) 자음 앞에서조차 'ㄷ'과 'ㅅ'이 각각 시차적이었었고 그리하여 치음계열은 'ㅅ'으로 설음계열은 'ㄷ'으로 자음 앞에서 중화작용을 보였던 역사적 사실 등등을 고려할 수 있다(이기문 1972a:79).[11] 치음계열과 설음계열이라는 음운론적 차이가 자질변경에 의하여 현대국어에서는 자음체계의 하위체계(치음계열과 구개음계열 등)에 새로운 차이로 변화하였던 사실을 잘 알고 있다. 이러한 자질체계의 변화에도 불구하고 어떤 음운

---

11 설음계열보다 치음계열을 즐기는 현대국어의 또 하나의 예를 외래어 혹은 외국어의 인용에서 볼 수 있다. 컷(cut), 굿(good) 등.

현상에서 이전의 규칙이 관여될 수 있다는 사실은 극히 흥미롭게 여겨진다(이기문 1972a:§15). 이 흥미로운 음운사적 관점은 음운론적 레벨에만 관여하는 것이 아니고, 이미 앞에서 여러 차례 강조했던 바와 같이 비음운론적 레벨에서도 관여된다고 할 수 있다. [규칙 11]의 적용과는 달리 파생(혹은 복합)이라는 형태론적 범주에서는 여전히 이전의 규칙들이 적용되고 있음을 볼 수 있다(무릎+악→*무르박). 그리하여 동사의 파생명사인 '짚+앙이→지팡이(→지팽이)'와 같이 이전의 굴절에서의 규칙을 고수하고 있는 것이다. 즉 파생과 굴절이라는 계열적 관계가 음운규칙의 적용에 각각 달리 조건되고 있음을 다시 확인하게 되는 것이다.

활용계열에서의 유추변화

용언의 활용 어미 가운데 [_iX]$_{\text{verb ending}}$들은 공통어에서 모음 또는 유음 뒤에서는 그 /i/를 탈락시키는 규칙을 허용하고 있다.

[규칙 12] i → ϕ / [+voc] + [_X]

이 [규칙 12]에 의하면 표면적으로 대표적인 두 이형태를 가지게 된다. 그런데 [규칙 11]에서 보인 체언말자음들과 동일한 용언의 어간말자음들—ㅍ, ㅌ, ㄲ, ㅊ, ㅈ 등—은 공통어의 자음어미에 대하여 [규칙 12]에 유추하여서 i를 보탠 어미들을 수의적으로 요청하고 있다.

깊다 → 깊으다, 깊으고, 깊으지
높다 → 높으다, 높으고, 높으지

같다 → 같으다, 같으고, 같으지

맡다 → 맡으다, 맡으고, 맡으지

깎다 → 깎으다, 깎으고, 깎으지

볶다 → 볶으다, 볶으고, 볶으지

이러한 생산적인 경음·격음 밖에도

앉다 → 앉으다(안지지 마)

쫓다 → 쫓으다(쪼치지 마)

등과 같이 일반적이다. 유아어에서와 같은 언어습득과정에서 때로 "눕다→누우다(누:지 마), 먹으지 마, 밟으지 마" 같은 예들이 나타나는 것도 마찬가지의 원칙에 따른 것이다. 공통어에서 하나의 양태를 가지고 있는 '-다, -고, -지' 등등의 어미도 '-으시, -으면, -으라고, -으리라' 등등의 두개의 양태를 보이는 어미들에 유추하여 활용적 계열에서의 일반화를 이루어 [규칙 12]의 적용을 확대시키려는 경향으로 볼수 있다. 특이하게도 이 경향은 [+sonorant]의 경우에는 적용되지 않는다: 안다 → *안으다, *안으고, *안으지. 물론 체언의 곡용에서도 조사들이 이러한 경향을 보여주지 않는다: 밖-도→*밖으도, 짚도→*짚으도. 요컨대 leveling condition에 속하는 이 유추적 변화는 굴절계열의 하위범주인 활용에 한정되는 것으로서 곡용의 경우에도 이 경향이 기피되고 있다. 그러니까 '계열'조건이 작용하는 또 하나의 예다. 용언의 경우 바로 "Allomorphy tends to be minimized in a paradigm" (Kiparsky 1971b:598, 1972:208)이라는 표현에 관여되면서도 다른 한편으로는 paradigmatic coherence를 보이는 경우라 할 수 있다. 결국 단순화의 형식적인 고려를 무시하고 오히려 실체적인 원리를 확인하는 것이다. [규칙 12]는 그리하여 아무런 수정을 받지 않고 그대로 적용되면서, 이 규칙이 적용되는 활용어미의 폭이 확대되는 것이다.

Glide형성 규칙

체언 어간말의 /i, u/를 곡용할 때 어떠한 음운론적 환경에서도 교체를 실현시키지 않는 데 반하여, 용언 어간말의 그것들은 모음어미 앞에서 glide를 수의적으로 형성할 가능성을 보여준다.

$$[규칙 13] \quad [+syll] \rightarrow \begin{bmatrix} -voc \\ -cns \\ +high \end{bmatrix} / \underline{\quad}]_{verbstem} + VX$$

'무우-에, 새우-에, 바위-에, 가새-에, 가시-에, 코-에, 물꼬-에' 등과 같이 체언의 어간말모음이 교체를 보이지 않는다. 오히려 수의적으로 조사 앞에 /y/-interlude로 해석되었던 -를 삽입시킴으로써 히아투스를 기피한다. 역사적으로 보아도 어간은 이른바 '특수 어간'(이기문 교수 운)의 경우를 제외하면 교체를 일으키지 않고서 오히려 주격조사를 i~y~ɸ, 처격조사를 əy~yəy~…와 같이 음운론적 환경에 따라 교체를 보였던 것이다.

싸우- → 싸우어~싸워, 피- → 피어~펴, 가꾸- → 가꾸어~가꿔, 끼우- 〉 끼:- →
끼:어 → 껴:, 보- → 보아~봐:, 고:- → 고아 → 과:

와 같이 용언의 경우 [규칙 13]의 적용을 받아 glide를 형성하는데,

이 수의적인 규칙의 적용은 중세국어 이후 늘 발견할 수 있었던 것이다.

그리하여 이 [규칙 13]에서 보아 국어의 어간이 보이는 교체의 조건의 강약은 다음과 같이 된다.

	체언	용언
어간	강	약
어미	약	강

이 통사적 범주에 의한 alternation condition의 문제는 국어사에서 보면 그리 단순하게 취급될 것이 아님은 물론이다. 탈락규칙에 의하여 특수하게 처리되어 온 중세국어의 특수 어간교체는 위의 두 범주의 교체조건의 정도를 다시 측정하게 한다. 통사론적 또는 형태론적 범주들이 보이는 음운현상들의 체계적인 다양성은 음운배열적인 계열적 조건에 의존하는 것이 일반적인데, 그 구체적인 음운규칙은 기능적 범주의 강약에 있어서 정도차를 흔히 보이게 된다. 우리가 여기서 내세우는 강조는 체언과 용언 등의 통사론적 범주에 따라 동일한 환경이면서도 그 음운행위를 달리하고 있다는 사실에 있다.

4. 통사론적 변형에 따른 음운현상의 몇 문제

우리는 앞에서 구와 복합어 사이의 상이한 음운행위를 음장의 단음화를 통하여 잠시 알아볼 기회를 가졌었는데, 이를 우리는 음운형상에 대한 다른 레벨에서의 '규제'로 확인할 수 있었다.

즉

a. 나는 작:은 아버지를 만났다.

b. 나는 작은 아버지를 만났다.

에서의 a의 '작:은 아버지'는 '아버지는 키가 작다'(혹은 '아버지의 키가 작다')의 '전제'를 담고 있는 그러한 문장으로부터 변형된 구이고, b의 '작은 아버지'는 '나에게 작은아버지(삼촌)가 있다'는 정도의 내포된 전제를 담고 있어서 '나는 ___를 만났다'라는 문장에 직접적으로 투영되고 있는 하나의 lexical item으로서의 복합어인 것이다. 그리하여 a와 b에서의 이러한 내면적인 통사론적인 차이가 변형을 거치면서 음장의 차이를 두드러지게 하는 것이다. 국어의 구형복합어는 그 첫째 구성요소가 비록 모음어미 앞에서조차 단모음화를 모르는 용언일 경우에도 단모음화규칙을 특이하게도 허용한다. 이들은 음운론적으로 설명할 수 없는 경우이었다. 이는 오히려 의미론적인 전제 및 문장의 변형 등으로 하여금 N, NP 등의 통사론적 범주의 명시화에 의하여 비음운론적으로 설명할 수 있었던 것이다. 그런데 통사론적 변형을 요구하는 형성소들이 그 변형에 따라 표면화하는 음운론적 과정은 다시 범주 또는 계열에 따른 상이한 'degree'를 보일 수 있을 것으로 기대된다. 우리는 앞에서 여러 논의 가운데서 때로 '좀 더 정밀화할 여지가 있다'라든가 또는 'ad hoc'하게 이해해야 할 것이다'라든가 하는 막연한 진술을 하곤 했다. 방언현상을 설명하는 데에는 특히 이런 진술을 자주 하게 되어 무척이나 어지러운 궁지에까지 몰리게 되는 수도 있다. 한 예를 들면 'ㅍ, ㅌ, ㅊ …→ ㅂ, ㅅ …'로 되는 체언의 어간말자음의 문제들이 있었다.

밭 : 밧이, 밧을, 밧에, 밧으로

꽃 : 꼿이, 꼿을, 꼿에, 꼿으로

무릎 : 무릅이, 무릅은, 무릅에, 무릅으로

이 예들은 그리하여 C→[-tense]에 의한 재구조화를 일으킨 것들이며,

낮 : 낫이(~낮이), 밤낫으로, 낮이나, 낮에

에서 '낮'은 수의적으로 'ㅈ → ㅅ'을 선택하면서도 '-이나, -에' 앞에서는 이러한 [규칙 11]의 적용에 반항하고 있다. 즉 같은 모음으로 시작되는 곡용어미라는 범주라 할지라도 음운규칙의 적용에 차이를 보이는 것이다. '-에, -이나'는 주격형태, 대격형태 등과는 달리 탈락(수의적인)을 몰라서, 결국 체언어간에 아주 밀착되어 있기도 하다. 이러한 동일한 계열(또는 범주)에서의 'degree'의 문제는 각각의 계열 또는 하위계열에 대한 면밀한 검토를 요구하는 것으로서 그에 대한 체계적인 연구가 진행되면서 밝혀질 수 있을 것이다. 이러한 종합적인 진술에 대한 여유는 현재의 본고에 주어지지 않고 있다.

다음과 같은 간단한 계열의 표들은 몇 가지의 문제들을 제기하여 준다.

안:-(抱)　　　　　　　　감:-(繞)

a. (활용)

안:꼬(~앙:꼬)　　　　　감:꼬(~강:꼬)

안:따가　　　　　　　　감:따가

안:찌   감:찌

아늘   가믈(~가물)

아느시고   가므시고(~가무시고)

아느면   가므면(~가무면)

아너   가머

  b. (사동화)

    안:-γi- → 안기-(~앙기-~앵기-)   감:-γi- → 감기-(~강기-~갱기-)

  c. (명사화)

    안:-기 → 안:끼(~앙:끼)   감:-기 → 감:끼(~강:끼)

이 표에서 a는 가장 일반적인 굴절적 계열이고 b는 사동·피동의 변형을 요구하는 계열이며 c는 명사화의 통사론적 변형을 요구하는 계열이다. 이 세 개의 계열적 범주들은 그 음운론적 과정에서 수의적인 자음동화규칙만을 동일하게 적용시키고 있을 뿐, 단모음화, 경음화 및 i-역행동화(혹은 움라우트) 등의 수의적 혹은 필수적 규칙들을 차이 있게 선택하고 있다. 이 차이를 보이는 규칙들의 선택은 음운론적으로 설명될 수 있는가 아니면 어떤 'degree'를 보이면서 어떤 비음운론적 조건들에 의하여 설명될 수 있을 것인가?

	안:-고 (활용)	안:-아	안:-기 (명사화)	안:-기- (사동화)
단모음화	−	+	−	+
경음화	+	−	+	−
움라우트			−	+

우리는 저 앞에서 단모음화의 [규칙 6]을 설명함에 있어서 '붇:- → 불리다, 알:- → 알리다, 숨:- → 숨기다, 굽:- → 굽히다, 굶:- → 굶기다, 졸:- → 졸이다' 등에서의 '이, 히, 리, 기' 등을 파생접미사라 부르는 것을 의도적으로 기피하였다. 그것은 바로 이들이 단어의 형성에 단순히 관여하지 않고 문장의 변형에까지 깊숙이 관여하고 있기 때문이었다. 위의 표에서 활용의 '-고, -아', 명사화표지의 '-기', 사동화표지의 '-기-' 등은 상이한 degree를 보이지마는 일단 묶어서 통사론적 접사 또는 형성소라 부를 수 있을 것이다.

우선 경음화에 있어서 음운론적인 설명이 가능할 수 있을 듯한 논의는 /k/와 /ɣ/의 상이한 기저음을 고려하는 데서 출발할 수 있다. '-고, -게, -겠다, ……' 등에 평행하여 '안:-기'(명사화)의 '기'는 /ki/로 설정하고, '안기-'의 '기'는 '-와/과'에 평행시켜 /ɣi/로 설정하면, 앞의 /k/는 경음화를 경험하고 /ɣ/는 경음화를 입지 않는다고 설명해야 할 것이다. 일견 체언에서 '안:(內)-과'를 '안기-'에 연결시키면, 체언과 용언이라는 통사론적 범주를 극복하여 음운론적으로 설명되어지는 듯이 보인다. 그러나 이러한 방법은 /ɣ/와 같은 유성·마찰의 계열인 /z/(-소, -습니다)를 고려하자마자 포기하지 않을 수 없는 것이다.

다시 단모음화에 접하면 음운론적인 조건을 찾기란 더욱 어려워만 간다. '안:(內)-과'와 '안:-기- → 안기-'는 동일한 음운론적 조건을 가지면서 음장의 교체를 차이있게 보임으로써, 여전히 명사:동사라는 통사론적 범주화를 요구하고 있다. 또는 /ɣ/가 갖는 음성적 자질에 그 조건이 있다면 '-소, -습니다' 앞에서 단모음화하지 않는 사실은 어찌 설명할 것인가. 더욱이 명사화의 '기'와 함께 사동화의 '기'도 마찬가지로 /ki/로 설정한다면 그런 기술자는 차이 있는 음운행위를 어찌 설명할 것인가. 역시 우리는 [+명사화], [+사동화] 등의 통사론적 기능을 보이는 형태론적 범주를 고려할 수밖에 없는 것이다. 이러한 토의에 가장 적극적인 도움을 받을 수 있는 음운규칙이 바로 움라우트의 규칙이다.

움라우트의 음운론적인 제약들은 현재의 논의에 보탬이 되지 않고 그 '규제'가 특히 관련지어진다고 하겠다. 움라우트는 이미 알려진 바와 같이 '어간 내에서' 또는 '단어 내에서' (확대된 개념으로) 가장 자유로운 것으로, 그 이상으로 확대되는 단위들에서는 결코 실현될 수 없는 규제를 받고 있는 것이다(김완진 1971, 졸고 1971). 즉 이 규제에 대한 표현들은 지나치게 소박한 감이 있으나, '삿기 → 새끼', '돋보기 → 돋뵈기 → 돋베기'라든가 '보기싫다 → 뵈기싫다(→ 베기싫다)(추하다)'와 같이 주로 lexical item에 관여하는 것은 물론이고 '바람-이 → 바램이, 바람-이야 → 바램이야'와 같은 lexical morpheme과 grammatical morpheme에 관여하는─방언에 따른 정도차가 있지만─것을 의미하기도 하는 것이었다. 그러기에 문장을 명사화시키는 기능을 가지는 '-기'는 그것에 선행되는 용언어간과는 형태론적으로서가 아니라 통사론적으로 관계되어 있는 것이다. "나 보기가 역겨워"에서 '-기'는 '나를 보다'라는 문장을 명사화시키기 때문에 움라우트 규칙으로부터 제외되는 것이다. 명사화라는 통사론적 변형을 요구하는 명사화표지 '-기'는 형태론적인 명사화의 표지인 '돋보기'(→ 돋뵈기)의 '-기'와는 degree를 달리할 수 있는 것이다. 상식적으로 이전의 기술형태론에서 언급되던 '밀착된'(closely knitted) 정도에서 보면, 명사화표지인 '-기'가 형태론적 구성에서 더욱 밀착되어 있고 통사론적 구성에서는 그보다 덜 밀착되어 있다고 하겠다. 바로 이 밀착의 degree의 해명은 통사론적 변형을 전제하느냐 하지 않느냐에 초점이 놓여지는 것이다. 나아가서 변형을 요구하면서도 상이한 모습을 보일 수 있는데, 사동화의 변형은 명사화와 같은 문장의 확대변형과는 그 degree를 달리할 수밖에 없다. 사동화가 S → s′라면, 명사화는 S → s′+s″이니까. 따라서 이 비음운론적 정보에 힘입어 음운행위에 있어서의 degree의 문제가 어느 정도로는 해결될 실마리를 찾을 수 있게 된다. 즉 degree가 큰 명사화의 '-기'는 움라우트를 보이지 않는 데 반하여 그것이 보다 적은 사동의 '-기-'는 움라우트를 용인하는 것이다.

이와 같은 움라우트로부터의 정보가 단모음화규칙의 적용에 나타나는 degree를 이해하게 한다. 즉 '아기를 안:기 편하다'는 'X가 아기를 안:다'를 명사화시켜 문장을 확대시킴으로써 그 명사화의 '-기'는 '아기를 안:다 → 아기가 안기다'의 문장동의성을 갖는 사동화 변형에서의 형성소 '-기-'보다는 덜 밀착된다. 이 사실이 곧 '안:기-'(T. nominalization)가 단모음화를 일으키지 않게 규제하게 하는 것이고 밀착도가 적은 '-기-'(T. causative)가 단모음화 및 움라우트를 가능하게 하는 것이라 할 수 있다.

우리는 저 앞에서 활용어미─나아가서는 곡용어미도 포함되겠지만─, 명사화표지 및 사동·피동화표지들을 묶어서 통사론적 접사(또는 형성소)라 말한 적이 있었다. 바로 앞에서 말한 degree를 또한 고려한다면 세 개의 형성소계열을 각각 엄격하게 접사적 변형, 명사화 변형 및 사동·피동화 변형이라는 통사론적 기능에 의하여 다시 언급할 수 있을 것이다. 통사론적 변형에 따르는 음운현상의 정밀화는 더욱 심각한 문제들을 제기할 수 있을 것으로 믿는데, 필자의 논의는 본고의 성격에 따라 이 정도에서 멈추려 한다.

5. 결론

우리는 이전의 연구들에서 곡용·활용 레벨과 파생(또는 복합) 레벨 사이의 상사(相似)와 상위(相違)를 검토하면서 끝없이 그 해석을 거듭 시도하여 온 것을 잘 알고 있다. 그리하여 주로 '형태음소론적 유형'상의 상위에 근거하여 "두 개의 레벨의 이율배반은 그들의 독자성을 막지 못한다"(Stankiewicz 1962:11)라고 주장했던 것을 보기에 이르렀다. 본고는 이러한 계열상의 독자성을 사적인 면에서 음운규칙과 그 제약으로 파악하려 하기도 하였다. 공시적으로는 음운규칙의 예외들이라도, 때로는 사적으로 그 극도의 제약을 벗어날 수 있는 단계가 있어서 예외가 아닐 수 있음도 보았다. 공시적인 관점에서 가장 중요한 것은 "역사적으로 광범위하게 진행되던 음운변화가 후일에 음운규칙으로 정착함에 즈음하여 일정한 형태론적 제약을 가지게 된다는 것은 음운사적 관점에서 매우 흥미 있는 일이다"(김완진 1973:113f)와 같은 사실이다. 결국 이전의 일반적인 규칙이 통시적으로 어느 특수한 환경에서 화석화한다든가 동결화한다든가(frozen) 하여 minor rule이 되어 버리는 것이다. 중세국어만 하더라도 모음조화가 현대국어에 비해 상당히 강력하게 일어나고 있었다. 현대국어에 내려와서는 방언차를 뛰어넘는 공통어적인 모음조화는 활용시 어간 말음이 'ㅗ'인 경우의 '-아/어'이다: 보아, 도와, 놓아 등. 그런데 파생어의 경우에는 보다 강력한 이전의 모음조화규칙을 고수하고 있음을 볼 수 있다: 값어치/모가치, 송아지/벌어지, 빨강/거멍, ……. 이러한 문제는 풍부한 목록을 가지고서 정밀한 검토를 요구하는 것이지만, 여하튼 보다 광범위하게 적용되었던 모음조화규칙이 일정한 음운론적 또는 형태론적 제약을 받고 있음을 다시 확인하여 주는 것이다. 나아가서 본고에서 거듭거듭 강조하여 온 바와 같이 곡용·활용 레벨에서보다 파생(혹은 복합)의 레벨에서 음운규칙의 더욱 심한 유보를 볼 수 있다는 사실도 확인되는 것이다. 지금의 목적이 바로 이러한 사실을 국어에서 검토하는 것이었기에 늘 규칙들의 정밀화는 아직 미숙한 상태로 버려져 있는 것이다. 부수적으로 언급할 수 있었던 또 하나의 사실은 이상의 paradigm condition 이외에 상이한 통사론적 변형에 의하여 음운현상이 상이한 degree를 보이면서 실현될 수도 있다는 것이었다. 소박한 본고를 통하여 여러 의미 있는 문제들이 제기되었다고 스스로 위로하면서도, 제기된 문제들을 넓게 깊게 그리고 명쾌하게 설명하지 못하고 있음이 필자의 끝맺는 붓을 부끄럽게 한다.

[《국어학》 3, 1975]

붙임: 음운규칙이 적용될 때에 음운론적 제약이 주어지면 예외 없이 음운의 변동이 일어남은 당연하다. 그런데 특이한 음성음운론적 조건에서는 물론 형태론적 때로는 통사론적 제약 아래에서 음운규칙이 적용될 경우도 없지 않다. 이를 몇 가지 현상을 통해 다루어 본 것이 이 논문이다. 물론 거기에도 이율배반의 현상도 있고 19세기 전체주의적 서양언어학을 극복하며 언어사연구에서 등장한 예외 없는 규칙은 없다는 말처럼 어디에나 예외가 있게 마련이다. 그 한계는 모호하지만 이러한 복잡한 언어현상이 자연현상과는 다를 수도 있는 점이지 않을까. 언어학자는 그래도 복잡한 현상을 단순화시키려 한다. 그러나 '규칙화'의 이름 아래 여러 제약마저 무시할 수는 없지 않은가?

참고문헌

고영근(1974), 《국어접미사의 연구》, 광문사.

김완진(1971), 《국어음운체계의 연구》, 일조각.

김완진(1972), 형태론적 현안의 음운론적 극복을 위하여, 《동아문화》(서울대) 11.

김완진(1973), 《중세국어성조의 연구》(한국문화연구총서 11), 서울대 한국문화
　　　연구소.

안병희(1967), 한국어 발달사: 문법사, 《한국문화사 대계 V》, 고려대 민족문화연
　　　구소.

이기문(1972a), 《국어음운사연구》(한국문화연구총서 13), 서울대 한국문화연구소.

이기문(1972b), 《개정 국어사개설》, 민중서관.

이병근(1969), 황간지역어의 음운, 《논문집》(서울대 교양과정부) 1.

이병근(1970), 19세기 후기 국어의 모음체계, 《학술원논문집》 9.

이병근(1971), 운봉지역어의 움라우트 현상, 《김형규박사 송수기념논총》, 일조각.

이병근(1973), 동해안방언의 이중모음에 대하여, 《진단학보》 36.

이숭녕(1957), 제주도방언의 형태론적 고찰, 《동방학지》 3.

이익섭(1967), 복합명사의 액센트 고찰, 《학술원논문집》 6.

정연찬(1974), 경상도방언의 성조연구, 《국어학기사》(서강대) 1.

Brame, M. K.(1972), Segmental Cycle, *Contributions to Generative Phonology*, ed.
　　　by M. K. Brame, Austin: University of Texas Press.

Chomsky, N. and M. Halle(1968), *The Sound Pattern of English*, New York: Harper
　　　& Row Publishers.

Halle, M.(1973), Prolegomena to a Theory of Word Formation, *Linguistic Inquiry*
　　　4-1.

Kiparsky, P.(1971a), *Phonological Change*, Indiana Linguistics Club.

Kiparsky, P.(1971b), Historical Linguistics, *A Survey of Linguistic Science*, ed. by W.
　　　O. Dingwall, Maryland: University of Maryland.

Kiparsky, P.(1972), Explanation in Phonology, *Goals of Linguistic Theory*, ed. by S. Peters, Englewood Cliffs, N.J.: Prentice-Hall Inc.

Kisseberth, C. W.(1970), The Treatment of Exceptions, *Papers in Linguistics* 2-1.

Martinet, A.(1964), Structural Variation in Language, *Proceedings of the Ninth International Congress of Linguists*.

Schane, S. A.(1973a), *Generative Phonology*, Englewood Cliffs, N.J.: Prentice-Hall, Inc.

Schane, S. A.(1973b), The Treatment of Phonological Exceptions, *Issues in Linguistics*, ed. by B. B. Kachru et al., Urbana: Univ. of Illinois Press.

Shibatani, M.(1973), The Role of Surface Phonetic Constraints in Generative Phonology, *Language* 49.

Stankiewicz, E.(1962), The Independence of Paradigmatic and Derivational Patterns, *Word* 18.

Weinreich, U., W. Labov, and M. I. Herzog(1968), Empirical Foundations for a Theory of Language Change, *Directions for Historical Linguistics*, ed. by W. P. Lehmann and Y. Malkiel, Austin and London: University of Texas Press.

유음 탈락의 음운론과 형태론

1. 서론

복합어나 파생어 등의 단어 형성에서의 유음 'ㄹ'의 탈락을 일단 제쳐 놓으면, 이른바 'ㄹ' 불규칙 활용의 경우가 가장 두드러지는 유음 탈락 현상일 것이다. 활용이라고 하면, 통사론적으로 기능을 하는 문법 형태소들의 형태론적 체계인 패러다임(paradigm)이 용언에 관련될 때에 쓰이는 개념임에도 불구하고,[1] 'ㄹ' 불규칙 활용이라 해 온경우에도 이러한 패러다임적 성격을 고려하지 않고서 흔히 음운 형식들을 검토하여 왔다. 즉, 'ㄹ'탈락에 대한 환경을 검토하면서 어떤 음운 또는 음성 자질에 의하여, 아니면 어떤 특정의 형태소 앞에서 'ㄹ'이 탈락된다고 기술하여 왔다. 이 탈락현상에 대한 타당한 숱한 기술이 지금까지 있어 왔어도, 아직도 'ㄹ'을 탈락시키는 기제를 밝히

---

1 패러다임에는 체언의 곡용과 용언의 활용이 있다. 그런데 한국어의 체언은 자립 형식이고 용언은 의존 형식이라는 차이가 있어서 체언과 용언 사이에는 동일한 음성적 환경에서도 음운 현상을 달리하는 차이점들이 있다(졸고 1975 참조).

드러내지 못한 것이 사실이다. 이 글은 바로 이 유음 탈락의 기제를 밝히기 위해서 패러다임 음절 및 음성 자질들을 고려하여 유음 탈락 현상을 정밀하게 기술·설명함을 그 목적으로 한다.

유음 탈락 현상의 기술에서 음성적 조건(§.2) 이외에 고려해야 할 점은 우선 어간 형태소에 문법 형태소들이 결합된다는 점에서 비록 그것이 음운 현상이라 하더라도 형태소의 기능을 인식하기 어려울 정도의 이형태로는 실현되지 않는다는 사실이다. 말하는 이와 듣는 이 모두 형태소를 인식할 수 있는 범위 안에서 이형태들이 이루어지기 때문이다. 예컨대 '알:+은→알ㄴ→안:'에서와 같이 기저형 '-은'이 이형태 'ㄴ'으로 실현되어 형태소적 인식에 그리 큰 방해를 입히지 않는 것이다. 또 하나 고려해야 할 점은 유음 탈락이 음운 현상이기 때문에 형태소의 차원과는 구별되는 음절 구조의 차원에서 음절 구조나 그 결합상의 제약이 작용한다는 사실이다. 예컨대 '알+을→알ㄹ→아르'에서와 같이 형태소적 기능을 유지하면서 음절말 자음군을 허용치 않는 음절 구조상의 제약으로 어간 끝의 'ㄹ'이 탈락하는 것이다(§.3.2). 끝으로 고려해야 할 점은 유음 탈락의 수의성에 대한 문제인바, 이에는 두 가지의 성격이 있다. 그 하나는 '알:+을→알을~알:'이나 '알:+으신다→알으신다~아:신다' 들에서와 같이 '으'계 접미사와의 결합에서의 유음 탈락의 수의성이고(§.3.1), 딴 하나는 '알:+지→알:지~아:지'와 같이 특정의 자음 어미와의 결합에서 나타나는 유음 탈락의 수의성이다(§.4). 전자는 음절 구조에 관련되고 후자는 자음 체계와 음장에 관련되는데, 이들의 수의성은 패러다임의 규칙성(paradigmatic regularity)과 깊이 연관이 있는 것이다.

이러한 여러 문제들이 이 글의 주된 관심거리이거니와, 그 밖에

'불:+으마 → 불:마 → 부:마' 등과 같은 형태론적 조건에 의한 몇몇 예들도 또한 관심의 대상이 될 것이다(§.5). 물론 이들에 대해서도 위에서 언급한 사실들이 고려될 것이다.

파생어나 복합어들의 단어 형성에서의 음운현상은 패러다임에서의 그것과는 성격을 달리하기 때문에 자리를 달리해서 부록으로 약간 덧붙인다.

2. 유음 탈락의 음성적 제약

유음이 필수적으로 탈락되는 환경은 기저형이 'ㄴ'으로 시작되는 어미 형태소들과 직접 결합되는 형태소 경계에서의 그것이 대표적이다.

쓸+니 → 쓰니   알:+는 → 아:는
물+니 → 무니   털:+는 → 터:는
흔들+니 → 흔드니   떠:들+는 → 떠:드는

만일 위의 예들에서와 같이 형태소 경계를 사이에 두고서 'ㄹ'과 'ㄴ'이 직접 결합하지 않고 장애음(순수자음)이 개재하게 되면, '밟+니 → 발리'(세대차 및 방언차: [밤니] 참조.)라든가 '앓+는 → 알른'에서와 같이 유음화라는 자음 동화 규칙과 자음군 단순화 규칙의 지배를 받게 된다(김완진 1972, 졸고 1977). 그리하여 'ㄴ' 앞에서의 유음 탈락은 다음과 같이 표시될 수 있는데, 체언의 경우에는 'ㄴ'으로 시작되는 접미사들이 기저상에서는 없으므로 구태여 용언의 경우에만 한정시킬 필요는 없게 된다.

$$ㄹ \rightarrow \phi \ / \ \_\_ + ㄴ \cdots (필수적)$$

문제는 유음이 왜 비음 'ㄴ'에 의하여 탈락되는가에 있다. 음운현상이 음운체계와의 유기적인 관련 아래에서 해석되어야 한다면, 이 음성적인 유음 탈락의 기제는 자음 체계 안에서의 비음과의 관계로부터 밝혀져야 할 것이다. 현대 한국어의 자음 체계에서 이에 관련될 수 있는 테두리만 보이면 다음과 같다.

순수자음	p	t	(č)	k
비음	m	n		ŋ
유음		r		

이는 자음 체계의 위계(hierarchy)도 고려한 것이기도 한바, 현대 한국어의 경우도 예외적이 아니다(졸고 1977, 이승재 1980). 말하자면 범어적인 것이다. 현대 한국어의 유음은 인구어와 달리 음운론적으로 하나밖에 없는 유일한 것인데, 위의 체계에서 볼 때에 /ㄹ/은 무엇보다도 /ㄴ/과 가장 밀접한 관계에 있음을 알 수 있다. 즉 /ㄹ/과 /ㄴ/ 두 음운은 비록 위계를 달리하고 있지만 인접적이며 대체로 조음위치를 같이하는 동기관적인 관계에 있다. 이 /ㄹ/과 /ㄴ/ 이외의 또 하나의 동기관적 /ㄷ/과 함께 위계를 각각 달리하는 이들 세 음운 사이의 관계를 형태소 경계에서의 음운 현상을 통해서 검토하여 보면 다음과 같다.

$$\cdots t \rightarrow n \cdots \rightarrow \cdots n \$ n \cdots$$
$$\cdots r \rightarrow n \cdots \rightarrow \cdots \phi \$ n \cdots \quad (\$는 음절 경계)$$

앞의 경우는 '받+는→[반는]'에서와 같은 역행적인 자음 동화에 속하는 것으로 동기관적인 비음화의 한 경우이다. 'ㄴ'에 의한 'ㄹ'의 탈락인 뒤의 경우는 역시 동기관적인 두 음운의 결합에서 역행적으로 탈락시킨 것이기 때문에 앞의 동기관적 동화에 대해서 동기관적 이화라 할 만한 것이다.[2] 우리는 p : m, t : n, k : ŋ 사이의 동기관적인 역행 동화를 알고 있는데, 한 형태소 구조에서의 '멀미, 덜미'와 같은 r\$m이나 형태소 경계에서의 '알+으면→알면'과 같은 r\$m이 가능하고 '알+고→알고'에서의 r\$k도 가능하면서 동기관적인 두 음운의 결합인 r\$n은 불가능하다. 이러한 사실로부터 ㄹ→ϕ/__+ㄴ의 역행적 유음 탈락이 이화적인 탈락 현상임을 확인할 수 있다. 현재로서는 'ㄴ'과 'ㄹ'이 가장 가까운 위계를 보이면서 동기관적이라는 점 이외에는 이 유음 탈락에 대한 아무런 딴 이유를 찾을 길이 없다.

만일 'ㄹ'과 'ㄴ'이 형태소 경계에서 이화가 아닌 동화를 입게 된다면, 음절 경계를 두고서 순행적인 r\$r이나 역행적인 n\$n으로 나타나게 될 것이다. 그런데 r\$r은 장애음이 개재했을 경우에 순행 동화에 의하여 실현되고, n\$n은 동기관적 장애음의 비음화에 의하여 실현된다.

쓸+니 → 쓰니(*쓸리)   걸:+니 → 거:니(*건니)

쓿+니 → 쓸리(*쓰니)   걷:+니 → 건:니(*거니)

만일, 'ㄹ'과 'ㄴ'이 역행적이든 순행적이든 동화를 입는다면 위의 두 규칙과 충돌하게 되고, 따라서 형태소 인식의 혼란으로 의사 소통

---

[2] Grammont(1933)에서는 동질적인 두 음운의 직접적 결합에서의 이화는 différenciation 이라 하여 비인접적인 dissimilation과 구별하였다.

에 지장을 받게 될 것이다. 자음 체계의 위계 질서를 지키면서 음운 규칙들이 엄격하게 적용되고 또 상호작용을 하고 있는 셈이다.

요컨대 'ㄴ'에 의한 유음 탈락은 인접한 위계 사이에서의 동기관적인 이화 현상이라 하겠다. 음성적 제약에 의한 것이다.

3. 음절 구조의 제약에 의한 유음 탈락

우리는 앞에서 논의한 'ㄴ'에 의한 유음 탈락 규칙과 흔히 혼동해 온 다음과 같은 경우를 가지고 있다.

빨+은 → 빤   만들+은 → 만든
놀:+은 → 논: 뛰놀+은 → 뛰논

이들 예들이 보여 주는 형태소 경계에서의 유음 탈락은 흔히 유음에 의한 '으'탈락에 이어서 'ㄴ'에 의한 유음 탈락이 계기적으로 적용되는 것으로 설명됨 직도 하다. 이와 유사한 문제로 이른바 관형사형 접미사 '-을'의 경우도 있다.

빨+을 → 빨   만들+을 → 만들
놀:+을 → 놀: 뛰놀+을 → 뛰놀

이에 대해서도 유음에 의한 '으'탈락에 이어서 동일한 두 유음 가운데의 한 유음이 탈락된 것으로 음성적 제약에 의하여 설명할지 모른다. 그러나 이러한 유음 탈락에 대한 음성적인 설명은 정당화하기

100

어렵다. 음절 구조를 전제로 하여 기술되어야 할 것인바, 이에 대한 재검토는 '으'계 접미사들의 '으'탈락의 성격과 유음 탈락의 조건을 되씹어 보는 데서 시작되어야 할 것이다.

3.1. 접미사의 첫모음 '으'의 탈락

우선 '으'계 접미사들의 '으'탈락에 대하여 검토하여 보자. 형태소의 기저형이 'ㅡ'로 시작되는 접미사에는[3] 곡용적인 것과 활용적인 것이 있다. 이들 패러다임에 따라 '으'탈락을 보면 다음과 같다.

ⅰ) 곡용의 경우

나+은 → 난(~나는)　　　　보리+은 → 보린(~보리는)

달+은 → 달은(*단)　　　　허물+은 → 허물은(*허문)

집+은 → 집은　　　　　　사랑+은 → 사랑은

나+을 → 날(~나를)　　　　보리+을 → 보릴(~보리를)

달+을 → 달을(*달)　　　　허물+을 → 허물을(*허물)

---

3 '가고 가면, 먹고 먹으면' 들에서의 교체에 대한 기술은 3가지 방식을 가정할 수 있다. 첫째는 전통 문법에서와 같이 조성 모음(또는 매개 모음)으로 처리하는 방식, 둘째는 '먹~머그', 또는 '면~으면'처럼 어간이나 어미 어느 쪽을 쌍형(doublet forms)으로 보는 방식, 셋째는 '으며'를 기저형으로 보고 일정한 환경에서 이완적 고모음 'ㅡ'가 탈락하는 것으로 기술하는 방식이 그것이다. 이 가운데 첫째는 'ㅡ'가 삽입되는 환경을 명시할 수 없고, 둘째는 쌍형이 한 언어에 숱하게 존재한다는 기이한 문제가 생긴다. 현재로서는 셋째의 것이 가장 합리적인 것으로 여겨진다. 혹시나 '머그'를 기저형으로 삼는 방식이 고려될 수도 있으나 '먹고'에서처럼 자음 어미 앞에서 'ㅡ'가 탈락되는 타당한 이유를 찾을 수 없다.

집+을 → 집을 사랑+을 → 사랑을

나+으로 → 나로(~날로) 보리+으로 → 보리로(*보릴로)
달+으로 → 달로 허물+으로 → 허물로
집+으로 → 집으로 사랑+으로 → 사랑으로

ii) 활용의 경우
가+은 → 간 세우+은 → 세운
갈:+은 → 갈은(~간:) 허물+은 → 허물은~허문
남:+은 → 남은 들볶+은 → 들볶은

가+을 → 갈 세우+을 → 세울
갈:+을 → 갈을(~갈:) 허물+을 → 허물을~허물
남:+을 → 남을 들볶+을 → 들볶을

가+으리다 → 가리다 세우+으리다 → 세우리다
갈:+으리다 → 갈으리다(~갈:리다) 허물+으리다 → 허물으리다~허물리다
남:+으리다 → 남으리다 들볶+으리다 → 들볶으리다

'_'에 관련된 위의 패러다임에서 보면 곡용이든 활용이든 관계 없이 모음 어간 다음에서는 '_'가 필수적으로 탈락되고 [-voc, +cons]의 장애음이나 비음 다음에서는 그것이 전혀 탈락되지 않는데, 오직 [+voc, +cons]의 유음 다음에서 곡용과 활용이 서로 차이를 드러내고 있다. 이러한 차이 때문에 때로 통사론적 범주상의 제약을 받으면서 '_'가

탈락된다고 흔히 기술하여 왔다.

| (체언) | 허물(過)+은 → 허물은 |
| (용언) | 허물(破)+은 → 허문(~허물은) |

그러나, 체언과 용언이라는 비음운론적 범주가 접미사의 '_'의 탈락을 제약하는 것은 아니다. 다음의 예는 체언과 용언의 구분 없이 '으'가 탈락할 수도 있음을 말해 준다.

| (체언) | 허물+으로 → 허물로 |
| (용언) | 허물+으리다 → 허물리다(허물으리다) |

따라서 어간말 유음에 의한 '으'탈락은 체언 용언들의 단순한 비음운론적 제약만으로는 설명되지 않는다. 이의 논의를 새롭게 하기 위해서 우리는 우선적으로 '으'탈락의 수의성과 어미 형태소들의 음절 구조를 전제로 한다. 음절 구조상의 제약에서 볼 때 '_'의 탈락은 전혀 새롭게 해석된다. 체언의 경우 '-은, -을' 등의 단음절 형태소의 경우에는 유음 다음에서 '으' 탈락을 일으키지 않고, 다만 '-으로'와 같은 2음절 형태소의 경우에만 탈락을 일으킨다. 한국어의 기본적인 격조사들은 '-이, -을, -에, -의'(-은) 들처럼 단음절 형태소들이다. 만일 유음에 의하여 단음절 형태소의 '_'를 탈락시키게 된다면 결국 음절말의 자음군이 형성되고, 이어서 그 자음군이 음절 끝에 올 수 없는 음절 구조상의 제약으로 단순화되어야 할 것이다. 예컨대 '허물+은'이 '으'탈락에 의하여 '허물ㄴ'이 되고 다시 음절 끝 자음군의 단순화

에 의하여 '허문'이 된다면, 체언의 곡용적 패러다임에 특이한 형식이 될 뿐만 아니라 용언의 활용적 패러다임과 동일하게 되고 말 것이다. 그러나, '-으로'와 같은 2음절 형태소와의 결합에서 유음에 의하여 '으' 탈락이 이루어져 '허물＋으로→허물로'로 된다면 '달은, 달을, 달로' 들과 같이 단음절적인 곡용의 패러다임에 어울리게 된다. 물론 활용적 패러다임과 충돌할 환경은 전혀 아니다. 요컨대 곡용에서의 '으'탈락은 패러다임의 규칙성을 어느 정도로 전제한 음절 구조상의 문제라고 할 수 있다.[4]

　유음에 의한 '_'의 수의적인 탈락은 곡용의 경우에는 전혀 보이지 않고 활용의 경우에만 나타난다.

	(가)		(나)
허물＋은	→	허물은	~ 허문
허물＋을	→	허물을	~ 허물
허물＋으면	→	허물으면	~ 허물면
허물＋으니	→	허물으니	~ 허무니
허물＋으시고	→	허물으시고	~ 허무시고
허물＋으리다	→	허물으리다	~ 허물리다

---

4 곡용적 패러다임에서 '은~는, 을~를'과 같은 형태소 증가에 유사하게 '으로'에 대해서도 'ㄹ로'가 주로 대명사 다음에 쓰이고 있다.

나로~날로	이로~일로
너로~널로	어디로~얼로
그로~글로	뭐로~뭘로

조사 중에서 '은, 을, 으로'가 '으'로 시작되는 전부이다.

'으'가 탈락되지 않는 (가)계열보다는 (나)계열이 더욱 흔히 쓰이는 형식으로 학교문법에서 규범적인 형식으로 받아들이고 있으나, '으' 탈락을 시키지 않고서 연음화만을 시킨 (가)계열은 구어체에서 흔히 쓰이고 있는 것도 사실이다. (나)계열에 대해 (가)계열은 더욱 강한 패러다임의 규칙성을 보이고 있다. 이러한 패러다임의 규칙화를 보이는 경향은 문법 변화에서 자주 볼 수 있는 현상이다.

현대 한국어에 있어서 활용 어미의 첫 모음 '으'가 유음에 의하여 수의적으로 탈락되는 경향은 어떤 동기에 따른 것일까? 바로 위에서 언급한 바와 같이 일차적으로는 패러다임의 규칙화에 그 동기가 있겠지만, 이 규칙화에 대한 음운론적인 뒷받침이 또한 있는 것이 아닌가 한다. 고모음 '_'의 이완성(laxness, 김완진 1972 참조.), 유음의 음성 자질인 [+voc, +cons] 및 한국어의 음절 구조 등이 바로 유음 탈락을 수의적으로 가능하게 하는 동기가 되고 있지 않나 한다. 접미사의 첫 모음으로서의 '_'는 '가+으면 → 가면'에서처럼 필수적으로 탈락되면서도 모음 탈락에 의한 보상적 장모음화를 겪지 않는 점으로 보아 일단 이완 모음의 성격을 지닌다고 할 수 있다(김완진 1972, 졸고 1978). 유음에 의하면 이 '_'가 탈락되는 것은 유음의 모음적 자질에 의한 이완 모음의 탈락이라 할 수 있다. 그러나, 유음이 [+voc, +cons] 이기 때문에 유음에 의한 '으'탈락은 절대적일 수가 없다. 유음 다음에서의 '_'의 수의적인 탈락은 유음의 자질 [+voc, +cons]의 어느 쪽이 작용하는가에 달려 있는데, '으'탈락이 실현되든 실현되지 않든 그 결과는 한국어의 음절 구조에 어긋나지 않아야 할 것이다.

[+voc, −cons] + [+voc, −cons] : 이 + 으면 → 이면

[+voc, +cons] + [+voc, −cons] : 일 + 으면 → 일으면 ~ 일면

[−voc, +cons] + [+voc, −cons] : 입 + 으면 → 입으면

위의 예들은 '으' 탈락 여부에 대한 음성적 제약을 제시하여 주며, 그 표면형은 현대 한국어의 기본적인 음절 구조인 (C)V(C)에도 전혀 어긋남이 없음도 보여 준다.

3.2. '으' 탈락에 이은 유음 탈락

유음에 의하여 '으'탈락이 일단 이루어진 다음에 계기적으로 일어나는 유음 탈락은 어떠한 제약을 따르는 것인가? 이의 기술과 설명에 있어서도 우리는 음성적 제약에 앞서 음절 구조를 고려할 수가 있다. 논의의 편의를 위해서 우리는 '으'계 접미사들을 '-은, -을'을 비롯한 '-은데, -은가, -을까, -을께, -을세라, -을수록, -을쏘냐, -을손가, -을라구, -을래, -을락, -음세, -읍-' 들과 같은 /-으$(C)V(C)…/의 음절 구조를 가지는 것들과 '-으리-, -으시-, -으니, -으므로' 들과 같은 /-으$CV…/의 음절 구조를 가지는 것들로 분류한다. 즉 'ㅡ'가 포함되는 폐음절 구조와 'ㅡ'의 개음절 구조로 분류하는 셈이다. 편의상 각각 폐음절구조와 개음절구조라고 불러 둔다. 이에 따라 우선 예를 대조시켜 보이면 다음과 같다.

폐음절 구조(ㄱ)	개음절 구조(ㄴ)
들+은 → 들은~든	들+으니까 → 들으니까~드니까
들+을 → 들을~들	들+으라고 → 들으라고~들라고

들+을수록 → 들을수록~들수록　　들+으시고 → 들으시고~드시고

들+읍시다 → 들읍시다~듭시다　　들+으면 → 들으면~들면

　위에서 '으' 탈락을 일으키지 않고서 철저한 규칙성을 보여 주는 교체형들을 제외하면, 폐음절 구조 (ㄱ)은 /…유음+VC(…)/의 형태소 결합에서 [φφC$(…)]의 음절 형식으로 실현되고(φ는 탈락을 표시) 개음절 구조 (ㄴ)은 /…유음+VCV…/의 형태소 결합에서 […유음φ$CV…] 또는 [φφ$CV…]의 음절 구조로 실현된다. 요컨대, (ㄱ)과 (ㄴ)은 음절 구조에 따라 서로 다른 음운 현상을 보여 주고 있는 것이다.

　폐음절 구조의 경우에는 '으'탈락에 이어 유음이 필수적으로 탈락되는데, 이때 그 후속 자음은 여하한 종류라도 상관없다.

	들+은	들+을	들+읍…[5]
으 탈락	들 ㄴ	들 ㄹ	들 ㅂ
유음 탈락	드 ㄴ	드 ㄹ	드 ㅂ
	[든]	[들]	[듭…]

　여기서 볼 수 있듯이 '으'탈락에 이은 유음 탈락은 '-ㄹㄴ-, -ㄹㄹ-, -ㄹㅂ-' 등의 음절끝 자음군을 가진 중간 구조를 음절 구조상의 제약에 따라 단순화시킨 것에 지나지 않는다. '들+은→들ㄴ→든'을 'ㄴ'에 의한

---

5 현대 한국어의 '습(~읍)~ㅂ'들의 교체에 대하여 /습/과 같은 추상적인 기저형의 설정 방식을 제외하면 일단 telescoping의 'ㅅ' 불규칙을 고려할 수 있다. 순수한 공시론적인 기술에서 자음과 모음(유음까지)이란 환경에 의한 교체로 본다면 영어의 부정관사 'a~an'과 유사한 것이다. 단일한 기저형을 설정하여 음운론적으로 설명하기에는 무리한 예이다.

이화적 탈락으로 해석할지도 모르나, '들+을→들ㄹ→들'에 평행시켜 자음군 단순화로 해석하고자 한다. '들+을→들'의 경우 'ㄹ' 앞에서 동일한 'ㄹ'을 탈락시킨다고 음성적 제약에 의하여 설명할 수는 없다. 왜냐하면 '알+으리라→알리라'와 같은 개음절 구조에서는 음절 경계를 두고서 'ㄹ$ㄹ'이 가능하고 앞의 'ㄹ'이 뒤의 'ㄹ'에 의해서 탈락하지 않기 때문이다.

	알:+을쏘냐	알:+으리다	알:+은
으 탈락	알: ㄹ쏘냐	알: 리다	알: ㄴ
자음군단순화	알: ㄹ쏘냐	———	아:ㄴ
	[알:쏘냐]	[알:리라]	[안:]

'알:+을쏘냐→알:쏘냐', '알:+은→안:' 들에서의 어간 끝 유음의 탈락은 음절 끝 자음군의 단순화 규칙의 지배를 받은 것이다. '알+은→(알은~)안'에서 문법 형태소 /은/이 적어도 이형태 'ㄴ'을 실현시키면서 자음군 단순화를 일으키는데, 만일 'ㄹ'이 아니고 'ㄴ'을 탈락시킨다면 문법 형태소의 기능조차 인식하기 어렵게 될 것이다. 우리가 이미 잘 알고 있는 바와 같이 음절 구조상의 제약에 의한, 이른바 자음군 단순화 규칙에 있어서 어미 형태소의 자음을 탈락시켜서 그 형태소의 기능을 인식하지 못하게 하는 경우는 없다. 어간 형태소의 끝 자음들의 어느 하나를 탈락시킬 뿐이다. 어떤 형식으로든지 형태소의 기능을 인식하게 하면서 이형태를 실현시키려는 경향은 언어 현상에 있어서 너무나도 당연한 것이다. '만들+음직(하다)'이라든가 '만들+음세'(일인칭 약속법) 등의 예는 위의 사실을 단적으로 증명해

줄 것이다.

	/만들+음직(하다)/	/만들+음세/
으 탈락	만들 ㅁ직	만들 ㅁ세
자음군단순화	만드 ㅁ직	만드 ㅁ세
	[만듬직]	[만듬세]

이들 폐음절 구조와는 달리 '들+으니까→(들으니까~)드니까'와 같은 'ㅡ' 다음의 개음절 구조의 경우는 자음군 단순화 규칙의 지배를 받을 환경을 가지지 않는다. 유음에 의하여 이완 모음인 '으'가 탈락되면 다음 개음절의 첫 자음의 종류에 따라 유음 탈락의 여부가 결정된다. 즉, '-으리-, -으라고, -으면, -으므로' 들과 같은 경우에는 '으' 탈락에 이은 유음 탈락은 절대로 일어나지 않고 '-으니, -으나, -으시-' 들과 같은 경우에는 '으' 탈락에 이은 유음 탈락이 필수적으로 일어난다. 그리하여 …VC$CV…의 음절 구조와 …V$CV…의 음절 구조로 각각 실현된다. 후자의 경우에 유음 탈락이 이루어지는 것은 'ㄴ, ㅅ' 앞에서이다. 그중에서 'ㄴ'의 경우는 이미 앞에서 보인 이화적인 것이다. 'ㅅ'의 경우 즉 '-으시-'의 경우는 특이한 관심을 불러일으킨다. 이미 잘 알려진 바와 같이 중세 한국어에서는 이 '-(으/ᄋ)시-' 등은 'ㄹ'에 의한 '으/ᄋ'의 탈락을 겪지 않았던 예외이었고, 따라서 'ㅅ'에 의한 유음 탈락도 겪지 않았던 것이다(아ᄅ샤, 아ᄅ스라 참조). 근대 한국어를 거치면서 '으(ᄋ)'계의 다른 접미사들과 평행되게 모음과 유음에 의한 '으(ᄋ)'의 탈락을 겪고서 계기적으로 유음 탈락까지 겪게 되었다. 요컨대, '으(ᄋ)' 탈락에 이어서 '들+사→드사'(석보상절 13:58)와 평

행되게 유음 탈락을 겪음으로써 패러다임 안에서의 확대화를 가져오게 되었다. '으(ㅇ)'계 접미사들 가운데서 '으(ㅇ)' 다음에 오는 [-grave]의 장애음으로서는 이 'ㅅ'밖에 없다. 형태론적 조건이 아니라면은 'ㅅ'에 의하여 유음이 탈락하는 것은 역시 동기관적인 이화에 지나지 않는다.[6] 이화적이 아니라면 VC$CV와 같은 음절 결합을 피해야 할 하등의 이유가 없을 것이다.

4. 유음 탈락의 수의성과 nongravity

유음 탈락의 수의적인 실현을 보이는 경우로는 앞에서 본 '으'계 접미사들과 결합하는 경우 이외에 'ㄷ, ㅈ' 등의 [-grave]의 장애음계의 접미사들과 결합하는 경우를 흔히 들고 있다.

알:+더라 → 알:더라 ~ 아:더라

알:+다마다 → 알:다마다 ~ 아:다마다

알:+듯이 → 알:듯이 ~ 아:듯이

알:+지도 → 알:지도 ~ 아:지도

이러한 수의적인 유음 탈락을 현대 중부 방언에 한정시켜 살펴보면 그 제약을 좀 더 정밀화시킬 필요를 알게 된다. 사실 우리는 위의

---

6 김진우(1970)에서 '우시다~울으시다'의 공존을 지적하고, '울소냐, 울손가, ……' 들에서 유음이 탈락하지 않음을 근거로 해서 'ㅅ'에 의한 유음 탈락은 특정 형태소의 자질에 따른 것이라 하였다. '울소냐'는 '울+울소냐'의 구성으로 개음절인 '(으)시'의 경우와는 다른 폐음절 구조 '울'을 가진 경우이다.

'알:-'과 같은 장모음 음절의 어간에서만 수의적인 유음 탈락을 볼 수가 있고, 단모음 음절의 어간에서는 그러한 유음 탈락을 전혀 볼 수 없다.

들+더라 → 들더라(*드더라)

들+던데 → 들던데(*드던데)

들+듯이 → 들듯이(*드듯이)

들+지도 → 들지도(*드지도)

들+자 → 들자(*드자)

만들+더라 → 만들더라(*만드더라)

만들+던데 → 만들던데(*만드던데)

만들+듯이 → 만들듯이(*만드듯이)

만들+지도 → 만들지도(*만드지도)

만들+자 → 만들자(*만드자)

이들과 마찬가지로 본래의 장모음 어간이 두 번째의 구성 요소로 형성된 접두 파생어나 복합어의 경우에도 역시 유음 탈락을 겪지 않는다.

몰:+지 → 몰:지 ~ 모:지   휘몰+지 → 휘몰지(*휘모지)

놀:+지 → 놀:지 ~ 노:지   뛰놀+지 → 뛰놀지(*뛰노지)

돌:+지 → 돌:지 ~ 도:지   헛돌+지 → 헛돌지(*헛도지)

                              감:돌+지 → 감:돌지(*감:도지)

그리하여 이상의 유음 탈락은 대체로 다음과 같이 공식화될 수 있다.

$$ㄹ \rightarrow \text{ø} / [+\text{long}] \_\_ + \begin{bmatrix} +\text{obstruent} \\ -\text{grave} \end{bmatrix}$$

물론 이 규칙의 수의적인 적용은 '말(馬)도, 말:(言)도'에서와 같이 체언에는 해당되지 않으며 용언 어간에만 해당되는데, 그것도 노인층에서 흔히 이루어지고 젊은층에서는 덜 이루어지고 있다. 이 또한 패러다임의 규칙화를 보여 주는 경향이라 할 만하다.[7] 이 규칙화의 경향은 중세 한국어로부터 비교·관찰하면 더욱 뚜렷하게 볼 수 있다. 중세 한국어는 [−grave]의 자음들 즉 치음·설음으로 시작되는 접미사들 앞에서 유음이 예외 없이 탈락되었던 것이다. 이때 성조는 아무런 제약이 되지 못하였다.

{·들-} (入)	{:알-} (知)
드러	아라
드디	아디
드다	아다
드사	아ᅀᆞ바
드ᄂᆞ다	아져
ᄃᆞᅀᆞᄫᆞᆳ씨	

---

[7] 동해안의 일부 방언에서는 ㄹ → ϕ/__+C와 같은 규칙이 필수적으로 적용된다(최명옥 1980). 물론 이 규칙은 용언 어간에만 적용될 것인데, phonetically plausible rule 은 아니다. 즉 형태론적 규칙이다.

중세 한국어로부터 현대 한국어에 이르면서 'ㄷ, ㅈ' 등의 자음에 의한 유음 탈락은 그 실현 범위가 극히 협소하여졌으며 그것도 극히 약하게 수의적으로 실현됨으로써 패러다임의 형식이 더욱 규칙화되고 있는 셈이다. 'ㄷ, ㅈ'계의 접미사 이외에 'ㅅ'으로 시작되는 접미사로 명령·청유의 '-세'가 있다. 이 '-세'와의 결합에서 유음 탈락은 'ㄷ, ㅈ'계의 접미사들과의 결합에서보다 더욱 강하게 실현되는 듯하다.

　　자, 함께 드세 (← /들+세/)
　　자, 같이 다세 (← /달+세/)
　　자, 그만 도:세 (← /돌:+세/)

'ㄷ, ㅈ' 등에 의한 형태소 경계에서의 유음 탈락이 수의적임에 비하여 'ㅅ'에 의한 그것이 거의 필수적임은 문체상에서 흔히 있을 수 있는 통시적인 데에 그 이유가 있는 듯하다. '하게체'는 중부 방언의 경우 극히 격식을 차릴 경우에 흔히 쓰이는 형식이기 때문에 젊은층에서는 드물게 쓰이는 형식이다. "자, 떡 좀 같이 드세."는 오히려 "자, 떡 좀 같이 들지." 정도로 흔히 쓰인다. 말하자면 '하게, 하세'의 형식은 보수적인 것으로서 결국 이전의 유음 탈락형까지 그대로 쓰고 있는 것이다.

중세 한국어 이후로 근대 한국어에까지 [-grave]의 장애음들 앞에서 유음이 필수적으로 탈락되었다가 현대 한국어에서 극심한 제약을 받으면서 수의적으로 탈락하게 된 이유는 현재로서는 그리 명백하게 밝힐 수 없다. 유음의 유지에는 패러다임의 규칙화라는 형태론적인 동기가 작용하였으리라 여겨지나, 유음의 탈락은 여전히 자음 체계와 관련이 있지 않을까 한다. 중세 한국어의 치음 중에서 'ㅈ, ㅊ, ㅉ'이 구개음으로 바뀜으로써 [-grave]의 장애음 체계가 재조정되어서 현대 한국어에 이르고 있다. 결국 유음과 장애음들과의 관계가 복잡하여 졌는바, 이러한 자음 체계의 변천이 유음 탈락의 수의성과 얼마만큼 관련되는지는 현재로서 뚜렷하게는 밝힐 수가 없다. 다만 치음(또는 치조음)이었던 'ㅅ'은 'ㅈ, ㅊ, ㅉ'과는 달리 구개음화하지 않고서(음운 론적으로) 치음으로 그대로 남아 있는데, 장애음 가운데서 'ㅅ'에 의 한 유음 탈락이 강한 이유는 순수한 지속음끼리의 결합이라는 음성 적 제약 이외에 이러한 통시적인 사실에 있는지도 모르겠다. 앞에서 언급했던 보수적인 '-세'는 물론이고 더욱 문어적인 '-사이다' 앞에서 유음이 탈락되는 것은 역시 통시적인 면에서 볼 때 이전의 유음 탈락 을 보이는 보수적인 현상이라 할 수 있다. 그러나 전체적으로 보아 패러다임의 규칙화라고 하는 형태론적인 동기가 더욱 강하게 작용함 은 두말할 나위가 없을 것이다. '알:+더니 → 알:더니~아:더니'에서처 럼 장모음 음절의 어간에 한하여 'ㄷ, ㅈ'계의 어미 앞에서 수의적으로 유음이 탈락할 수 있는 것은 '음장'이 가지는 또 하나의 음운론적 기 능이 있음으로 해서 'ㄹ'의 탈락이 형태소 인식을 방해하지 않을 수 있음에 그 이유가 있지 않을까 한다. 그러나 'ㅅ'계 어미 앞에서의 유 음 탈락은 현대 한국어에서 음장과 무관한바, 이는 위에서 언급한 바와 같이 통시적인 데에 그 이유가 있을 것이다.

5. 유음 탈락과 형태론적 조건

활용어미 가운데서 어간 끝의 유음을 탈락시키는 것으로 따로 '-오,

-으마'를 듣기도 한다. 예컨대 :

들+오 → 드오   불:+오 → 부:오
들+으마 → 드마   불:+으마 → 부:마

만들+오 → 만드오
만들+으마 → 만드마

그런데, 이 중 '하오체'는 극히 문어적인 형식으로, 중부 방언의 구어체로는 '-우'를 사용하되 '들+우 → 드우~들우, 불:+우 → 부:우~불우'처럼 수의적인 유음 탈락을 보인다. '-으마'의 경우에도 마찬가지이다. '불:+으마 → 불으마~불:마·부:마'에서 '불으마~불:마'의 형식들이 '부:마'보다 많이 쓰인다. 이러한 경향 역시 패러다임의 규칙화에 속하는 것인데, '-우, -으마'에 의한 유음 탈락형은 음성적 조건에 의한 것이 아니라 특정의 형태소들에만 한정되는 형태론적 조건(또는 형태소적 제약)에 의한 것이다.[8]

문어체(특히 서간문, 발원문 같은 형식)에 쓰이는 '-으오-'도 어간의 유음을 탈락시킬 수 있는데, 이도 위의 경우와 성격을 같이한다.

멀:+으옵니다 → 멀으옵니다~머:옵니다

---

8 '쓰+어 → 써, 쓰+으면 → 쓰면'에서의 '_ → φ/_+V'의 이완적 고모음 탈락 규칙이 필수적으로 적용되지만 '쓰+오 → 쓰오(*쏘)'와 같은 '-오'의 예외를 가진다. '쓰+옵니다 → 쓰옵니다'도 마찬가지로 형태론적 조건에 의하여 '_'를 탈락시키지 않는다.

풀+으옵소서 → 풀으옵소서 ~ 푸옵소서

6. 결론

이른바 'ㄹ'불규칙 활용을 중심으로 음성적 제약, 음절 구조상의 제약 및 패러다임의 규칙성들을 고려하여 어간 끝의 유음이 탈락하는 현상을 기술 · 설명하였는바, 이를 요약하면 다음과 같다.

1. 기저형이 'ㄴ'으로 시작되는 어미 앞에서의 유음 탈락은 순수한 음성적 제약에 따른 것으로 인접한 위계 사이에서의 동기관적인 이화 현상이다.
2. 유음에 의하여 '으' 탈락을 겪지 않는 경향은 어간과 어미 양쪽에 관련되는 패러다임의 규칙화로서 형태론적인 것이다.
3. '으' 탈락에 이은 유음 탈락은 자음군 단순화라는 음절 구조상의 제약에 의한 것과 동기관적인 이화에 의한 음성적인 것이 있는데, 앞의 것은 '은, 을, 읍' 들과 같은 폐음절 구조와의 결합의 경우이고 뒤의 것은 '(으)니, (으)시' 들과 같은 개음절 구조와의 결합의 경우이다.
4. 'ㄷ, ㅈ' 들의 장애음으로 시작되는 자음 어미 앞에서의 장모음 어간의 경우에 한하여 그 음절 끝의 유음이 수의적으로 탈락하고 기저형이 'ㅅ'으로 시작되는 접미사들 '-세, -사이다' 들과 결합하는 경우에 비교적 강하게 유음이 탈락하는데, 이는 대체로 보수적인 문체에서 쓰이는 경우이다.
5. '-으마, -오, -으오' 들의 접미사 앞에서 유음이 수의적으로 탈락되

는데, 이는 음운론적 제약에 따른 것이 아니라 형태론적 제약에 따른 것이다.

아래의 도표는 'ㄹ'불규칙 활용의 통시적 면을 보여 주고 있는바, 차츰 패러다임의 규칙화를 지향하고 있음을 볼 수 있다. 현재 역동적으로 나타나고 있는 현대 구어의 규칙적인 패러다임은 결국 음성적인 이화 현상인 'ㄴ'에 의한 필수적인 유음 탈락만을 보여 allomorphy의 극소화를 보여 주고 규칙의 간소화를 보여 주고 있다. 이러한 통시적인 경향은 패러다임의 형태론적인 개념 없이는 기술될 수가 없을 것이다.

패러다임형 / 어미형	기저형	중세·근대의 패러다임	현대 표준어의 패러다임	현대 구어의 규칙적 패러다임
자음어미	들+고 들+더- 들+나?	들오(들고) 드더- 드나?	들고 들더- 드나?	들고 들더- 드나?
'ㅇ'계어미	들+은 들+을(읈) 들+으나 들+으시- 들+으리- 들+으면 들+마	든 들(듫) 드나 드르시- 들리- 들면 (드마)	든 들 드나 드시- 들리- 들면 들마(드마)	들은 들을 들으나 들으시- 들으리- 들으면 들으마

※ 단어 형성에서의 유음 탈락

용언적인 패러다임의 경우와는 구별되는 파생어나 복합어의 형성에 있어서의 유음 탈락이 있다. 이들 단어 형성은 그것들이 형성될 때의 단어 형성 규칙에 의존하게 되겠지만 여러 제약을 받으면서 분포상의 제약을 보이기 때문에 이러한 통시적인 다양성을 가진 파생어나 복합어의 음운 현상을 공시론적으로 획일적인 분석을 꾀하는 일은 쉽지 않으며 어느 경우에는 공시론적인 분석이 무의미하기도 하다. '길:다랗다~기:다랗다'와 같은 수의적인 유음 탈락은 '길:더니~기:더니'와 같은 활용의 그것에 일치하지만, 파생어 '우:지'(=울보)는 '울:지~우:지'와 같은 활용형과는 일치하지 않는다. 앞의 것은 패러다임의 규칙화에 영향을 받은 역동적 현상이고 뒤의 것은 [울:+지] → [우:지]의 형성이 화석화한 현상일 것이다.

우리는 파생 명사의 경우 활용적인 동명사의 경우와는 달리 유음에 의한 '으'탈락이 전혀 이루어지지 않음을 본 바 있다(졸고 1975, 송철의 1977).

파생명사	동명사
얼+음 → 얼음	얼:+음 → 얾:(~얼음)
줄+음 → 주름	줄+음 → 줆(~주름)

다음과 같은 파생형들도 '으'탈락을 하지 않는다.

(얼굴이) 길+음하다 → 기름하다

(밥이) 질+음하다 → 지름하다

(집이) 힐+음하다 → 허름하다

(입이) 비뚤+음하다 → 비뚜름하다

이와 비슷한 파생형으로 '푸르스름하다, 불그스름하다' 들과 같은
'-으스름하다'에 의한 파생형들이 있다.

길:+으스름하다 → 기르스름하다

그런데 다음의 예들은 '으' 탈락에 이은 유음 탈락까지 일으킨 경우
이다.

가늘+으스름하다 → 가느스름하다

둥글+으스름하다 → 둥그스름하다

이는 두 규칙의 계기적인 적용 그 자체에 동기가 있는 것이 아니라,
이런 따위의 파생어들이 가지는 음절수의 제약에 그 동기가 있는 듯
하다. 만일 두 규칙의 계기적인 적용이 없다면 '가느르스름하-, 둥그
르스름하-'와 같은 6음절 어간이 형성되고 만다. '흐느적흐느적거리-,
울그락불그락하-' 들과 같은 중가적 복합어와는 달리 '-으스름하-'에
의한 파생어는 6음절 이상의 것으로 되지 않고 '노르스름하-, 불그스
름하-'와 같이 5음절로 되는 것이 일반적이다.

활용에 있어서의 '들+은 → 든' 들과 같은 '으'탈락에 이은 자음군
단순화가 일어난 파생어들이 또한 존재한다(송철의 1977).

기울+웃~ → 기웃기웃

갸울+웃~ → 갸웃갸웃

머물+웃~ → 머뭇머뭇

쫑글+웃~ → 쫑긋쫑긋

    이는 '으' 탈락에 이어 중간 구조로서의 음절 끝 자음군 'ㄹㅅ'을 단순화시킨 결과일 듯한데, 다만 'ㅡ'를 유음에 의하여 탈락시키는 것이 딴 파생어들과 구별된다.

    이상의 몇몇 파생어에서의 '으' 탈락과 유음 탈락을 보면, 활용에서 볼 수 있었던 수의적인 교체는 일어나지 않는다. 즉 이전의 교체형이 그대로 화석화된 채로 쓰이고 있는 것이다. '길:다랗다~기:다랗다'와 같은 수의적 교체는 오히려 예외적인데, 이는 패러다임의 규칙화에 영향을 받은 것인 듯하다.

    복합어의 경우에는 '으' 탈락과는 무관한 한편 이른바 단어 경계에서의 '사이 ㅅ'의 문제가 관여한다.[9] '사이 ㅅ'의 개재 자체는 형태론적인 문제로, 일단 이 '사이ㅅ'이 개재하게 되면 이에 따르는 여러 음운 현상이 실현된다. 그러나, 이 '사이ㅅ'의 개재가 일정치 않아서 유음 탈락의 실현도 명쾌하게 기술되지 않는다. 그리하여 '발(足)'의 단어족 가운데서 '밧ㄱ락, 밧돕, 밧등, 밧목, ……'과 '밠가락, 밠근, 밠등, 밠바당' 들에서 이미 볼 수 있었던 수의적인 유음 탈락에만 현재 관심

---

9 '사이 ㅅ' 자체에 대한 기술은 본고의 임무가 아니다. '모ㅅ자리, 책상ㅅ다리, 잠ㅅ자리, ……' 들에 대하여 일부 동남 방언의 경우에는 '모자리, 책상다리, 잠자리, ……' 들이 쓰인다. 그런가 하면 '소나무'에 대하여 '솔ㅅ나무'가, '돗나물'에 대하여 '돌ㅅ나물'이 쓰인다.

을 둔다. 단어 경계에서 유음이 탈락할 수 있는 경우는 자음군 단순화에 의한 경우와 [-grave]의 자음들에 의한 경우가 있다. '부나비, 부삽, 부젓가락' 들은 '사이ㅅ'의 개재 없는 음성적 제약에 의한 경우인데 '부나비'에 대한 '불나비'는 자립 형식 '불'에 유추된 것이다. 물론 장애음처럼 기능하는 단어 경계가 개재함으로써 'ㄹ'과 'ㄴ' 사이에서 동화가 이루어진다.

'날'(日)을 제2의 구성 요소로 가지는 복합어들은

하룻날	이튿날(이틋날)
사흗날(사훗날)	나흗날(나훗날)
닷샛날	엿샛날
이렛날	여드렛날
아흐렛날	열흘날

들과 같이 복합어 형성에 흔히 삽입되는 속격형인, 이른바 '사이ㅅ'을 가진다. '이튿날'은 원형을 잘못 잡은 표기인데, '이틀ㅅ날→이트ㅅ날→이튿날'에서처럼 속격형을 남기고서 자음군 단순화에 따라 'ㄹ'을 탈락시킨 것이다. 그런데 '스무날'은 속격형의 삽입 없이 직접적인 결합으로 'ㄹ'을 탈락시켜 '스물'이란 자립 형식이 쓰임에도 불구하고 그대로 화석화된 것이다. 그러나 '설날, 한글날, 일일날' 들에서는 유음화가 일어난다.

위와 비슷한 경우로 '님'에 의한 생산적인 단어 형성이 있다. 표기와는 달리 '사이ㅅ'이 실제로 삽입된다.

왕자ㅅ님	군주ㅅ님	천주ㅅ님
예수ㅅ님	부처ㅅ님	공자ㅅ님
고모ㅅ님	숙부ㅅ님	형수ㅅ님
사모ㅅ님	선배ㅅ님	이사ㅅ님

이러한 유형에 속하는 것으로 '아들ㅅ님→아드ㅅ님→아든님'이 있는바 '이튿날'의 경우와 동일하게 자음군 단순화에 의한 유음 탈락을 보인 것이다. 그러나 '따님, 누:님(〈누의님〉' 들과 '달님(다님 참조), 별님' 들이 있어서 여전히 일률성을 보이지 않는다.

'겨우살이, 부넘기(~불넘기), 줄넘기' 들과 같은 [명사+동사]의 복합어에서도 유음 탈락은 여전히 일관성이 없다.

파생어나 복합어의 경우와 같은 단어 형성은 패러다임을 형성하지 않는다. 따라서 패러다임에서 흔히 볼 수 있는 규칙화는 파생어나 복합어의 경우에는 볼 수 없다. 다만 부분적인 변화가 변화 시기를 달리하여 나타날 뿐이다.

[《한글》 173 · 174, 1981]

붙임: 유음 즉 'ㄹ'의 탈락의 제약을 정밀화하기 위해 유음탈락의 음성·음절 구조상 제약 그리고 수의성, 형태론적 조건 등을 살피며 특히 유음상관의 패러다임의 특성을 음미하려 하였다. 통시론과 공시론의 엄밀한 차별을 늘 주장하지만 통시적 변화와 공시적 해석은 늘 문제가 됨을 볼 수 있다. 형태론적 패러다임이란 틀 속에다 가두어 놓고 보면, 규칙화나 레벨링 등의 패러다임상의 역사적 변화는 단순해 보이지 않지 않는가. 패러다임의 공시태와 통시태 사이를 어찌 산뜻하게 연결해야 할까. 개체의 집단으로서의 패러다임이 풍부한 한국어의 중요한 과제 중의 하나다.

참고문헌

김완진(1972), 형태론적 현안의 음운론적 극복을 위하여, 《동아문화》(서울대) 11.

김완진(1975), 음운론적 유인에 의한 형태소 증가에 대하여, 《국어학》 3.

김진우(1970), 소위 변격용언의 비변격성에 관하여, 《한국언어문학》 8·9.

송철의(1977), 파생어 형성과 음운 현상, 《국어연구》 38.

안병희(1967), 한국어 발달사: 문법사, 《한국문화사 대계 V》, 고려대 민족문화연구소.

이기문(1969), 중세국어 음운론의 제문제, 《진단학보》 32.

이병근(1975), 음운 규칙과 비음운론적 제약, 《국어학》 3.

이병근(1977), 자음동화의 제약과 방향, 《이숭녕선생고희기념 국어국문학논총》, 탑출판사.

이병근(1978), 국어의 장모음화와 보상성, 《국어학》 6.

이승재(1980), 구례 지역어의 음운체계, 《국어연구》 45.

최명옥(1980), 《경북 동해안 방언 연구》, 영남대 민족문화연구소.

Bierwisch, M.(1971), Skizze der generativen Phonologie, *Studia Grammatica* VI.

Grammont, M.(1933), *Traité de phonétique*, Paris: Librairie delagrave.

Hooper, J.(1972), The Syllables in Phonological Theory, *Language* 48.

Kenstowicz, M. and C. Kisserberth(1977), *Topics in Phonological Theory*, New York: Academic Press Inc.

Kiparsky, P.(1972), Explanation in Phonology, *Goals of Linguistic Theory*, ed. by S. Peters, Englewood Cliffs, N.J.: Prentice-Hall Inc.

Kiparsky, P.(1974), Remarks on Analogical Change, *Historical Linguistics* II, ed. by J. M. Anderson and C. Jones, Amsterdam: North-Holland Publishing Co.

파생어형성과 i역행동화규칙들

1. 서론

언어현상은 질서의 세계이기 때문에, 언어체계는 그 현상을 지배하는 규칙들의 체계로서 파악된다. 이 언어현상을 지배하고 있는 규칙들에 의하여 언어학자들은 일반화는 말할 것도 없고 예언까지 시도하게 된다. 한편 어떤 규칙이 적용되는 데에는 일정한 레벨의 전제가 필요하게 되는데, 그럼에도 그 규칙의 일반화에 있어서 여러 제약이 나타나는 경우가 종종 일어나게 된다. 이러한 제약으로 인하여 언어연구자들은 작업상의 많은 고통을 안게 된다. 그리하여 그들은 제약성 때문에 존재하게 되는 '예외'에 대한 처리에 근심하게 될 수밖에 없는 것이다.

음운론의 주된 관심 부분의 하나는 형태소 경계에서 빚어지는 교체현상이다. 이 교체를 지배하고 있는 음운규칙들은 음운론적 차원에서의 제약은 물론이고 다른 차원에서의 제약 즉 형태론적 또는 통사론적 제약을 받는다. 이와 같은 비음운론적 제약은 음운규칙들에 대하여 minority를 가져오고 따라서 규칙은 그러한 범주에 따른 범주화(categorization)의 명시를 요청하게 마련이다(김완진 1971, 졸고 1975). 한편 어떠한 형태소에 특정한 형태소들이 연결될 때에 적용되던 음운규칙이 그 형태소구조의 내부에서 발생된 음운변화의 결과로 인하여 재구조화(restructuring)되는 경우 공시론적으로는 다시금 복잡한 형태론적 제약이 존재하게 될 수도 있다.

중세국어에서 'ㆍ/ㅡ'를 두음으로 가지는 접미사형태소들이 모음조화규칙의 적용을 받았다가 그 후 'ㆍ'가 'ㅡ'와 합류함으로써 이에 한정되는 모음조화규칙이 없어져 버린 사실을 우리는 잘 알고 있다. 이에 대하여 'ㅏ/ㅓ'의 경우에는 상당히 폭이 좁아진 음운론적 제약을 가져와 어간말음이 'ㅗ'인 경우에만 모음조화규칙이 필수적으로 적용되어 '-아'가 쓰일 뿐이다. 그런데 '모가치, 무더기, 송아지, 강아지, 꼬라지, 거러지, ……' 등과 같은 단어형성에서는 이전의 모음조화규칙이 적용되어 있음도 본다. 모음조화규칙 자체에서 보면 위의 변화는 규칙의 상실이 아니라 음운론적으로나 형태론적으로나 심한 제약을 받는 규칙범위의 협소화(narrowing down)라 할 만한데, 이들 형식들을 통시론적으로 파악한다면 모음조화규칙이 적용된 단계에서 화석화한 또는 동결화한 것이라 할 것이다. 만일 공시론적인 분석을 시도한다면 이와 달리 적절히 처리되어야 할 것이다. 즉 특별히 작성된 목록에 포함되는 형태소부류 또는 어휘군에 대하여 모음조화규칙을 적용하는 형태론적 조건을 제시하지 않으면 아니 될 것이다. 이러한 사실로부터 우리는 통시론과 공시론과의 준별을 늘 요구하면서도 우리의 작업상에서 통시성의 정도에 대한 확정에 주저하는 경우를 맞이하게 된다. 공시적으로 기저형의 설정에 대한 추상성의 정도에 대한 문제는 흔히 이로부터 발생하는 것이다.

국어는 여러 가지의 하위문법범주들을 나타내기 위하여 교착어적인 구조적 특성을 가진다고 한다. 이는 곧 곡용·활용의 범주를 두고 이르는 말이지, 어휘적 의미에 관여하는 파생적 범주에 대한 진술이 아니다. 위에서 제시한 모음조화규칙의 이해에서 보듯이 음운규칙들에 대한 관심은 다양한 교체형식들로부터 어느 정도 쉽사리 풀릴 수 있다. 그러나 파생어형성에 관여하는 음운규칙들에 대한 관심은 그 분포상의 제약, 이 제약에 따른 이형태들의 빈곤, 또는 그 통시성에 대한 불확실성 등등으로부터 그리 쉽사리 풀리지는 않는 듯하다. 이러한 어려움은 모음조화 이전의 연구들에서도 발견된다. 다시 모음조화규칙을 15세기 국어에서 관찰하면, 위와 같은 곡용·활용 파생에 따른 문법범주상의 서로 다른 제약을 보게 된다. 어간과 어미 사이의 모음조화규칙은 "당해 접미사형태소의 이형태 가운데 적어도 하나 이상이 모음으로 시작할 경우에만 허락된다"로 기술될 수 있을 것이다(김완진 1971:99). 이는 곧 접미사형태소의 기본형이 모음으로 시작된 경우에 그 첫 모음에 모음조화규칙이 적용되는 데에 대한 음운규칙의 음운론적인 제약규정이라 할 수 있다. 그런데 형용사어간파생의 접미사인 '-ᄫᆞ/ᄫᅳ-'(자음 아래에서) 및 '-ᄫᅵ-'(모음 아래에서)는 형태론과 음운론과의 특이한 관계를 보여준다(안병희 1959: 60~61). 모음조화를 따르는 전자의 형성은 자음군단순화규칙과 관련된다. 만일 자음 아래에서도 '-ᄫᅵ-'을 취한다면 자음 어미 앞에서 …C+ᄫᅵ+C…의 자음군을 형성하게 되어, 둘째 자음을 탈락시키는 단순화규칙에 의하여 형용사어간 파생 자체가 공전하게 된다. 이 현상은 공시론적으로는 여기에 필요한 형태론적 차원의 이해를 요구하게 될 것이고,

통시론적으로는 음운규칙이 어떤 형태론적 조건에서만은 굳어져 버린 화석화를 요구하게 될 것이다. 어떤 음운규칙이 특수범주에 따라 차이 있는 행위를 보인다는 사실은 언어기술자에게 무척 흥미롭지마는, 규칙의 일반화와 예언이라는 점에서 보면 오히려 고통스러운 것이기도 하다. 그리하여 극심한 형태론적 제약을 보이는 파생어(또는 복합어)의 형성에 대한 논의에서 무엇보다도 우선적으로 전제되어야 하는 이론적인 문제는 파생어형식들을 화석화와 같은 단어형성의 역사적 관점으로 해석할 것인가 아니면 공시적 교체와 동등한 자격 위에서 보다 추상적으로 해석할 것인가 하는 것에 대한 작업가설이다. 'electric, electricity' 등에서의 'k → s/__ +ity'라든가 '소, 송아지' 등에서의 모음조화규칙이라든가 등은 바로 위와 같은 문제를 내포하고 있다 할 것이다. 필자는 이 어려운 문제 자체를 현재의 졸론에서 말끔히 해결하려는 뜻은 없다. 여기서의 일차적인 관심은 조어론 자체에 있는 것이 아니라 음운사적으로 또는 형태사적으로 단어형성의 과정에서 빚어질 수 있는 몇몇 음운규칙들을 음미하여 보려는 데 있을 뿐이다. 특히 논의하려는 음운규칙으로서는 우리의 음운사에서 특별한 관심을 이끌어 왔던 i역행동화규칙들(움라우트 및 구개음화 등)과 필자가 또 다른 최근의 졸고에서 제기하여 본 단어형성에서의 체언말 i탈락규칙이다(졸고 1976). 이 탈락규칙은 '꼬리+앙이 〉꼬랑이(〉 꼬랭이)', '가지+앙이 〉가쟁이'(가지+앙구 〉가장구) 등에서의 그것을 말한다. 모음 i에 집중되는 이들 음운론적인 규칙들은 음운론적인 과정에서 필연적으로 상관이 지워져 있을 것이다. 단어형성 특히 '-악/억, -앙/엉, -아기/어기, -앙이/엉이, -아지/어지, -아리/어리, ……' 등과 같은 계열의 '아/어'로 시작되는 형태소들에 의한 파생어형성([[···i]stem

+[아/어…]suffix]N)에서 i에 관련되는 위의 규칙들이 어떻게 관련되어 있는가에 대한 논의가 본고의 중심과제인 것이다.

2. i탈락규칙과 움라우트규칙

현대국어에서 모음으로 끝나는 체언들은 어떠한 곡용형식들과의 연결에서도 그 말모음을 탈락시키거나 또는 glide formation을 경험하는 일도 없다. 이렇게 교체를 모르는 개음절의 체언들과는 달리 용언의 경우에는 glide formation의 규칙이 수의적으로 적용되기도 하고 (끼+어 → 끼어 → 껴:, 배우+어 → 배워 → 배: 등), 구개음 아래에서 중화규칙에 의하여 그 glide를 탈락시키기도 한다(가지+어 → 가져 → 가저 등)(졸고 1975:36).[1] 이러한 현대국어에서의 굴절상의 음운규칙과는 달리, 중세국어는 특정의 의미범주에 속하는 체언들이 그 말모음의 i를 탈락시키는 음운규칙을 보이고 있다. i로 끝나는 체언 가운데는 속격형식인 '-이/의'를 취하는 경우에 그 말모음인 i를 잃어버리는 예들이 있다(안병희 1967:180~181, 홍윤표 1969:65, 이기문 1972b: 155).

$$i \rightarrow [\text{null}] / [XC \_\_]_N + [Y]_{case}$$
$$\begin{bmatrix} \text{genitive} \\ \vdots \end{bmatrix}$$

---

1 물론 방언에 따라서는 극히 드물게나마 체언말모음을 탈락시키는 경우가 있다. 경기지역어의 '마루+에 → 말레, 학교+에 → 핵게, ……' cf. 졸고(1970a:47~48).

[예]

아비(父)+이 → 아비, 어미(母)+의 → 어믜, 가희(犬)+이 → 가히, 가치(鵲)
+이 → 가치, 늘그니(老人)+의 → 늘그늬, 病ᄒ니(病者)+의 → 病ᄒ늬, 가야
미(蟻)+이/의 → 가야믜(~가야믜), 곳고리(鶯)+이 → 곳고릭, 고기(肉)+이 →
고기 등등

때로 호격형식과의 연결에서도(아기+아 → 아가), 처격형식과의 연
결에서도(가지+애 → 가재) 또는 '-앳'에 의한 한정어구성에서도('쇠고
갯' 쇠고기 가운데) 이 어간말 i의 탈락을 볼 수도 있다. 이 수의적인
규칙에 대한 정밀화는 음운론적인 차원에서의 관찰만으로는 이루어
지지 않을 것이다(cf. 고기의 누니 븕도다, 두시언해 16:60). 따라서 현
재의 논의에서는 더 들먹일 필요가 없다. 혹시나 사적 관점에서 '엄+
ㅣ〉어미'로 분석하는 것이 가능하다고 하더라도, '고기'의 경우에서
보듯이 체언말 i의 탈락규칙이 필요한 것은 받아들여야 할 것이다.
여하튼 이러한 곡용형식을 지배하는 i탈락의 수의규칙은 현대국어의
체언에는 흔히 적용되지 않는 것으로서, 곡용에 한정시킨다면 일단
규칙상실에 이르렀다고 할 수 있을 것이다. 만일 이러한 제약규정을
달리하여 역사적으로 관찰한다면, 우리는 체언말에서의 i탈락규칙을
새로이 논의해 볼 만한 흥미 있는 사실을 발견하게 된다.

굴절 이외의 또 다른 음운규칙의 세계는 파생이나 복합과 같은 단
어형성에서 전개된다. 물론 구와 구 사이의 통사론적 구성에서도 있
을 수 있다. 형태소경계가 아니고 단어경계를 본질적으로 요구하는
경우는 통사론적 구성과 함께 지금의 논의에서 제외시킬 수밖에 없
다. 본고의 집중적인 관심이 될 파생의 경우에는 바로 위에서 보인

i탈락규칙과 비슷한 것을 발견할 수가 있다. 만일 '가쟁이, 가장구'(枝)를 [가지+앙이, 가지+앙구]로 분석할 수 있다면, 그것은 중세국어에서의 '가지+애→가재'와 맞먹는 경우라 할 수 있다. 물론 '가지'가 *[갖+이]와 같은 앞선 파생어라면 i탈락규칙이 없이라도 [갖+앙이]식으로 딴 해석이 가능할 것이다. 파생어에 대한 형태소들의 식별은 통시적으로는 모호성에 이끌리게 되고 마는 경우가 흔한 것이다.

'-앙이, -아기, -아리, ······'와 같은 모음으로 시작되는 형태들과의 파생어구성에서 i탈락을 경험한 듯한 예들은 특히 방언자료에서 흔히 발견된다.

토끼+앙이 〉토깽이, 꼬투리+아기 〉꼬투래기, 고삐+앙이 〉고뺑이, 꼬리+앙이 〉꼬랭이, 꼬리+앙지 〉꼬랑지, 줄기+어리 〉줄거리, 단지+아기 〉단재기, 거시+엉이 〉거셍이, *나시+앙이 〉냉이(나생이), *사비+앙이 〉사뱅이

통시론적인 i탈락규칙의 확인은 이미 최근의 졸고에서 논의하였던 '小蝦(혹은 土蝦)'를 뜻하는 '새뱅이/새갱이/생이'에 대한 통시음운론에서 분명하여질 수 있다(졸고 1976:2~3). 통시적인 면에서 흔히 방언을 ㅂ계와 ㅸ계로 나누었는데, 이 방언특징에 따른다면 '새뱅이'는 ㅂ계의 방언형이며 '생이'는 ㅸ계의 방언형이고 '새갱이'는 ㅸ계에서 ㅂ계의 '새뱅이'로부터 차용하면서 'ㅂ → ㄱ'과 같은 gravity 안에서의 자질변경규칙을 적용시켜 재구조화한 방언형이라 할 수 있다. 이들은 [STEM+앙이]의 단어형성을 전제로 한다. '새뱅이'만을 논의한다면, 그것은 [*사비+앙이]의 재구형식으로부터 일정한 음운규칙들이 적용되면서 역사적으로 개신을 겪어 형성된 방언형이라 할 수 있다. 즉

'*사비'가 움라우트규칙의 적용을 받아 [새비]가 되고 이것이 기저형이 된 뒤에 이어서 '-앙이'와 같은 모음으로 시작되는 특정의 파생접미사 앞에서 어간말모음인 i를 탈락시킴으로써 '새뱅이'의 형성이 합리적으로 가능하여진다. 만일 어간 자체가 말음으로서 i를 포함하지 않았다든가(cf. *삽), 아니면 i탈락규칙이 움라우트규칙에 앞서 적용되어서 움라우트규칙이 공전하게 되었다면, [삽+앙이]〉*사방이(~*사뱅이) [사비+앙이]〉사ㅂ앙이〉*사방이(~*사뱅이)와 같은 비현실적인 파생형을 산출해 내게 될 것이다. 때문에 '새뱅이'는 어근형태소를 '*사비'로 재구하여 움라우트규칙과 i탈락규칙이 차례로 적용되는 일종의 feeding relation에 의하여 설명된다.

[사비]

Umlaut	새비
word formation	[새비+앙이]
i-deletion	새 ㅂ 앙이
	⋮
	[새뱅이]

이 '새뱅이'와 같은 파생어형성에서 우리는 쉽사리 i탈락규칙을 확인할 수 있는 것이다. 이 탈락규칙은 현대국어의 굴절상에서는 적용되지 않는 것으로서, 그것은 모음으로 시작되는 특정의 파생접미사 앞에서라는 환경에서 음운론적 및 형태론적 제약을 전제하게 된다.[2]

---

2 흔히 '준말'이라 불리워지는 예들에서도 이와 같은 탈락을 볼 수 있다. 중부방언의 어느 하위방언에서는 '우리 엄마 → 우럼마, 우리 아버지 → 우라버지, ……'와 같은 탈락이 실현되기도 하는데, [저 엄마의 경우에는 '*점마'는 실현되지 않는다. 탈락을 일으키는 경우에도 음절의 길이에 대한 보상을 요구하는 compensatory lengthening

$$i \rightarrow [\text{null}] / X\_]_N + [VY]_{\text{suffix}}$$
$$\begin{bmatrix} \text{derivational} \\ \vdots \end{bmatrix}$$

물론 파생어를 곡용·활용상의 교체와 동등한 자리에서 공시적으로 분석하는 경우에 위의 규칙이 현대국어에 필요한 것이다. 만일 파생어형성을 화석화로 관찰하는 경우라면, 그 규칙은 화석화과정에 적용되는 통시론적인 것이 되지 않으면 아니 될 것이다. '새뱅이'의 음운사를 통하여 i탈락규칙과 함께 단어형성에 관여하는 음운규칙들은 일정한 적용순위가 존재함을 확인할 수가 있었다. 나아가서 방언에 따라서는 축소접미사 '-앙이'에 의하여 지시된 '小蝦'만이 아니라 의미자질이 바뀌어진 '土蝦'(민물새우)를 뜻하기도 하여(小倉進平 1944a:305~306, 졸고 1969:50, 이익섭 1970:73) 재어휘화를 불러일으킨다는 사실도 확인할 수가 있는 것이다. 이러한 어휘상에서의 형태론과 의미론과의 규칙성의 문제는 현재의 논의에는 관심 밖에 있다.

또 하나의 남은 문제는 모음으로 시작되는 파생접미사 앞에서 체언말모음으로서의 i만이 탈락하는가 하는 문제이다. [염소+앙이]→[염생이]의 경우를 보면 i 이외의 모음도 탈락을 보일 가능성을 찾게 된다. '호맹이(호미), 나뱅이(나비), 모갱이(모기), 화래기(화로), 뒷통세기(뒷통수), ……' 등등도 마찬가지의 자료들이 될 것이다. 현재의 논의는 i역행동화와의 상관성에 관심의 초점을 두고 있으므로 이에 대한 논의를 확대할 여유가 없다. 현재의 작업은 잠정적으로 앞에서

은 경험하지 않는다. 형태소경계에서도 i를 탈락시키는 '준말'이 있을 수 있다: 이리로→일루, 그리로→글루, 저리로→절루 등. '준말'을 지배하는 어떤 질서가 있다면 무척 흥미로울 것이다.

보인 i탈락규칙만을 전제로 하여 이어질 것이다.

i탈락규칙과 움라우트규칙과의 관련성의 여부를 더욱 굳혀 주면서 규칙들의 적용순위에 따른 음운사적 의의를 더욱 돋보여 주는 방언 분화형들이 존재한다. 하나의 예로서 '고삐'(轡)를 들 수 있다. 이에 대한 방언형들은 ① 고삐계(고삐, 괴삐, 고빼기, 고뺑이, 괴뺑이, ……), ② 골삐계(골삐, 골뺑이, ……), 및 ③ 전혀 어원을 달리하는 듯한 '이까리, ……, 석' 등이 관찰된다. 이 어원을 달리하는 마지막의 것들을 논외로 하면, ① 고삐계와 ② 골삐계의 두 방언형들은 'ㄹ'탈락(cf. 앎〉앞) 이외에 움라우트 규칙과 i탈락규칙 등이 관여하여 분화되었다고 할 수 있다. '골삐'계는 'ㄹ'을 포함하는 어중자음군이라는 음운론적 제약으로 인하여 움라우트규칙의 적용을 받지 않게 되어 *괼삐'와 같은 움라우트된 방언형이 존재하지 않는다(김완진 1963, 졸고 1971). 무엇보다도 이 자리에서 우리의 관심을 끄는 방언형들은 '고삐~괴삐, 고뺑이~괴뺑이'이다. 이들 가운데서 움라우트규칙만으로 설명될 수 있는 '고삐→괴삐'는 더 이상의 설명을 필요로 하지 않는다. '고뺑이~괴뺑이'는 모두 [고삐+앙이]의 파생어형성을 전제로 하는데, 이의 방언형들은 i탈락규칙과 움라우트규칙의 두 규칙의 적용순위를 상위하게 잡음으로써 합리적으로 설명될 수 있는 것이다. 즉 [고삐+앙이]에 i탈락규칙이 우선 적용되면 어간형태소 안에서의 움라우트규칙의 공전을 보게 되어 '고뺑이~고뺑이'에 이르게 된다. i탈락규칙으로 인하여 움라우트규칙은 결국 '피를 보게 되는' 일종의 bleeding relation에 의존하는 것이다. 이러한 순위와는 달리, 어간형태소인 '고삐'에 움라우트규칙이 적용되면 '괴삐'에 이르고 이어서 i탈락규칙이 적용되면 '괴뺑이~괴뺑이'에 도달하게 된다. 이와 같이 '고뺑이'와 '괴뺑이'는 움라

우트규칙과 i탈락규칙의 적용순위를 달리 잡음으로써 재순위화 (reordering)에 의하여 적절히 설명되어지는 것이다.

	[고삐＋앙이]			[고삐＋앙이]
(A) i-deletion	고ㅃ 앙이	(B) umlaut		괴ㅃ 앙이
(B) umlaut	-	(A) i-deletion		괴ㅃ 앙이
	⋮			⋮
	[고뺑이]			[괴뺑이]

‘고삐’의 방언분화형들의 두 계열인 ‘고삐, 고뺑이’와 ‘괴삐, 괴뺑이’에 대한 위의 짤막한 논의는 i탈락규칙은 물론이고 동화주로서의 i에 의한 움라우트규칙과의 적용순위를 뒤바꾸어 방언어휘의 분화를 보여주는 규칙들의 재순위화의 확인도 일러준다. 이로부터 i탈락규칙과 그것을 둘러싼 규칙과의 확인은 언어분화를 보다 합리적으로 설명하여 주는 데에 필수적이라는 사실이 다시 강조될 수 있다. 이렇게 확인된 i탈락규칙은 움라우트규칙 이외의 또 하나의 i역행동화규칙인 구개음화규칙과는 또 어떤 관련성을 가지는가?

3. i탈락규칙과 구개음화규칙

앞에서 확인한 i탈락규칙이 적용되면 숙명적으로 i역행동화규칙들이 ‘피를 보아’ 형태소경계에서 작용하지 못하고 그 결과로 어간 자체의 교체는 더이상 실현되지 않을 것이다. 만일 이와 반대로 i탈락규칙이 적용되기에 앞서 어떤 음운론적인 규칙들이 적용된다면 그 탈락되는 i에 의한 몇몇 규칙들—i역행동화규칙들—을 가정하게 된다.

이 가정되는 i역행동화규칙들은 구개음화규칙과 움라우트규칙이다. 이 두 규칙들은 이전의 국어연구에서 흔히 별종의 음운현상으로 다루어 온 것인데, 본질적으로 이 규칙들은 i역행동화현상의 범주에 들 것이다(김완진 1975). 다만 국어의 경우에 두 규칙을 차이 있게 하는 것은 인접동화와 비인접동화라는 차이점 외에 구개음화의 피동화음인 구개음은 곧바로 움라우트규칙의 음운론적 제약을 불러일으키는 개재자음이 되기 때문에, 결국 두 규칙들이 상호배타적으로 적용된다는 점이다. 즉 두 규칙은 하나의 규칙범주에 들면서도 음운론적 제약으로 말미암아 동시에 적용될 수 없다. "*사비→새비', '아기→애기'의 경우에는 움라우트규칙만이 관여적이고 구개음화규칙은 비관여적인 데 반하여, '같+이→가치' 등의 경우에는 구개음화규칙만이 관여적이고 움라우트규칙은 비관여적일 수밖에 없다는 말이다. 우리는 이미 앞에서 [사비+앙이]와 [고삐+앙이]의 파생어형성과정을 통하여 i역행동화규칙으로서의 움라우트규칙의 작용을 보았으므로 이제 i탈락규칙과 구개음화규칙과의 관계에 관심을 모은다.

국어에서의 구개음화규칙은 상당히 복잡한 그래서 아직도 정밀하게 기술되지 못한 여러 문제들을 안고 있지만, 우선 음운사적으로 특대를 받아온 두 가지의 유형을 고려할 수 있다. dental palatalization의 대표격인 t-구개음화와 velar palatalization으로서의 k-구개음화가 그것이다. 역사적으로 보면 t-구개음화는 형태구조의 내부에서나 형태소경계에서나 모두 실현될 수 있었으며 k-구개음화는 h-구개음화 및 n-구개음화 등과 마찬가지로 어두에서만(즉 제일음절에서만) 실현되는 제약을 가졌던 것이다. 만일 구개음화규칙의 첨가로 개신을 입어 형태소들이 재구조화되었다고 할 수 있다면, 순수하게 공시론적으로는 k-구개음화는 이미 규칙상실을 경험하여 존재하지 않을 것이며, t-구개음화규칙은 형태소경계에서만 적용되도록 제약되는 것이다. 즉 '길, 기름, 기둥, 기대다, ……' 등이 구개음화규칙에 의한 개신을 받아서 기저형 자체가 '질, 지름, 지둥, 지대다, ……'로 되었다면, 이러한 k-구개음화규칙은 더 이상 필요하지 않게 된다. 또 형태소구조의 내부에 t-구개음화규칙이 적용되어 개신이 일어났다고 한다면, '바디, 뭉티, 디나다, ……'가 '바지, 뭉치, 지나다, ……'와 같은 개신형으로 되어 형태소구조의 내부에서는 t-구개음화규칙이 불필요하게 되고, 오직 [밭+도, 밭+을, 밭+이, ……]와 같은 교체에서 보듯이 형태소경계에서만 관여하게 될 것이다. 이러한 구개음화의 역사적 성격으로 보아 하나의 규칙이 광범위하게 적용되다가 시간선상에서 새로운 음운론적 혹은 형태론적 제약을 받게 되어 그 규칙의 적용의 폭이 좁아지는 규칙의 협소화(narrowing down)가 다시 지적될 수 있다. 물론 이러한 개신형의 설정은 새로운 규칙의 첨가로 빚어지는 개신을 전제로 하였을 경우에만 가능한 것으로서, 추상성의 정도에 대한 문제를 안고 있는 것이다.

　이러한 이론적인 미해결을 남겨둔 채로, 몇몇 단어형성의 실례를 통하여 앞에서 논의했던 형태론적 제약 속에서의 i탈락규칙과 구개음화규칙 등의 역행동화규칙과의 관계 및 그 규칙들의 적용순위를 검토하여 보자.

　우선 k-구개음화의 예로부터 이를 살핀다면, 자연히 k-구개음화규칙의 첨가에 의한 개신을 경험했던 방언들 곧 동남방언, 서남방언, 동북방언 및 이들과 접촉된 중부방언의 일부가 관여할 것이다. 이의 예는 '어두에서'($\#\_$)라는 음운론적인 설명을 요구하는 분포적 제약으로 인하여 극히 드물 수밖에 없다. 아마도 '키'(箕)에 대한 방언형들이 오직 하나의 대표적인 예가 되지 아니할까 한다. 이 '키'는 ㅋ → ㅊ/__{ㅣ, y}를 입은 방언에서는 [치], 그렇지 않았던 방언에서는 [키]일 것임은 말할 것도 없다.

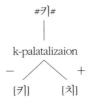

'키'계의 방언에서와는 달리 '치'계의 방언에서는 이 어간에 '-앙이/엉이' 접미사형태소가 부접되는 [치+앙이/엉이]의 단어형성을 볼 수 있다. 그리하여 이 파생어형성에 의한 '쳉이, 쟁이, 채이, 칭이, 치이, ……' 등을 k-구개음화방언에서 관찰할 수 있다(방언에 따라 '치'와 '쳉이'가 축소적인 의미상의 차이를 보이기도 한다). 이 방언형들은 구개음화 이외에 i탈락규칙, 움라우트규칙, 모음조화규칙 및 ŋ-weakening rule 등이 각기 차이있게 적용된 것들로 설명됨은 물론이다. 그런데 이 k-구개음화규칙에 의한 개신을 경험한 방언권에 속하는 동남방언의 한 하위방언인 영덕지역어는 다시 하위지역에 따라 '켕이'와 '쳉이'를 보이고 있다(김형규 1974, cf. 키(箕) 항목).[3] 이 방언분화를 보이게

---

3 필자의 현지조사(1972년 1월)에 의하면 이전에 '반촌'을 형성했던 축산면 상원동의 지역어는 k-구개음화에 의한 개신형을 좀처럼 볼 수 없었고, '읍내'라고 하는 영해면 성내리의 지역에서는 수의적이었고, 어촌('물편')에서는 구개음화에 의한 개신형들을 흔히 볼 수 있었다. 이러한 방언분화에 대한 사회·문화적 요인은 쉽사리 짐작할 수 있을 것이다(교육적, 경제적, 민속적 등등).

된 사회·문화적인 배경을 제쳐 놓으면, 또 하나의 흥미 있는 음운 사적인 현상을 관찰할 수가 있다. 즉 그것은 '고뺑이~괴뺑이'에서와 같이 두 규칙이 그 적용순위를 역순위로 하는 규칙의 재순위화이다.

	[키+엉이]		[키+엉이]
i-deletion	ㅋ 엉이	k-palatalization	치 엉이
k-palatalization	–	i-deletion	ㅊ 엉이
umlaut	[켕이]	umlaut	[쳉이]

위에서 보는 바와 같이 '쳉이'와 '켕이'는 두 규칙의 적용순위를 각각 달리 잡음으로써 설명될 수 있는 것들이다. '쳉이'는 (A) k-구개음화규칙 (B) i탈락규칙의 순서로 또 '켕이'는 (B), (A)의 순서로 형성되었다고 해석된다. '키'와 '치'가 어느 앞선 시기에 수의적으로 공존했었다든가, 아니면 '키'가 '치'의 방언지역에 근래에 들어서서 차용되어 '-앙이/엉이'에 의한 단어형성이 이루어졌다든가, 또 '키'에 유추되어 '쳉이'가 '켕이'로 되었다든가 하는 등등의 문제는 파생어형성사의 음운규칙들의 작용에 관심을 두고 있는 지금으로서는 그리 중요한 것이 못된다. 더욱이 '켕이'는 문자교육에 의한 반촌의 방언형이라는 언어외적인 설명은 사회방언학이나 인류언어학에 미룰 일이다. 그러한 언어적 또는 언어외적 과정에서 음운규칙들이 어찌 적용되었는가 하는 것이 순수한 음운론에서 일차적인 관심이라는 말이다.

이어서 또 하나의 구개음화규칙인 t-구개음화규칙과 i탈락규칙과의 상호관련성을 논의하여 보자. 우선 이러한 관계의 논의를 위하여서는 /-디, -티/ 등의 음운론적 연결을 전제로 하여야 하는데, 이들에 관련되는 단어형성에서의 형태소들의 식별이 우선 해결되어야 할 것이다. [마지](長者)가 [맏+이]로부터의 파생어임은 '맏형, 맏아들, 맏동서, ……'으로부터 쉽사리 확인할 수 있다. 그러나 형태소의 식별이 늘 이렇게 간단하지는 못하다. 만일 형태소의 분석이 상위하게 이루어지면, '-앙이/엉이' 등에 의한 파생어형성사는 엄청난 해석의 차이를 가능하게 하기 때문이다. 이러한 논의를 위하여 우선 '무지/무더기'(群)를 하나의 예로 제시할 수 있다. 만일 '무지'를 하나의 단일형태소로 보고 ⁎무디를 재구한다면, '무더기'는 [무디+어기]의 형태론적 구성에서 i탈락규칙이 먼저 적용되어 t-구개음화규칙이 공전한 채 파생된 것이라 할 수 있다. 그러나 만일 '무지'를 다시 [묻(群)+이(명사파생접미사)]로 분석한다면, '무더기'를 [묻+어기]로부터 i탈락규칙과는 아예 상관함이 없이 파생되었다고 할 것이다. 역사적으로 보면, 적어도 중세국어를 기준으로 보면 후자의 해석은 어려워진다. '무디' 이외에 '묻'을 하나의 어간으로 인정하기가 곤란하기 때문이다. 혹시나 '뭇'(束, 群)을 이와 같은 형태소로 처리한다면, 설음과 치음 사이의 중화규칙을 허용해야만 할 것이다. 그러나 15세기의 국어는 형태소 말의 위치에서 이러한 'ㄷ → ㅅ'의 자질변경규칙은 성립되지 않는 것이었다(이기문 1972a:78~80). 통시음운론에서 15세기의 국어가 최적의 기준이 되는 것은 아니다. 현재로서는 '무지'와 '무더기'는 잠정적으로 다음과 같이 해석할 수 있다.

	⁎무디	[⁎무디+어기]
i-deletion	—	무ㄷ어기
t-palatalization	무지	—
	[무지]	[무더기]

이 '무지/무더기'에 평행되는 또 하나의 예를 든다면 '뭉치/뭉테기'가 있다. 어간으로서 '*뭉티'를 재구한다면 [뭉티+어기]에 i탈락규칙을 적용함으로써 '뭉터기'를 얻게 된다.

	*뭉티	*뭉티+어기
i-deletion	——	뭉ㅌ 어기
t-palatalization	뭉치	——
	[뭉치]	[뭉터기]

'-어기→-에기'와 같은 움라우트규칙이 적용되면 '뭉테기'가 유도될 것이다. '무지, 뭉치'와는 달리 '무더기, 뭉터기'는 i탈락규칙이 먼저 적용됨으로써 t-구개음화규칙은 공전한 bleeding order에 의한 파생형들임을 알 수 있다.

[어간+이]의 파생형식이 분명한 예로서는 허다하지만, '못'(釘)의 방언형들인 '못, 모디, 모지, 모다귀, 모다구, ……'의 경우를 고려할 수 있다. 중세국어가 보여 주듯이 '*몯'으로부터 변화 혹은 파생된 것이다. '몯→못'은 '쁟(志)→뜻'에서와 같이 체언말에서의 stridentization (ㄷ→ㅅ/__#)을 경험하여 개신된 것이며, [몯+이]와 [몯+아귀]의 파생어형성에서 '모디, 모지'와 '모다귀, 모다구' 등이 각각 반사된 것이다. 구태여 [모디+아귀]로부터 i탈락규칙을 적용시켜 유도할 필요는 없는 것이다. '모디'를 한 형태소로 삼으면 '못'의 유도를 위하여 제약 환경이 명백하지 못한 i탈락을 적용시켜 해석하여야 하기 때문이다.

위의 형태소식별과는 달리 음운론적인 연결인 /디/가 어간형태소의 말음절이 아니고 파생접미사일 수도 있다. 그것은 [어간+디+아기/어기] 등의 형태소분석이 가능할 것이다. 이에 대한 논의는 그만큼 더 장황하여지게 되는데, 그 예로서는 방언량이 큰 단어족인 '穀'을 뜻하는 방언형 등을 들 수 있다. 이의 분화형들로는 ① 거풀, 꺼풀, ……, ② 껍지, 껍질, 껍질, ……, ③ 껍닥, 겁닥, 껍덕, 껍데기, …… 등이 있다. 이들의 형태소로의 분석은 현재로서 명쾌하게 확언할 수는 없지만, ① [STEM+을] ② [STEM+디(+을)] ③ [STEM+디+악/억(+이)]의 유형을 각각 상정할 수 있다. 이들에 관련되는 어근의 사적 자료로서는 15세기의 '거피'가 우선 우리에게 주목된다.

　　나못 거피라(묘법연화경언해 1:220)

　　거피 앗다(구급방언해 하:59)

이 '거피'가 다시 '겊+이'로 분석될 가능성이 있는지에 대하여는 현재의 문헌자료만으로는 알 길이 없다. 만일 '거피'를 하나의 형태소로 본다면 '거플'은 명사에 부접되는 접사인 '-을/을'과의 구성에서 i탈락 규칙이 적용된 것으로 볼 수 있고, 만일 '겊'을 하나의 형태소로 확립할 수 있다면 i탈락규칙의 적용은 그 조건에서 보아 요구조차 받지 않을 것이다. 형태소의 분석에 대한 위의 두 가지 가능성 가운데서 [겊+디(+…)]로부터 산출된 여러 반사형들을 고려하면 '겊'을 사적인 어근형태소로서 간주하여 무방하지 아니할까 한다. 15세기의 '거피'는 [폴+이] 〉 푸리(繩), [엄+이] 〉 어미(母), ……(cf. [몯+이] 〉 모디)와 같이 [겊+이]로부터 파생어가 된다. 이에 따라 우리는 ① 거풀계는 [겊+을]로 ② 껍지와 껍질계는 [겊+디(+을)]로 분석하고, ③ 껍덕, 껍데기 등의 계는 [겊+이+악/억(+이)]로 분석할 수 있다. [겊+을(〉 거풀)에서의 파생접미사 '을/을'은 '몇~며츨(〉 며칠)' 등과 같은 예들로부터 보아 그 확인이 전혀 불가능한 것이 아니다. [겊+디(+…)]와 같은 형태론적 구성에서 어근에 부접하는 파생접미사 '-디'의 설정 가능성에 대하여는 이미 암시된 바가 있다(이숭녕 1957:86). 즉 '디+악 → 닥, 디+앙 → 당, 디+악+이 → 다기, 디+앙+이 → 당이, 디+아괴 → 다괴(다귀), ……'와 같은 형식을 보이는 것이다. 이 복합파생접미사의 형성도 i탈락규칙─체언말모음 자체의 경우는 아니지만─을 전제로 하게 된다. 이상과 같은 복잡한 형태소로의 분석에 의존한다면, '겁지~껍지'와 '겁질~껍질'은 'ㅍ → ㅂ'의 필수적인 중화규칙과, 수의적으로 방언이나 세대에 따라 적용되는 어두경음화 이외에 t-구개음화규칙이 적용되어 형성된 방언형들이라 할 수 있다. 그 중에서 '-을/을'에 의하여 형성된 '겁질~껍질'은 [겁+디+을] → 겁지+을 → 겁ㅈ을 → 겁즐 → 겁질'의 과정에서 보듯이, t-구개음화, i탈락 및 치찰음 아래에서의 전설모음화(ㅡ 〉 ㅣ)(졸고 1970b) 등등의 여러 규칙들이 차례로 적용된 것이라 할 수 있다. 즉 t-구개음화규칙이 적용된 다음에 '-을/을'에 의한 i탈락규칙이 적용되었다고 할 수 있다. 만일 i탈락규칙이 먼저 적용되면 t-구개음화규칙은 헛돌게 되어 현실적이 아닌 *겁들~*겁딜'이 유도되어야 하기 때문이다. 즉 '겁질'은 t-구개음화와 i탈락의 두 규칙들이 feeding order로 적용되었다고 할 것이지 bleeding order로 설명될 것은 아니다.

한편 '겁닥~껍닥~껍덕'과 '껍데기' 등의 방언형들은 '-악/억, -아기/어기'와 같은 형태소에 의하여 [겁+디]가 i탈락규칙의 적용을 우선받고, 이어서 t-구개음화규칙이 공허하게 적용되어 'ㄷ'이 유보되어 있는 결과를 가져왔다고 할 수 있다. 만일 t-구개음화가 먼저 이루어지고서 'i탈락'이 feeding order로 적용되었다면, 역시 비현실적인 *겁적, *겁제기, ……'를 유도하게 될 것이다.

 '껍질'과 '껍데기'는 요컨대 각각 feeding order와 bleeding order로 설명될 수 있으며 이 양자 사이에는 구개음화규칙과 i탈락규칙과의 역순위에 의한 재순위화로 설명되어지는 것이다.

		[겁+디+을]			[겁+디+억]
(A)	t-palatalization	겁 지 을	(B)	i-deletion	겁 ㄷ 억
(B)	i-deletion	겁 ㅈ 을	(A)	t-palatalization	——
		⋮			⋮
		[껍질]			[껍덕]

 위의 파생어형성에서의 규칙들의 순위는 '-을'과 '-억'의 상이한 형태소들 앞에서 논의되었지만, t-구개음화규칙과 i탈락규칙의 두 규칙의 적용에 있어서 그 directionality를 고려함이 없이는 합리적으로 설명될 수는 없을 것이다.

 '껍질'과 '껍데기'의 경우와는 달리 동일한 파생접미사에 의한 규칙 재순위화로 설명될 수 있는 예도 없지 않다. 하나의 예로 '꽃봉우리'(花蕾)에 대한 방언형들인 '꽃봉, 꽃봉지, 꽃봉다리, 꽃봉자리, 꽃봉생이, ……' 들이 제시될 수 있다. 이들의 형태론적 구성은 대체로

 [[[꽃][봉-]]ₙ [⋯]suf. ([⋯]suf.)]ₙ

와 같다. '(꽃)*봉디'와 같은 재구형으로부터 t-구개음화규칙의 적용을 받으면 [꽃봉지]가 유도되는데, '봉다리'와 '붕자리'는 다시 규칙들의 재순위화로 설명될 수밖에 없다. 즉 [봉+디+아리]의 구성에서 i탈락

이 실현되고 t-구개음화규칙이 공허하게 적용되면 [봉다리]가 분화되고, 역으로 t-구개음화규칙이 적용되고 이어서 i탈락규칙의 실현을 보게 되면 [봉자리]에 이르게 된다.

	[봉+디+아리]			[봉+디+아리]
(A) i-deletion	봉 ㄷ 아리	(B) t-palatalization		봉 지 아리
(B) t-palatalization	———	(A) i-deletion		봉 ㅈ 아리
	[봉다리]			[봉자리]

  이상 많지 않은 예시를 통하여 파생어형성을 전제로 하는 어휘들의 분화형들은 i탈락규칙과 구개음화규칙과의 관련 속에서 설명하여 보았다. 논의하는 가운데 비록 명확하지 못한 형태소의 식별이 있었을지라도, 우리는 i탈락규칙과 구개음화규칙과의 관련성을 저 앞의 움라우트규칙과의 논의에서처럼 믿게 되는 것이다. 본고에서 강조하고 싶었던 점은 바로 이것뿐인 것이다.

  음운론적 과정에 앞서는 형태론적 명시화는 결국 형태소의 식별을 요구하기 때문에, 만일 필자가 가정한 형태소들―그 의미조차 제시하지 않았지만―이 새롭게 설정된다면, 전혀 새로운 설명도 불가한 것은 아닐 것이다. 여하튼 움라우트규칙과 구개음화규칙 등의 i역행동화규칙들은 i탈락규칙과의 적용에 있어서 규칙들의 여러 적용순위들로 각기 다른 어휘형식들을 분화시키고 있다고 할 것이다.

4. 결론

필자는 언어현상을 공시론적으로든 통시론적으로든 규칙이 지배하는 현상(rule-governed phenomena)으로서 전제하고 특정의 파생어 형성의 음운사에 관여하고 있는 사적인 규칙순위와 그에 의한 방언 분화를 논의하여 보았다. 관심의 초점이 되었던 규칙은 움라우트규 칙과 구개음화규칙 등의 i역행동화규칙이었기 때문에, 선택된 특정의 파생어형식은 자연히 그 i역행동화규칙들에 관련될 수 있는 것에 한정되었다. 이에 따라 파생어의 어간형식은 i로 끝나는 것일 수밖에 없었다. 이러한 i로 끝나는 어간을 포함하는 파생어형성에서 '-악/억, -아기/어기, -앙/엉, -앙이/엉이, -을/을, -아리/어리, ……' 등과 같은 모음으로 시작되는 파생접미사 앞에서 그 어간의 말모음의 탈락규칙 특히 i탈락규칙을 확인할 수 있었다. 나아가서 이 i탈락규칙과 i역행 동화규칙들과의 음운사적인 관련성을 보다 분명하게 파악하게 되었다. 즉 i탈락규칙이 먼저 적용되면 자연히 i역행동화규칙들은 적용될수 없어서 공전하게 되는데(bleeding order), 역으로 i역행동화규칙이 먼저 적용되고 이어서 i탈락규칙이 실현되기도 하여(feeding order), 결국 두 규칙순위에 의한 세트 사이에서 규칙재순위화(rule reordering) 가 성립하게 된다. i역행동화규칙의 범주에 드는 움라우트규칙과 구 개음화규칙은 그 음운론적인 제약으로 인하여 상호배타적으로 적용 되기 때문에, i탈락규칙에 앞서 i역행동화규칙이 적용되는 경우 움라 우트규칙과 구개음화규칙 둘 가운데서 음운론적 조건에 따라 어느 하나만이 관여하게 된다.

파생형 Ⅰ	파생형 Ⅱ
	(B) 움라우트규칙
	혹은
	구개음화규칙
(A) i탈락규칙	
(B) 움라우트규칙	
혹은	(A) i탈락규칙
구개음화규칙	
(새비)	새뱅이
고뺑이	괴뺑이
켕이	켕이
무더기	(무지)
껍데기	껍질
(꽃)봉다리	(꽃)봉자리
⋮	⋮

우리는 이전의 언어연구에서 굴절상에서보다는 파생이나 복합의 경우가 음운변화에 있어서 보다 보수적이라는 사실을 강조하였던 사실을 똑똑히 기억하고 있다. 필자 자신도 이러한 보수성에 대한 관심을 보인 바 있으나, 공시론적인 해석에 초점을 두었기 때문에 그 음운사적인 이해는 '화중지병' 격이었던 것이다. 음운변화에 있어서 이전의 모습을 고집하고 있을 때 그것을 통시론적으로는 '화석화'라고 불러왔으며, 혹은 reminiscent sandhi-form이니 relic form이니 하여 즉 음운변화의 잔재로서 가볍게 처리하여 왔다. 물론 공시론적인 분석을 하려고 할 경우에는 일정한 언어범주에 의한 규칙의 범주화로 그 예외적인 듯한 것을 설명하기도 하였다. 이러한 음운변화의 보수성 내

지는 화석화라고 하는 통시적인 과정을 필자는 규칙들에 의하여 보다 명료하게 그리고 합리적으로 설명하려 하였던 것이다.

[《진단학보》 42, 1976]

붙임: 조어(造語) 즉 새로운 단어를 구축함에 관여하는 음운규칙은 그리 단순치 않다. 지방 곳곳을 누비며 듣는 방언 속에서 가장 많이 귀에 들어오는 형태들의 하나로 파생어형성으로 보이는 방언형들 중 -i-(-아기/어기, -앙이/엉이, -아리/어리 등등)에 의한 역행동화규칙(움라우트, 구개음화 등)과 '-디, -티'(+ -아기/어기 ……)에서의 모음충돌회피에 따른 i모음탈락규칙 같은 것들이다. 이로부터 두 규칙 사이의 관계는 어떠한가 하는 가벼운 고충을 털어놓는다. 작고 복잡한 현상이지만 실제의 언어생활에서 너무 자주 부딪친다. Simple is scientific이라, 복잡하기에 말끔히 처리해야 하긴 할 텐데….

참고문헌

김완진(1963), 국어 모음체계의 신고찰, 《진단학보》 24.

김완진(1971), 음운현상과 형태론적 제약, 《학술원논문집》 10.

김완진(1975), 전라도방언 음운론의 연구방향 설정을 위하여, 《어학》(전북대) 2.

김형규(1974), 《한국방언연구》, 서울대 출판부.

안병희(1959), 15세기국어의 활용어간에 대한 형태론적 연구, 《국어연구》 7.

안병희(1967), 한국어 발달사: 문법사, 《한국문화사 대계 V》, 고려대 민족문화연구소.

이기문(1972a), 《국어음운사연구》(한국문화연구총서 13), 서울대 한국문화연구소.

이기문(1972b), 《개정 국어사개설》, 민중서관.

이병근(1969), 방언 경계에 대하여, 《한국문화인류학》 2.

이병근(1970a), Phonological and Morphonological Studies in a Kyonggi Subdialect, 《국어연구》 20.

이병근(1970b), 19세기 후기 국어의 모음체계, 《학술원논문집》 9.

이병근(1971), 운봉지역어의 움라우트 현상, 《김형규박사 송수기념논총》, 일조각.

이병근(1975), 음운 규칙과 비음운론적 제약, 《국어학》 3.

이병근(1976), '새갱이'(土鰕)의 통시음운론, 《어학》(전북대) 3.

이숭녕(1957), 국어조어론시고, 《진단학보》 18.

이익섭(1970), 전라북도 동북부지역의 언어분화, 《어학연구》(서울대) 6-1.

홍윤표(1969), 15세기국어의 격연구, 《국어연구》 21.

小倉進平(1944), 《朝鮮語方言の研究(上)》, 東京: 岩波書店.

국어의 장모음화와 보상성

1. 서언

현대국어는 이미 잘 알려진 바와 같이 모음의 장단에 의한 음운론적 기능을 가지고 있는 시간언어에 속한다. 그리하여 모음들은 단모음계열과 장모음계열의 두 부류로 구분된다. 이러한 시차성은 기저에서의 음운론적 가치이거니와, 한편 표면적인 음성화에 의해서 다시 장모음계열과 단모음계열과의 두 계열이 존재한다. 기저에서의 장모음이 일정한 구조적 환경에 의하여 단모음으로 음성화할 수도 있고, 반대로 기저에서의 단모음이 일정한 음운규칙의 적용을 받아 장모음으로 음성화할 수도 있다.

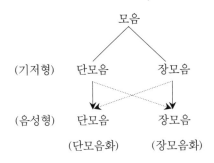

즉 단모음의 실현은 장모음에 대한 단모음화규칙의 적용에 의존하기도 하고 단모음에 대한 공전적인 규칙 적용에 의존하기도 하며, 장모음의 실현은 단모음에 대한 장모음화규칙의 적용에 의존하거나 장모음에 대한 공전적인 적용에 의존하기도 한다.

    A   B

1. 곱:+아 → 고와   보+아 → 봐:

2. 남:+기다 → 남기다   나+이다 → 내:다

3. 눈:(雪) → 눈(사람) 다음 → 담:

   A계열의 것은 단모음화에 관련된 것들이며 B계열의 것은 장모음화에 관련된 것들이다. 또한 1은 활용의 경우이며, 2는 '사동화'라는 형태론적 범주에 관한 경우이며, 끝으로 3은 통시적인 음운변화를 반영하는 경우이다.

   이러한 음장에 관련되는 여러 음운현상들 가운데서 필자는 이미 단모음화규칙을 졸속으로나마 다룬 바 있으므로(졸고 1975), 이제 본고에서는 장모음화규칙을 정밀화시켜 보고자 한다. 그중에서도 모음

탈락과 모음축약—정확히는 음절축약—에 의하여 빚어질 수 있는 비음절화에 대한 보상적 장모음화(compensatory lengthening)에 관심의 초점을 두고자 한다. 정서적 기능을 나타내는 expressive feature로 처리될 수 있는 '똑똑하다 → 똑:똑하다' 등의 경우는 현재의 관심에서 제외시킬 것이다.

장모음화의 구조적 환경은 주로 개음절어간들과 모음계 접사들과의 결합에서의 그것이 되겠는데, 때로 이들 환경에서 탈락이 가능한 가변적 자음들을 어간의 말자음으로 기저형에서 지니는 경우도 논의가 될 것이다. 모두 음운론적 규칙들에 관여되는 것으로 형태론적 규칙(특히 조어론적 규칙)이나 음운변화를 이끄는 통시론적 규칙은 본고에서 보충적인 것들로만 고려될 것이다.

음장에 관한 기술은 19세기의 후반기로부터 있어 왔으나, 그것들은 문자제정과 관련된 논의이든가 아니면 음장의 시차성의 파악을 위한 기술에 지나지 않는 것들이었다.[1] 남광우(1962)에서 활용 및 한자음 등의 경우 음장의 변화를 다루었는데, 단모음화와 장모음화가 모음탈락과 모음축약과는 어떠한 유기적 관련성을 지니며 나아가서 기저모음과의 상관성이 어떠한지를 상당히 정밀하게 논의한 것은 최근에의 일이었다(김완진 1972, 졸고 1975, 김진우 1976). 이들에 의하여 모음음장이 행동하는 음운론적 기능들이 그 윤곽을 비로소 드러내게 되었다. 그런데 김완진(1972)와 김진우(1976)에서 음장에 대한 인식상의 차이와 그에 따른 해석상의 상위 등이 심각하게 드러나기

---

1 *La grammaire coréenne*(1881)는 '밤(夜) : 밤:(栗)' 등에서 볼 수 있는 시차성에 대한 관심을 보여 주었고, 리봉운의 《국문정리》(1897)는 'ㅏ'와 'ㆍ'가 장단의 구별을 표기한다는 문자에 대한 관심을 보여 주었다(cf. 졸고 1976).

때문에,[2] 필자는 음운규칙으로서의 장모음화규칙을 서울·경기지역의 구어적인 자료를 중심으로 기술하려는 것이다. 음운론적인 이유로 이루어질 수 있는 장모음화는 두 모음의 결합에서라는 구조적 제약 때문에, 현재의 관심을 공시적인 음운현상에 국한시킨다면 자연히 개음절어간과 모음계접사와의 결합에서 나타나는 두 모음의 음운행위에 기술의 초점을 맞추게 된다. 형태소경계의 앞뒤 두 모음이 모음탈락이나 모음축약에 의하여 하나의 모음으로 나타나면서 두 음절이 하나의 음절로 줄어드는 한 음절의 비음절화에 대한 그 보상으로서의 장모음화가 경우에 따라서 가능할 수 있다. 구조상에서의 시간단위의 유지라고 할 수 있는 보상적 장모음화규칙의 정밀화가 바로 본고의 목적이 된다.

본고의 이러한 목적에 한정되는 장모음화규칙을 살피기 위한 모음계접사들은 '어/아'계 접사들과 '으'계 접사들로 크게 두 부류로 나뉜다. '어/아'계 접사들은 개음절어간과의 결합에서 모음탈락이나 모음

---

2 두 논문에서 나타난 차이를 보여주는 단적인 예들을 들면 다음과 같다.

김완진(1972:292)	김진우(1976:50)
보아서 → 봐:서	보아 → 봐
두어서 → 둬:서	두어 → 둬
놓아서 → 놔:서	놓아 → 놔
쏘:아서 → 쏴:서	쏘:아 → 쏴:

이러한 자료상의 차이는 해석상의 차이로 발전하게 된다. 즉 단모음화의 동기화가 김진우(1976)에서는 기저형의 장모음에서 비롯되겠으나, 김완진(1972)에서는 기저형의 단모음(긴장모음)에 관계없이 glide화에 의한 '수약의 규칙'의 적용으로 실현되겠다 할 수 있다. 동남방언의 성조현상에 부수되는 음장현상은 중부방언의 그것과 상당한 차이를 보인다(cf. 최명옥 1976).

축약 또는 glide화 등에 관여될 것이고, '으'계 접사들은 개음절어간과의 결합에서 주로 모음탈락에 관여된다.

2. glide형성규칙과 장모음화

국어의 용언어간들 가운데서 'ㅜ'나 'ㅗ' 또는 'ㅣ'로 끝나는 개음절어간들이 '어/아'계 접사들과 결합하는 경우에, 그 어간말모음들은 자질변경을 일으켜 각각 w와 y로 glide화한다. 이 glide형성규칙은 용언어간에만 적용되고 체언어간에는 적용되지 않는 통사론적 범주에 따른 제약을 받는다(김완진 1972, 졸고 1975, 이병건 1976).

	A	B			A	B	
가꾸+어	→	가꾸어~가꿔			(가꾸었다~가꿨다)		
나누+어	→	나누어~나눠			(나누었다~나눴다)		
다투+어	→	다투어~다퉈			(다투었다~다퉜다)		
싸우+어	→	싸우어~싸워			(싸우었다~싸웠다)		

	A	B			A	B	
즐기+어	→	즐기어~즐겨			(즐기었다~즐겼다)		
붐비+어	→	붐비어~붐벼			(붐비었다~붐볐다)		
흘리+어	→	흘리어~흘려			(흘리었다~흘렸다)		
디디+어	→	디디어~디뎌			(디디었다~디뎠다)		

위에 주어진 간단한 예들을 통해서 glide형성규칙의 존재를 확인할

수 있는데, 두 모음의 연결을 유지하고 있는 A계열에 glide형성규칙이 적용되어 B계열이 형성된다. 이때 A→B는 비록 수의적이기는 하나, 오히려 glide화를 이룬 B계열이 훨씬 구어적인 것으로 여겨진다.

(1) $\begin{bmatrix} u \\ i \end{bmatrix} \rightarrow [+\,\text{glide}]\,/\,\underline{\quad}\,]_{\text{verb stem}} + \partial$ (수의적)

용언어간과 활용어미 사이라는 일종의 형태소경계의 앞뒤에서 결합되는 두 음절의 두 모음연결은 이 수의적인 [규칙 1]에 의하여 이중모음으로 나타나서 결국 하나의 음절로 계산된다. glide화로 인한 이러한 비음절화에 있어서의 잃어버린 하나의 음절에 대한 보상 여부는 위의 자료들이 이음절(이상) 어간들이기 때문에 보상적 장모음화에 대한 아무런 정보도 직접적으로 제공하여 주지 못하여 가려지지 않는다.

국어의 음장이 표면적으로 두드러지게 차이를 보여 주는 경우는 이미 지적한 바와 같이(졸고 1975:21) 단어의 제일음절에서뿐이다. 하나의 형태소가 기저에서 장모음을 포함하는 경우도 제일음절에 한하므로 장모음의 음절이 후속되는 환경에 의하여 음장의 교체를 일으키는 경우는 그 장모음 음절 다음에 바로 형태소경계가 오는, 즉 단음절 어간형태소들에 한하게 된다. 그리하여 현재의 관찰을 우선 단어들의 제일음절의 경우로 돌린다면, 결국 'ㅜ'와 'ㅗ' 및 'ㅣ'로 끝나는 개음절의 단일형태소 어간들이 '어/아'계 접사들에 의하여 glide화하는 경우가 된다. 이 경우에 시간언어에 속하는 방언들에서는 glide화에 의한 이중모음들이 장모음으로 실현된다.

우선적으로 'ㅜ'와 'ㅗ'의 개음절어간들부터 검토하여 보자.

꾸+어 → 꾸어~꿔:　　　누+어 → 누어~눠:

두+어 → 두어~둬:　　　주+어 → 주어~줘:

추+어 → 추어~춰:　　　보+아 → 보아~봐:

즉, 위의 예들이 보여주는 음운현상은 이른바 모음조화규칙을 제외한다면 [규칙 1]에 의한 glide화와 단모음화와의 둘인 셈이 된다. 다시 말하자면, 접사 '어/아' 앞에서 수의적으로 'ㅜ'와 'ㅗ'가 w로 glide화하여 이중모음을 형성하게 되는

(2) u, o → w / ＿ + ə/a (수의적)

와 같은 규칙과, 다시 glide화한 w 다음에서 '어/아'가 장모음화하는

(3) ə, a → [+long] / # (C) w ＿

와 같은 규칙이 참여한다고 할 수 있다.[3] 그러나 (2) → (3)과 같은 순서로 glide화 규칙과 장모음화규칙의 별개의 두 규칙이 차례차례 적용된 것이 아니다. 오히려 두 규칙이 동시에 적용된 것(simultaneous rule application)이든가 두 규칙이 아닌 단일규칙(single rule)일지도 모르겠다.

---

[3] '오-'(來)는 [규칙 2]만이 필수적으로 적용되고 [규칙 3]은 적용되지 않는다. 따라서 [*오 아]라든가 [*와]는 일반적으로 실현되지 않는다. 이것은 보상적 장모음화에 대한 한 예외라 할 수밖에 없다.

(4)   u, o + ə/a → w   ə:/a:
      1   2   1   2

[(glide화) (장모음화)]

음운체계에 있어서의 가장 기본적인 시간단위는 음절이라 할 수 있는데(Grundt 1976), 비음절화에 대한 시간단위의 보상을 접사어미의 장모음화로 받는 것이 바로 위의 [규칙 4]이다. 따라서 이는 시간단위를 유지하기 위하여 내적 재조정의 형식을 취한 일종의 보상적 장모음화규칙인 것이다. '질량 불변의 법칙'에 평행시켜 '시간단위 불변의 법칙'이라 할 만하다.

'어/아'에 의하여 glide화를 실현시키는 개음절어간의 기저형이 단모음이 아니라 장모음일 경우에도 역시 보상적 장모음화를 실현시킨다.

고:+아 → 고아~과: 꼬:+아 → 꼬아~꽈:
쏘:+아 → 쏘아~쏴: 쪼:+아 → 쪼아~쫘:
호:+아 → 호아~화:
꾸:+어 → 꾸어~꿔: 쑤:+어 → 쑤어~쒀:

위의 예들이 보여주듯이, 이들 장모음어간들은 두 가지의 규칙의 지배를 받고 있다. 모음접사들에 의한 단모음화규칙이 그 하나요, 위에서 말한 수의적인 [보상적 장모음화규칙 4]가 또 하나이다. 이미 잘 알려진 바와 같이 국어의 장모음어간은 모음어미 앞에서 단모음화한다(웃+어→웃어, 남+아→남아 등).

(5) $V \rightarrow [-long] / \underline{\quad}_{verb\ stem} + [V\cdots]$

이 단모음화규칙(남광우 1962:263, 김완진 1972:286, 졸고 1975:21)에 의하여 '고+아'는 '고아'가 되고 다시 '과:'로 glide화에 의한 보상적 장모음화를 경험한다. 즉 [규칙 5]→[규칙 4]와 같은 계기적 규칙적용의 순위에 의한 것이다.

glide화에 따르는 보상적 장모음화의 동기를 개음절어간의 기저에서의 장·단에 두려는 시도가 있을 수 있으나, 이미 김완진(1972:292)에서도 지적된 바와 같이 그러한 시도는 무의미한 것이다.

꾸다(夢) : 꾸+어 → 꾸어~꿔:
꾸:다(借) : 꾸:+어 → 꾸어~꿔:

따라서 개음절어간의 장단에 관계없이 glide화가 이루어지면 필수적으로 장모음화한다고 요약할 수 있다. 이러한 결론에 따른다면 다음절어간의 제2음절 이하에서의 glide화는 표면적으로 장모음화를 수반하지 않는데, 이는 어찌 설명될 것인가? [규칙 4]가 '가꾸+어 → 가꾸어~가꿔'에도 동일하게 적용된다면 '가꿔:'를 얻어야 마땅한데, emotive function을 나타내는 경우를 제외한다면 이러한 제2음절 이하에서의 장모음화는 표면적으로 실현되지 않는다. 그런데 현대국어에서의 장모음의 음성적 실현은 오직 제1음절에서만 가능하여 기저에서의 장모음이 하나의 breath group의 제2음절 이하에 놓이는 경우 모두 단모음으로 실현된다(졸고 1975).

(6) $V \rightarrow$ [-long] / $X]_{syll.}$ + $\begin{Bmatrix} + \\ \# \end{Bmatrix}$ —

[규칙 4]에 의하여 비록 '가꾸+어 → 가꾸어 → 가꿔'가 이론적으로 가능하여도 [규칙 6]에 의하여 결국 '가꿔'로 실현된다. 말하자면 [규칙 6]은 '세:상+사:람 → 세:상 사람'에는 뚜렷이 적용되나 '가꾸어~가꿔'에는 숨겨져 적용된 것이다.[4]

	꾸+어	꾸:+어	가꾸+어
(5)	——	꾸어	——
(4)	꿔:	꿔:	가꿔:
(6)	——	——	가꿔
	[꿔:]	[꿔:]	[가꿔]

'모으-'(蒐)는 고모음 'ㅡ'의 삭제에 의한 보상적 장모음화를 입어 재구조화된 새로운 어간인 '모:-'로도 쓰인다. 이 중에서 '모으-'는

A	B	C
모으고	모으리까	모아다~뫄:다
모으지	모으니까	모아서~뫄:서
모으던	모으시고	모았다~뫘:다

등과 같이 활용하는데, A의 경우에는 어간말의 'ㅡ'가 자음어미 앞에

---

4 '꿈(을) 꾸다, 돈(을) 꾸:다' 등도 만일 '꿈꾸다, 돈꾸다' 등과 같이 복합어화한다면, 마찬가지의 결과에 이른다: 꿈꾸어~꿈꿔(*꿈꿔:), 돈:꾸어~돈:꿔(*돈꿔:).

서 유지되고 B의 경우에는 '으'계의 어미와의 결합에서 그 'ㅡ'가 탈락되었으며 C의 경우에는 '어/아'계의 어미 앞에서 '으'탈락을 입고서 이어 수의적으로 보상적 장모음화를 일으켰다. 구어에서 흔히 쓰이는 '다음〉담:'과 같은 개신형인 '모으-〉모:-'는 다시 다음과 같은 활용표를 보여 준다.

모:고	모:리까	모아다~뫄:다
모:지	모:니까	모아서~뫄:서
모:던	모:시고	모았다~뫘:다

이는 앞에서 이미 보인 기저형이 장음적 음절로 된 어간의 경우에 해당된다. '으' 모음어미와의 결합에서는 'ㅡ'만을 우선 탈락시킴으로써 어간의 장음을 유지하며(후술 3. 참조), '어/아' 모음어미와의 결합에서는 [단모음화규칙 5]와 수의적인 [보상적 장모음화규칙 4]의 적용을 받는다.

이상에서 'ㅗ' 또는 'ㅜ'로 끝나는 개음절어간들이 '어/아' 접사와의 결합에서 수의적으로나마 보상적 장모음화를 경험한다는 사실을 논의하였다. 이때 그 어간의 기저형의 음장상의 차이는 직접적으로는 장모음화에 관여하지 않는다. 다만, 단모음어간일 경우에는 모음접사 '어/아'에 의하여 일단 단모음화를 입고서 이어서 수의적으로 glide화에 의한 장모음화를 실현시키게 되는 것이다.

개음절어간 가운데서 접사 '어/아'에 의하여 glide화를 보여주는 것으로 또한 'ㅣ' 어간이 있다. 이 어간말모음 'ㅣ'가 '어/아'에 의하여 i→y와 같은 glide화 즉 일종의 비음절화를 경험하면 단일형태소의 어간들은 그 접사 '어/아'를 동시적으로 단모음화시킨다. 물론 용언의 활용에 한정된다.

(7) $i \rightarrow y /$ ____$_{\text{verb stem}}$ $+ \partial$

(8) $\partial \rightarrow [+\text{long}] / y +$ ____

이 (7)과 (8)을 동시적으로 적용하면, 이 보상적 장모음화규칙은

(9) $i + \partial \rightarrow y [+\text{long}]$
    1 2   1   2

정도의 규칙이 된다. 이 규칙에 의하여 결과적으로 도출되는 이중모음은 현대국어의 모음조화규칙에 의하여 [yə:]만이 존재하게 되는데, 그것도 'ㅓ'는 상향된 [ə]이다.

기+어 → 기어~겨:[5]	시+어 → 시어~셔:
끼+어 → 끼어~껴:	이+어 → 이어~여:
띠+어 → 띠어~뗘:	피+어 → 피어~펴:

위의 자료 중에서 '피+었다→폈다'가 '피우다〉피다'로부터의 '폈다'에 비하면 그리 길게는 느껴지지 않으나, '(손을) 펴+었다→폈다'가 분명히 단음으로 인식되는 것에 비하면 '(꽃이) 폈:다'는 장음으로 인

---

5 '기'(罷)는 음장에 있어서 세대차를 보인다. '기:-'인 경우에는 후술한 바와 같이 '기:+어→기어~겨:'의 과정을 경험한다. 즉 모음어미에 의한 단모음화와 (glide화에 의한) 보상적 장모음화의 두 규칙의 적용을 받는다.

식되는 것이다.

어간모음이 장음인 'ㅣː'인 경우에는 'ㅜ' 개음절어간의 경우에서와 동일한 음운규칙들이 작용되어 역시 보상적 장모음화가 실현된다.

	비ː+어	삐ː+어	미ː+어	이+어
(5)	비어	삐어	미어	——
(9)	벼ː	뼈ː	며ː	여ː
	[벼ː]	[뼈ː]	[며ː]	[여ː]

단모음어간에 대해서는 공허하게 적용되는(cf. 이+어 → 이어) [단모음화 규칙 5]에 의하여 '비ː+어 → 비어'가 실현되고 이어서 수의적으로 glide화에 의한 [보상적 장모음화 규칙 9]의 적용을 받는다. 우리가 이미 w-glide화에 의한 보상적 장모음화의 기술에서 관찰하였거니와, 위의 y-glide화에 의한 그것도 개음절어간의 기저상에서의 음장과는 무관하다고 할 수 있다. 다만, 장모음어간에 대해서는 단모음화 규칙에 의한 중간적 형식이 단모음어간과 동일하게 된다는 사실이 주목되어야 할 것이다. 또한 주목해야 할 것이 glide화는 모음의 제로화인 모음탈락과 엄격히 구별해서 처리되어야 하는 점이다(후술 3. 참조).

'ㅗ, ㅜ' 개음절어간 가운데서 장모음화의 예외로 '오+아 → 와(*와ː)'가 존재하였듯이, 'ㅣ'음절어간 가운데서도 이에 대한 예외들이 역시 존재한다.

지+어 → 지어(~져)~저(*저ː)
찌+어 → 찌어(~쪄)~쩌(*쩌ː)

치+어 → 치어(~쳐)~쳐(*쳐:)

즉 구개음을 두음으로 지니고 있는 이들 개음절어간들은 보상적 장
모음화를 보여주지 않는 동시에 glide화에 의한 'ㅕ'도 표면상에 나타
내 주지 않는다. 그러나 이 구개음 아래에서의 'ㅕ'와 'ㅓ'와의 중화가
단모음화를 방해한다고는 볼 수 없다. '치이-〉치:-, 치우-〉치:-'와 같
은 재구조화된 단모음어간들도 'ㅕ'와 'ㅓ'와의 중화를 보이면서 '치:+
어→치어~쳐:'와 같은 장모음화를 실현시켜 주기 때문이다. '치:-'와 '치-'
에서의 음장의 차이가 이들 경우에 한해서 보상적 단모음화를 결정
지어 준다고도 하기 어렵다. 또는 다음에 언급할 모음탈락규칙에 의
존하는 것으로 해석하기도 어렵다. 모음의 제로화인 모음탈락규칙이
적용된 뒤에는 기저의 음장이 아무 교체를 받지 않는 것이다(cf. 패+
어→패어~패(어), 패:→패어~패:(어) 등). '지-, 찌-, 치-' 등에 대해서
만 glide화의 예외를 주장하는 것은 무리한 노릇이다.

 이상에서 우리는 단일음절로 된 개음절어간들이 '어/아'계 접사들
에 의하여 실현시키는 수의적인 보상적 장모음화현상을 기술하였다.
이에 대한 규칙은 w-glide화에 의한 것과 y-glide화에 의한 두 경우가
동질적인 것이기에 하나의 규칙으로 요약될 수 있다.

$$(10) \quad V + \partial/a \rightarrow \begin{bmatrix} \alpha\text{back} \\ +\text{glide} \end{bmatrix} [+\text{long}]$$
$$\quad\quad\quad 1 \quad 2 \quad\quad\quad\quad 1 \quad\quad\quad 2$$

단, 장모음어간은 [단모음화규칙 5]가 위의 [규칙 10]에 선행한다. 어간
자체의 장모음은 [규칙 10]에 아무런 영향을 주지 않는다.

3. 모음탈락과 음장과의 관계

개음절 어간형태소들이 모음접사들과 결합할 때, 흔히 수의적이든 필수적이든 결합되는 어느 한 모음을 탈락시키는 음운규칙이 있음은 잘 알려진 사실이다. 이러한 모음탈락 즉 '모음의 제로화'(김완진 1972)는 결과적으로 하나의 음절을 삭제당하는 비음절화의 일종이라 할 수도 있겠는데, 이 비음절화가 장모음화규칙과는 관련이 있는가 없는가를 살피려는 것이 본장의 목적이다. 한 어간 안에서 볼 수 있는 '다음〉담:, 배우-〉배:-, 치이-〉치:-' 등과 같은 모음탈락에 의한 장모음화로서의 보상은 형태소경계에서의 음운규칙으로서도 자격을 가지는 것일까?

음운규칙으로서의 모음탈락을 필수적으로 보여주는 가장 대표적인 경우는 '으'계 접사들의 '으'탈락 경우이다. 즉 모음계접사들 가운데서 '으'계 접사들은 모음이나 유음과 같은 [+voc]의 음운 다음에서는 그 '_'를 일반적으로 탈락시킨다(김완진 1972).

(11) ɨ → ϕ / [+voc] + __

가+으면 → 가면   켜+으면 → 켜면
달+으면 → 달면   빨+으면 → 빨면

물론, 이 '으'탈락규칙은 활용의 경우와 곡용의 경우와는 약간의 차이를 가지고 있다.

곡용	활용
달+은 → 달은	달+은 → 단
파+은 → 판(~파는)	파+은 → 판(≠파는)
달+으로 → 달로	달+으며 → 달며
파+으로 → 파로	파+으며 → 파며

이러한 정도의 미세한 차이를 보여줌에도 불구하고 '으'탈락규칙은 공통적으로 장모음의 단모음화 [규칙 5]를 이끌지도 못하고, 그렇다고 'ㅡ'모음의 제로화에 대한 보상적 장모음화를 경험하게 하지도 못한다.

피+으면 → 피면	세:+으면 → 세:면
쓰+으면 → 쓰면	깨:+으면 → 깨:면
켜+으면 → 켜면	쏘:+으면 → 쏘:면

다음과 같은 예들은 '으'탈락규칙이 단모음화와 보상적 장모음화에 무관함을 더욱 뚜렷이 입증하여 준다.

패+으면 → 패면	되+으면 → 되면
패:+으면 → 패:면	되:+으면 → 되:면

꾸+으면 → 꾸면	보+으면 → 보면
꾸:+으면 → 꾸:면	꼬:+으면 → 꼬:면

뛰+으면 → 뛰면	두+음 → 둠

쥐:+으면 → 쥐:면   쑤:+음 → 쑴:

위의 예시는 '으'모음탈락이 음장의 교체에도 전혀 관여하지 않는다는 사실을 지적하여 주는 것이다. 그런데 개음절어간과의 결합에서 '으' 탈락은 필수적인 것이지만 유음을 말음으로 가지는 어간들은 '으'탈락을 경우에 따라서는 필수적으로 또는 수의적으로 받아들이기도 한다.

알:+으며 → 알:며(*알으며)   빨+으며 → 빨며(*빨으며)

알:+으면 → 알:면(*알으면)   빨+으면 → 빨며(*빨으면)

알:+으셔서 → 아:셔서~알으셔서   빨+으셔서 → 빠셔서~빨으셔서

알:+으니까 → 아:니까~알으니까   빨+으니까 → 빠니까~빨으니까

유음어간의 이러한 특이한 교체는 중세국어에서의 교체의 반사형들이라 할 만한 것인데,[6] 이 수의적인 교체형인 '아:셔서~알으셔서' 등은 모음탈락과 음장현상과의 상관성 및 규칙들의 적용순위 등을 입증하여 주는 점에서 각별한 관심의 대상이 된다.

---

6 중세국어에서는 "-ᄋᆞ시/으시-의 경우에 '가시리라, 오시리라, 일이시니라' 등 모음 아래에서만 'ᄋᆞ/으'가 없어질 뿐, 'ㄹ' 아래에서는 다음의 예들에서와 같이 탈락되는 일이 없다. 니를-(至) → 니르르시니, 알-(知) → 아ᄅᆞ시고, 들-(入) → 드르시니 등"(김완진 1973:50). 성조의 변화가 음장의 그것에 늘 평행되는 것이 아닌데, 이 '알-'에 대해서만은 특이한 관계를 보여준다(정연찬 1976:159~163).

중세국어   현대국어
:아·ᄂᆞᆫ   알:+는 → 아:는
아·라   알:+아 → 알아
:알·면   알:+으면 → 알:면
:아·ᄅᆞ·시·고   알:+으시고 → 알으시고~아:시고

		알:+으셔서	알:+으셔서
① '으'탈락		알: 셔서	——
② 단모음화		——	알으셔서
③ 'ㄹ'탈락		아:셔서	——
		⋮	⋮
		[아:셔서]	[아르셔서]

　'아:셔서'는 [규칙 11]에 의하여 우선 '으'탈락이 이루어져 '알:셔서'로 나타나고 다시 'ㄹ → ∅/__+[-grave]'와 같은 규칙에 의하여[7] 'ㄹ'탈락이 실현되어 feeding order로 이루어진 것이라 할 수 있으며, '아르셔서'는 주로 모음 앞에서의 [단모음화규칙 5]가 적용되어 이루어진 것이다. '으'모음탈락규칙[11]과 단모음화규칙[5]의 적용 순위는 [11] → [5]라고 할 수 있다. 만일 이의 역순위로 계속 적용된다면, 알:+으셔서 → 알으셔서 → *알셔서(→ *아셔서)와 같은 단모음화된 잘못된 형식(*아셔서)을 도출하게 되기 때문이다. 여기서도 우리가 앞에서 개음절어간에 대한 검토에서 '으'탈락이 음장의 교체에 아무런 역할을 못한다는 사실을 재확인하게 된 셈이다. 또한 모음탈락규칙이 단모음화규칙에 앞선다는 규칙 적용 순위의 사실도 밝혀 말할 수 있게 되었다.

　이상 '으'모음탈락규칙과 장모음화와의 관계를 요약한다면, 모음어간 다음에서의 '으'탈락은 '가+으며 → 가며, 세:+으며 → 세:며'에서와 같이 음장의 교체와는 무관하여 그 탈락에 대한 보상으로서의 장

---

7 이 [-grave]의 자음 앞에서의 'ㄹ' 탈락규칙은 '알:지도~아:지도'에서와 같이 수의적인 것이지만, '빨+지도 → 빨지도(*빠지도)'에서와 같이 극히 제한된 범위를 가지는 것이기도 하다.

모음화규칙을 알지 못한다고 할 수 있다. 또한 모음탈락은 단모음화에 앞서 실현되는 것이다.

지금까지 언급한 '으'탈락규칙 이외에 또 하나의 모음계접사인 '어/아'의 탈락규칙이 있다. 일반적으로 우리는 '어/아'계의 접사들이 어떠한 환경에서도 탈락하지 않는 것으로 기술하여 왔지만, 이는 극히 규범적인 처리였던 것으로 구어적인 언어현상에 대한 진정한 처리는 못 되었던 것이 아니었던가 여겨진다. 개음절어간들이 '어/아'계 접사와 결합되었을 경우, 어간모음이 'ㅗ'와 'ㅏ'일 경우에만 '아'를 취하고 기타의 모든 경우에는 '어'를 취하는데(졸고 1976), 이미 앞에서 기술한 glide형성규칙에 관련된 개음절어간들을 제외하면 다음과 같은 결합유형을 볼 수 있다.

A. ① 쓰+어 → 써(*쓰어)

② 가+아 → 가(*가아)

③ 켜+어 → 켜(*켜어)[8]

B. ④ 떼:+어 → 떼어~떼여~떼:

⑤ 꿰:+어 → 꿰어~꿰여~꿰:

⑥ 패:+어 → 패어~패여~패

⑥′ 패+어 → 패어~패여~패:

⑦ 되+어 → 되어~되여~되

---

8 '어'로 끝나는 것으로 규범화시키고 있는 '서-(〈 셔-)'(立)는 현실적으로는 '스고, 스지, 스게, 스면, 서라, 섰다' 등과 같이 활용하여 '스-'로 그 기저형을 표시하는 것이 타당할 것이다. '스'가 기저형이라면 ①과 같은 계열의 예로 추가된다.

⑦′ 되:+어 → 되어~되여~되:

C.　⑧ 뛰+어 → 뛰어~뛰여(*뛰)

⑧′ 휘:+어 → 휘어~휘여(*휘:)

　A의 ①-③은 어간모음을 탈락시키는 경우로서 '으어, 아아, 어어'와
같은 수의적인 모음연결을 인정하지 않는 필수적인 것이다. 이 필수
적인 모음탈락은 이미 앞에서 보인 '으'탈락의 경우와 마찬가지로 모
음의 제로화에 대한 보상적 장모음화를 초래하지 않는다. 다만, '하'
(爲)는 모음탈락을 겪지 않고서 형태론적 조건에 따른 '하여'가 쓰이
며 이것이 모음축약을 통하여 '해:'와 같은 보상적 장모음화형을 수의
적으로 보여줄 뿐이다. 필수적인 모음탈락을 보여주는 이들 A의 모
음들은 우연인지는 몰라도 모두 모음어미들의 모음들과 일치하는 것
들이다.
　다음에 B의 경우들 즉 'ㅔ, ㅐ, ㅚ' 어간들은 세 종류의 수의적인 형식
들을 지니는 것들로서 [-high]의 비후설모음들의 계열이다. 세 종류
의 수의적인 형식들은 첫째 형태소경계를 전후한 두 모음의 연결을
유지하는 것, 둘째로 두 모음의 연결에서의 hiatus를 회피하기 위하여
삽입규칙의 적용을 받은 것, 끝으로 '어'접사를 탈락시킨 것들이다.[9]
물론 두 모음의 연결을 유지하는 형식은 필수적인 단모음화규칙의
적용을 받는다. '어'탈락을 우선적으로 경험하지 않는다면

---

9 접사 '-어' 자체가 모두 탈락한다는 즉 문장의 구성요소로서의 한 형태소가 탈락한다
　는 것은 이해되기 어렵다. 그러나 이들 경우에는 접사모음이 탈락하면서 그에 대한
　어떤 보상을 받지 못해도 문법적 기능상에 아무런 오해도 주지 않는다.

	떼:+어	패+어	패:+어
① '어'탈락	――――	――――	――――
② 단모음화	떼어	――――	패어
③ y-삽입	떼여	패여	패여
	[떼어~떼여]	[패어~패여]	[패어~패여]

와 같은 과정을 밟게 되며, 만일 '어'탈락규칙이 우선적으로 적용된다면 단모음화와 y-삽입은 이 규칙들의 적용을 허용하게 되는 환경이 제거되는 셈이므로 자연히 그 두 규칙은 공전하게 된다. 그 결과 기저형의 음장의 시차성에는 아무런 영향을 미치지 못하게 된다.

	떼:+어(서)	패+어(서)	패:+어(서)
① '어'탈락	떼:(서)	패(서)	패:(서)
② 단모음화	――――	――――	――――
③ y-삽입	――――	――――	――――
	[떼:(서)]	[패(서)]	[패:(서)]

이와 같이 '떼어~떼:', '패어~패:' 등에서의 '떼:, 패:' 등과 같은 장모음의 실현은 기저형에서의 음장의 유지로써 해석되는 것이지, '떼:+어 → 떼어 → 떼에 → 떼:'와 같은 순행적인 완전모음동화에 의한 동일한 두 모음의 축약에 의한 장모음화로는 해석될 수가 없는 것이다. 그러한 모음동화는 음운론적으로 보아 너무나도 부자연스러운 규칙이 되기 때문이다. 만일 동화에 의한 축약으로서의 해석이 가능하다면 '패+어 → 패어'도 '패:+어 → 패어~패:'의 경우와 마찬가지로 '패어 → 패애'에 잇따른 '패:'와 같은 장모음화를 경험한 교체형을 보여주어야 하기 때문이다. '패+어 → 패어'의 수의적인 교체형은 '패:+어 → 패

어~패:'와는 달리 '패'이기 때문에 모음동화에 의한 축약으로는 또한 해석될 수 없는 것이다. '되+어서 → 되서'와 '되:+어서 → 되:서'도 '어' 탈락만을 경험한 것으로 위의 주장을 뒷받침하여 준다. 이러한 모음 탈락이 음장의 교체에 아무런 영향을 미치지 못한다는 사실은 '으'모 음탈락으로부터 반복적으로 강조해 온 바로 규칙순위에 있어서의 최 우선을 뜻하는 것이다.

끝으로 C의 '귀' 개음절어간들은 특이하게도 절대로 '어'탈락을 보여 주지 않음은 물론, 또한 더 이상의 축약도 실현시키지 않는다.[10] 이 경우에 오직 적용될 수 있는 규칙이란 단모음화의 수의적인 y-삽입이 지 보상적 장모음화가 아니다. 때로 '뛰:-', '쉬:-' 등과 같은 몇몇 예들 이 '뗘:'와 '셔:' 등 보상적 장모음화를 보여주는 경우가 있는데, 이는 '귀〉ㅣ'에 뒤따르는 i → y에 의한 보상적 장모음화를 보여주는 것이 라 할 수 있다. 이와 같은 어간의 재구조화가 이루어지면 말할 것도 없이 개신어간의 말모음의 음운행위에 따르게 된다.

세:다 〉 시:다(시어~셔:)

베:다 〉 비:다(비어~벼:)

회다 〉 히다(히어~혀:)

퇴다 〉 티다(티어~텨:)

꿰:다 〉 끼:다(끼어~껴:)

피우다 〉 피:다(피어~펴:)

---

10 국어의 전설모음 중에서 glide화에 참여하는 것은 'ㅣ'밖에 없다. 'ㅣ'와 원순성에 의 하여 짝이 되는 '귀'는 glide화에 관여하지 않는다. 'ㅣ' 어간이 '어/아' 접사를 탈락시 켜 주지 않는 것에 평행하여 '귀'도 이러한 모음탈락을 모르는 것이다.

끼우다 〉 끼:다(끼어~껴:)

끼이다 〉 끼:다(끼어~껴:)

위의 예들은 모두 'ㅣ' 개음절어간으로 재구조화되어서 결과적으로 glide화에 의한 수의적인 보상적 장모음화를 실현시키는 것이다.

깨우다 〉 깨:다(깨어~깨:)

때우다 〉 때:다(때어~때:)

채우다 〉 채:다(채어~채:)

쌓이다 〉 쌔:다(쌔어~쌔:)

게우다 〉 게:다(게어~게:) (기:다, 기어~겨:)

메이다 〉 메:다(메어~메:) (미:다, 미어~며:)

외우다 〉 외:다(외어~외:)

고이다 〉 괴:다(괴어~괴:)

쏘이다 〉 쐬:다(쐬어~쐬:)

누이다 〉 뉘:다(뉘어~*뉘:)

꾸이다 〉 뀌:다(뀌어~*뀌:)

이들 재구조화된 어간들―어간내에서의 고모음탈락에 의하였든 모음축약에 의하였든―도 수의적으로 '어'접사를 탈락시킴으로써 기저의 음장을 그대로 유지하고 아무런 보상적 장모음화를 보여주지 않는다. 다만, 'ㅟ'의 경우에는 앞에서 이미 언급한 바와 같이 '어'접사의 탈락을 보여주지 않는다. 어간구조의 재구조화에 의해 개신된 장모음어간들은 탈락모음이 지니고 있었던 어떤 문법적 기능상에 혼란

을 빚기도 한다. 자동사인 '깨:다'(1)가 타동사인 '깨우다 〉깨:다'(2)와
는 문장구조상에서 기능상의 차이를 인식할 수 있어도(아기가 깼:
다 : 아기를 깼:다), 다음과 같은 음운론적 과정으로 구별하지는 않는
다. 즉 동음이의어적이다.

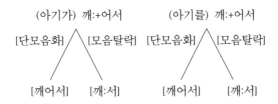

이상으로 모음탈락과 음장과의 관계를 검토하였는바, 요컨대 모음
탈락규칙이 수의적으로든 필수적으로든 관계없이 일단 적용되면 단
모음화나 보상적 장모음화 어느 규칙들도 더이상 적용되지 않아서
음장의 교체에 아무런 영향을 미치지 못한다는 사실, 또한 모음탈락
이 단모음화의 적용에는 앞선다는 사실 등은 밝히게 되었다. '모음탈
락'과 'glide화'는 모두 비음절화라고도 할 수 있으나, 잃어버린 음절의
길이에 대한 보상에 있어서는 차이를 보인다고 할 수 있다.

4. 자음탈락과 장모음화

국어의 개음절어간 가운데서 모음접사와의 결합으로 말자음을 탈
락시키는 것들이 있다. 이른바 'ㅅ' 불규칙을 보여주는 어간들과 'ㅎ'
탈락을 실현시키는 어간들이 바로 그것이다. 모음접사들에 의하여
이들 자음탈락이 이루어지면 그 중간적 구조는 지금까지 앞에서 논

의한 개음절어간의 경우와 동일하게 될 것이다. 그리하여 자음탈락과 음장과의 관련성, 특히 보상적 장모음화와의 관계를 검토하여 볼 필요성이 생기게 된다. 'ㅅ'탈락의 경우는 '불규칙'(변칙)이라 불려 왔던 사실로부터도 짐작할 수 있듯이 그리 풍부한 예를 가지지 못하고 있으며, 'ㅎ'말자음어간의 예도 마찬가지로 풍부하지 못하다. 여하튼 형태소경계에서 이들 'ㅅ'과 'ㅎ'은 후속모음에 의하여 탈락된다(cf. Kim-Renaud 1975).

붓:+어 → 부어~붜:
좋:+아 → 조아~조와(*좌:)
놓+아 → 노아~놔:

즉, '붓:-'과 '놓-'은 자음탈락에 이어서 수의적으로 glide화에 의한 보상적 장모음화를 일으키는 반면에, '좋:-'은 '좌:'와 같은 보상적 장모음화는 보여주지 않고서는 '좌:' 대신 '조와'와 같은 'w'의 실현을 보여준다. '좋+아→조아~조와'의 교체에서 '조아'는 두 모음 사이에서의 'ㅎ'탈락에 의한 것이며 '조와'는 'ㅎ'탈락에 의한 hiatus를 기피하기 위하여 w의 삽입을 보여주고 있는 것이다. '놓아→놔:'에 대해서 '좋:아→*좌:'와 같은 glide화를 보여주지 않는 데 대한 정당한 이유는 현재로서 밝히 드러내기 어렵다. 다만, 보충적인 자료로서 이른바 'ㅂ'불규칙활용(p→w)를 보여주는 용언들을 고려해 볼 수 있을 뿐이다. 그 이유는 'ㅂ, ㅎ, w'가 [-lingual]이라는 공통적인 자질로 묶여지면서 이중모음의 형성에 직접·간접으로 관여하고 있기 때문이다.

춥+어 → 추워~춰ː

줍+어 → 주워~줘ː

눕+어 → 누워~눠ː

굽ː+어 → 구워~궈ː

돕ː+아 → 도아(*돠ː)

곱ː+아 → 고와(*과ː)

위의 'ㅂ'불규칙에서 보면 어간모음이 'ㅜ'인 경우에는 기저형의
장·단의 차이에 관계없이 glide화에 의한 보상적 장모음화를 실현시
키는데, 어간모음이 'ㅗ'인 경우에는 적어도 중앙어에서는 p→w와
단모음화만을 경험하고서는 더 이상의 음절축약을 보여주지 않는다.

	붓ː+어	놓+아	좋ː+아	돕ː+아
단모음화	붓어	——	좋아	돕아
자음탈락	부어	노아	조아	——
p, h → w	——	——	(조와)	도와
보상적 장모음화	붜ː	놔ː	——	——
	[붜ː]	[놔ː]	[조아~조와]	[도와]

여기에서의 두 어간말자음 'ㅎ'과 'ㅂ', 그리고 이들의 교체음인 'w'와는
[-lingual]이라는 자질을 공유하고 있다. 여하튼 장모음어간인 '좋ː-'는
'곱-', '돕-' 등과 같이 모음에 의한 단모음화만을 경험하고서 수의적인
보상적 장모음화를 모르는 예외로 존재한다. 음장에 관련시켜 요약
한다면 자음탈락이나 p→w의 교체에 이어서 두 음절의 한 음절로의
축약이 이루어지지 않으면 그에 대한 보상적 장모음화는 불필요하게

되는데, 어간모음이 glide화에 관여할 수 있는 'ㅗ', 'ㅜ'이기 때문에 '어'접사의 탈락도 입을 수 없다.

이러한 glide화와 '어/아' 접사의 모음탈락과의 상대성은 'ㅅ'불규칙, 'ㅎ'탈락 또는 'ㅂ'불규칙 등의 '이'계 어간들의 경우에서도 동일하게 확인된다.

	A	B
잇:+어 →	이어	~ 여:
짓:+어 →	지어	~ (~져:)~저:
젛+어 →	찌어	~ (~쪄:)~쩌:
깁:+어 →	기워	~ 겨:
밉:+어 →	미워	~ (~*며:)

위의 예들은 모음 앞에서 자음교체와 단모음화를 일으켜 A계열과 같은 모음연결의 중간적 구조를 보여주고, 이어서 A계열이 glide화에 의하여 보상적 장모음화를 일으킨 B계열로 수의적으로 나타나는 것들이다. 다만, '젛-'의 경우에는 '쩌:'와 같은 glide화된 형식을 표면적으로 드러내지 않으며 p→w의 경우에는 기저형의 음장에 관계없이 일정하지가 않다.

이상의 '잇-, 짓-, 젛-' 등과 같은 어간들이 현재의 관심의 초점이 되는 것은, 말자음탈락에 의하여 생성되는 중간구조가 개음절어간의 경우와 일단 동일한 형식을 갖추게 되는데, 이들 사이에 어떤 음장현상상의 차이가 있는가 하는 데 있다. 이의 검토를 위하여 관련되는 자료를 짝을 지어 들어본다:

이다 : 이+어 → 이어~여:

잇:다 : 잇+어 → 이어~여:

지다 : 지+어 → 지어(~져)~저(落 cf. 負져:)

짓:다 : 짓:+어 → 지어(~져:)~저:

찌다 : 찌+어 → 찌어(~쩌)~쩌

찧다 : 찧+어 → 찌어(~쩌:)~쩌:

기(:)다 : 기(:)+어 → 기어~겨:

깁:다 : 깁:+어 → 기워(~기어)~겨:

위의 짝을 가운데서 '이다'와 '잇:다' 및 '기(:)다'와 '깁:다'는 기저형에
서의 음장에 관계없이 동일하게 glide화에 의한 보상적 장모음화를
수의적으로 경험한다. 이에 비하여 '지다'와 '짓:다' 및 '찌다'와 '찧다'
등의 짝은 역시 기저형의 음장에 관계없이 탈락 가능한 말자음의 유
무에 의해서만 수의적인 장모음화의 차이를 보여준다. 즉 모음어미
에 의하여 탈락이 가능하게 되는 'ㅅ, ㅎ' 등을 기저형의 말음으로 포
함시키는 경우에만 장모음화에까지 도달할 수 있는 것이다. 음운행
위의 차이를 가져오는 요인으로서 기저형의 차이를 강조하는 것은
너무나도 당연하지만, 그 기저형의 어떤 차이가 음운론적 과정상의
차이와 그로 인한 음성형식의 차이를 일으키게 하는 것인지 하는 사
실은 더욱 강조되어야 하는 것이다. 기저형에서의 음장의 구별은 보
상적 장모음화란 음운행위에 아무런 제약조건이 되지 못함은 이미

178

'붓:+어 → 부어~붜:' 등의 w-glide화에서도 지적한 바 있다. 그런데 '지-, 찌-, 치-' 등이 glide화에 의한 보상적 장모음화를 보여 주지 않는 예외이었는데, '짓:-, 찧-' 등과 같이 탈락이 가능한 자음을 기저상에 지니고 있는 경우에는 장모음화의 예외로부터 벗어날 수 있는 것이다.

자음탈락과 보상적 장모음화와의 이러한 관계는 '으'계 접사와의 결합에서 더욱 뚜렷이 밝혀진다. 개음절어간에 의한 '으'탈락('가+으며 → 가며')은 그에 대한 보상적 장모음화를 실현시켜 주지 못하는데, 위의 'ㅅ, ㅎ'의 탈락을 보여주는 어간들은 보상적 장모음화를 실현시킨다.

굿:+으면 → 그으면~그:면
낫:+으면 → 나으면~나:면
붓:+으면 → 부으면~부:면
잇:+으면 → 이으면~이:면
잣:+으면 → 자으면~자:면
젓:+으면 → 저으면~저:면

낳+으면 → 나으면~나:면
놓+으면 → 노으면~노:면
쌓+으면 → 싸으면~싸:면
찧+으면 → 찌으면~찌:면
닿:+으면 → 다으면~다:면
땋:+으면 → 따으면~따:면
빻:+으면 → 빠으면~빠:면

좋:+으면 → 조으면(~²조:면)[11]

위에 보인 'ㅅ'탈락의 예들만을 관찰하면 장모음어간이 'ㅅ'탈락과 수의적인 '으'탈락이 차례로 적용되면서 장음이 "회복되는 것"이라고 설명될 수 있을 듯도 하지만(김진우 1976), 단모음어간인 '놓-, 찧-' 등의 경우에도 'ㅎ'탈락과 '으'탈락에 의하여 장모음화를 일으킴을 보면 음장이 회복되는 것이라고는 할 수 없다. 오히려 기저형의 말자음의 기능에서 장모음화의 동기를 찾아야 할 것이다.

나+으면 → 나면   싸+으니까 → 싸니까   이+으라고 → 이라고
낳+으면 → 나:면   쌓+으니까 → 싸:니까   잇+으라고 → 이:라고

즉, 단모음화의 실현은 탈락되는 'ㅎ, ㅅ' 때문인 것이다. 'ㅎ, ㅅ'의 탈락규칙 자체가 장모음화를 유발시키는 것은 아니나, 그 규칙이 '으'탈락에 대한 보상을 동기화시키는 것이라 할 수 있다. 그것은 곧 어간 형태소에 대한 숨은 인식이기도 한 것이다.

때로 자음탈락에 이어서 '_'가 어간모음에 동화되어 동일한 두 모음의 결합으로 나타나서 결과적으로 단모음화를 경험한다고 해석할지도 모르겠으나, 비록 동일한 두 모음의 결합이 하나의 단모음으로 실현되는 사실이 자연스러울지라도 이는 하나의 모음 '_'가 국어의 대부분의 모음에 동화되어야 하는 자연스럽지 못한 해석이 된다. 동

---

11 '좋:+으며 → 조으며'가 Kim-Renaud(1975:50)에서는 '조:며'로도 되는 듯이 제시되어 있으나, '좋:+으셔서 → 조으셔서'를 '조셔서'라고는 하지 않는다는 것이 필자의 제보자들의 견해였다. 그들은 '조:셔서'를 '좋:+으셔서'로 인식한다.

일한 두 모음의 결합이 하나의 장모음으로 실현되는 현상은 'ㅂ'불규칙의 경우에서나 볼 수 있다.

A	B
춥다 : 추우면~추ː면	추워~춰ː
눕다 : 누우면~누ː면	누워~눠ː
굽다 : 구우면~구ː면	구워~궈ː

C	D
맵다 : 매우면(*매ː면)	매워(*뭐ː)
덥ː다 : 더우면(*더ː면)	더워(*둬ː)
밉ː다 : 미우면(*미ː면)	미워(*뭐ː)
곱ː다 : 고우면(*고ː면)	고와(*과ː)
돕ː다 : 도우면(*도ː면)	도와(*돠ː)

위의 A계열의 경우가 그것이다. 즉 '춥+으면'은 'p〉w로 인한 '으→우'에 의하여 '추우면'과 같은 동일한 두 모음의 결합이 이루어지고 '우우→우'에 의하여 '추ː면'에 이르는 것이다. 그러나 C계열에서 볼 수 있듯이 동일한 두 모음의 결합이 아니면 장모음화되지 않는다. 이것은 '무우(〈무수)〉무ː'의 예와 같이 형태소구조의 내부에서 가능한 것이기는 하나 '배우다(〈ㅂ호다)〉배ː다'가 수의적으로 실현되는 사실로부터 비교해 보면 형태소경계를 가진 점과 기저형의 차이점 등을 고려하게 한다.

결국 '놓+으면→노ː면, 낫ː+으면→나ː면'에서의 수의적인 장모음

화는 자음탈락에 동기화되어 이어서 '_'의 모음탈락에 대한 보상이
라 할 수밖에 없다. 요약을 규칙들의 적용 순위를 고려하여 도식화하
면 다음과 같다.

```
          ①      ②
VC + V → 1 2 3 → 1   (2) 3
1 2   3      φ   [+long]  φ
```

위에서 ①은 자음탈락이요 ②는 모음탈락에 의한 보상적 장모음화이
다. 그런데 '가+아→가(*가:)'와 '뜨+어→떠(*떠:)' 등에서 어간모음
의 탈락에 의한 보상적 장모음화를 알지도 못할 뿐만 아니라, '패+어
서→패서'와 '패:+어서→패:서' 등에서도 접사모음의 탈락에 의한
그것을 역시 알지 못한다고 언급한 바 있었는데, 이러한 환경에서
자음탈락이 선행되는 경우에는 '_'의 경우와 마찬가지로 장모음화를
볼 수 있다.

```
             A        B
낫:+아(서) → 나아(서)~나:(서)
잣:+아(서) → 자아(서)~자:(서)
젓:+어(서) → 저어(서)~저:(서)
긋:+어(서) → 그어(서)~거:(서)
```

위의 A계열은 어간모음이 모음접사 앞에서 단모음화와 'ㅅ'탈락을 동
시에 보여준 것들이며 B계열은 A계열에 이어서 장모음화를 보여준

것이다. B계열의 장모음화는 '긋ː+어 → 그어 → 거ː'에서 보면 '뜨+어 → 떠'에서와는 달리 어간모음의 탈락에 대한 보상임을 알 수 있다. 만일 접사모음의 탈락이라면 *그ː'가 도출되어야 할 것이다. 또한 '낫ː +아 → 나아 → 나ː'를 두 모음의 축약으로 본다면 '긋ː+어 → 그어 → 거ː'도 '그어 → 거어 → *거ː'와 같은 모음동화를 인정해야만 될 것이다. 'ㅎ'탈락의 경우도 조금도 다를 바 없다.

  낳+아(서) → 나아(서)~나ː(서)

  쌓+아(서) → 싸아(서)~싸ː(서)

  닳ː+아(서) → 다아(서)~다ː(서)

  땋ː+아(서) → 따아(서)~따ː(서)

  빻ː+아(서) → 빠아(서)~빠ː(서)

기저형의 모음의 장·단에는 관계없이 'ㅎ'탈락에 이어서 어간모음탈락에 의한 보상적 장모음화를 경험하고 있다. 이러한 장모음화에 대한 동기는 역시 자음탈락에 있는 것이다.

  나+아(出) → ㄴ(ㅏ)아 → 나

  낳+아(産) → 나아 → 나ː

  낫ː+아(癒) → 나아 → 나ː

  싸+아(包) → ㅆ(ㅏ)아 → 싸

  쌓+아(積) → 싸아 → 싸ː

위의 대조는 장모음화의 동기가 기저형의 음장이 아니라 기저형의 말자음의 탈락으로 맺어지는 모음탈락에 있음(cf. global rule)을 명백히 하여 준다.

　이 자음탈락과 장모음화와의 밀접한 관계는 역사적으로도 또한 관련이 있는 것이다. 형태소 또는 단어들의 내부에서 자음의 탈락은 흔히 장모음화를 야기시킨다(김완진 1972).

　　모ᇫᄋ > 마음~맘:　　　써홀다 > 썰:다
　　처섬 > 처음~첨:

그러나 '둘:'(二曰途孛)과 '술'(酒曰酥孛)에서 알 수 있듯이 기나긴 언어사가 언제나 일정성을 보여주는 것은 아니다. 여하튼 자음탈락에 의하여 모음연결이 이루어진 것들 중에서 모음탈락을 보여주는 경우 그에 대한 보상을 장모음화로 행할 수 있음을 강조한다.

5. 결론

　본고는 공시적으로 어간과 접사 사이에서 나타나는 장모음화현상을 glide화와 모음탈락이라는 비음절화에 대한 보상성에 초점을 두고서 기술하는 것을 목적으로 하였다. 장모음의 단모음화(졸고 1975)와는 달리, 음운론적인 장모음화는 두 모음의 결합에서 가능한 현상이기 때문에, 자연히 개음절어간과 모음접사와의 결합을 그 주요대상으로 삼고서 비음절화의 두 음운규칙인 모음탈락과 glide화가 장모음화규칙과는 어떠한 유기적 관계를 가지는가를 살펴보았다. 요컨대 음절의 제로화인 모음탈락은 장모음화로의 보상은 받지 못하나, 일종의 자질변경인 glide화는 그 보상을 받는 것이었다. 또한 이러한 장모음화현상은 어간의 기저형의 음장에는 무관한 것이었다. 그것은 glide화에 앞서 단모음화를 겪기 때문에서이다.

기저형이 개음절이 아니라 자음으로 끝나는 폐음절의 어간들 가운데서도, 그 말자음(정확히는 'ㅅ, ㅎ' 등의 [-voc])이 모음에 의하여 탈락되는 어간들은 결국 개음절어간과 같은 중간구조를 가지게 되는데, 이 자음탈락에 동기화되는 모음탈락은 그 비음절화에 대한 보상적 장모음화를 또한 경험하기도 한다.

지금까지의 장모음화에 대한 논의는 모두 용언(단음절어간)의 활용을 중심으로 한 것이었다. 어간과 접사 사이에서의 장모음화에 대한 남은 문제가 있다면 그것은 체언의 경우이다. 이에 대하여 장황한 논의를 할 수 있는 필자의 현재가 아니기 때문에 간략히 몇몇 장모음화의 경우를 문제로 제시하는 정도에서 자족하려 한다.

체언의 어간들은 이미 지적된 바와 같이(김완진 1972, 졸고 1975 등) 모음 앞에서 음장의 교체를 보여 주지 않는다. 그런데 이러한 체언도 용언의 경우와 마찬가지로 개음절어간일 경우 모음과 결합하면, 그 모음을 탈락시키고도 그에 대한 보상적 장모음화를 모른다.

배+은 → 밴(배는)   배+으로 → 배로   배+이다 → 배다

배+인 → 배인   배:+은 → 밴:(배:는)   배:+으로 → 배:로

배:+이다 → 배:다   배:+인 → 배:인

속격 '-의'와의 결합에서도 대체로 동일하다.

새:(鳥): 새:의 알 ~ 새:알

개:(犬): 개:의 고기 ~ 개:고기

해(日): 해의 주:변 ~ 해주:변(~해주변)

다만, '소(牛)+의'는 '쇠:'가 가능하다.[12]

	A	B
소의 고기 →	쇠:고기	~ 소고기
소의 머리 →	쇠:머리	~ 소머리
소의 꼬리 →	쇠:꼬리	~ 소꼬리
소의 풀 →	쇠:풀	~ 소풀

A계열은 /so iy/에서 i → φ/V__와 같은 모음탈락에 이어서 soy →
[sö:]와 같은 모음축약을 일으켜 기저의 두 음절에 대한 보상적 장모
음화를 보여주는 것들이다. 이에 대하여 B계열은 '의'가 우선적으로
탈락된 것으로 장모음화가 공전하게 된 것들이라 할 수 있다.

체언 가운데서 대명사들도 마찬가지로 장모음화를 모르는 것이 일
반적이다.

나+은 → 난(나는)　　나+을 → 날(나를)

너+은 → 넌(너는)　　너+을 → 널(너를)

---

12 중세국어에서의 '쇼(牛)'가 보여주었던 속격형이 ':쇠'이었음도 흥미롭다. ':쇠고기, :쇠
머·리, :쇠뿔, :쇠·젓. 이 성조축약에 대해서는 김완진(1973:68~69) 및 정연찬(1976:
37~411)을 참조.

그+은 → 그는(*근)　　그+을 → 그를(*글)

나+의 → 나의~내　　　나+에게 → 나에게~내게
너+의 → 너의~네　　　너+에게 → 너에게~네게
그+의 → 그의(*긔)　　 그+에게 → 그에게(*긔게)

나+으로 → 나로　　　 나+이다 → 나다
너+으로 → 너를　　　 너+이다 → 너다
그+으로 → 그로　　　 그+이다 → 그다

즉 탈락이나 축약 어느 경우에도 장모음화를 경험하지 않는다. 다만, 주격형 가운데서 제삼인칭 대명사만은 특이하게도 장모음화를 보여 준다.

나+이가 → 내가(*내:가)
너+이가 → 네:가(*네가(cf. 니:가))
그+(이)가 → 그가(*그:가)

'너'는 '너도, 너더러, 너한테, 너만, 널(너를), 넌(너는), 너면, ……' 등에서 보아 그 기저형은 단모음의 /너/로 설정할 수밖에 없다. 그럼에도 '나+이가→내가'에 반해서, '너+이가→네가'와 같은 음절축약에 의한 보상적 장모음화를 특수하게 일으킨다. 음절축약이 일반적으로 장모음화를 수반한다는 점에서 보면(보+이다→뵈:다 등), '네:가'가 '내가'에 비해 합리적일지 모른다. '저+이가→제:가(~지:가)'에서도 같은 성격의 장모음화를 볼 수 있다. 그러나 대명사의 체계 속에서는 역시 이단자일 수밖에.

[《국어학》 6, 1978]

붙임: 프랑스의 A. L. Lavoisier가 1788년 수립했다고 하는 이른바 〈질량불변의 법칙〉을 떠올리며 언어현상 속에도 유사한 문제가 있을까 하는 생각을 갖다가 떠오른 주제가 이 '보상(報償)적 장모음화'이었다. 두 모음 연결체가 모음 하나를 잃든가 때로 축약을 하되 그 없어진 모음의 가치를 하나의 장모음으로 보상되는 '보상적 장모음화'를 풀어 보게 되었다. 활음화형성, 모음탈락, 자음탈락 등등과 함께 관련된 이 현상을 각각 검토해 보았다. 또 추가 논문으로 한국어의 장모음을 확대시켜 좀더 다루기도 하며 이의 정보를 넓혀 보았다(cf. 이병근 *Cahiers de coréennes* 1986a, 이병근 국어학 1986b, 이병근 애산학보 1990 등).

참고문헌

김완진(1972), 형태론적 현안의 음운론적 극복을 위하여, 《동아문화》(서울대) 11.

김완진(1973), 《중세국어성조의 연구》(한국문화연구총서 11), 서울대 한국문화연구소. [1977, 국어학총서 4, 탑출판사]

김진우(1976), 국어음운론에 있어서의 모음음장의 기능, 《어문연구》(충남대) 9.

남광우(1962), 장단음고, 《국어학논문집》, 일우사.

이기문(1972), 《국어음운사연구》(한국문화연구총서 13), 서울대 한국문화연구소.

이병건(1976), 《현대한국어의 생성음운론》, 일지사.

이병근(1973), 동해안방언의 이중모음에 대하여, 《진단학보》 36.

이병근(1975), 음운 규칙과 비음운론적 제약, 《국어학》 3.

이병근(1976), 19세기 국어의 모음체계와 모음조화, 《국어국문학》 72·73.

정연찬(1976), 《국어성조에 관한 연구》, 일조각.

최명옥(1976), 서남경남방언의 부사화접사 '아'의 음운현상, 《국어학》 14.

Grundt, A. W.(1976), *Compensation in Phonology*, Indiana University Linguistics Club.

Howard, I.(1972), A Directional Theory of Rule Application in Phonology, Ph.D. Dissertation of M.I.T.

Kim-Renaud, Young-Key(1975), On h-deletion in Korean, 《국어학》 3.

Kisseberth, C. W.(1973), On the Alternation of Vowel Length in Klamath: a Global Rule, in *Issues in Phonological Theory*, ed. by M. J. Kenstowicz and C. W. Kisseberth, The Hague: Mouton.

발화에 있어서의 음장

1.

언어활동의 실제적인 모습은 추상적인 통사 단위로서의 문장이라기보다는 언연쇄로 실현된 발화로 이어지는 대화라 할 수 있는바, 이것은 화자로서의 '나'라는 주체에 의하여 일정한 공간으로서의 '여기서' 그리고 시간으로서의 '지금'이라는 상황 속에서 이루어지고 또 그러한 제약 속에서 청자는 화자의 발화를 알아듣는 것이다.

우리는 흔히 언어규칙체계로서의 문법상의 능력을 언어능력이라 부르고 있는데, 이 언어능력에 의하여 언어를 구사하고 그것을 알아들어 의사소통이 이루어진다고 또 이르곤 한다. 그러나 추상적인 통사구조의 동일성에도 불구하고 언어행위의 주체로서의 화자가 '지금, 여기서'라는 상황 속에서 나름대로 지니는 어떤 특정의 의지에 따라 새로운 의미나 뉘앙스를 주어서 다양한 모습을 띠게 하더라도, 청자는 이 발화적인 의미나 뉘앙스를 흔히 인지할 수 있는 능력도 가지는 것이 또한 사실이다. 이러한 능력을 좁은 의미의 언어능력과 구별지어 화용능력이라 한다면 발화는 언어능력과 화용능력이라는 두 능력의 복합적인 실현체가 되는 셈이다. "이것이 책이다"라는 문장을 부정문으로 표현한다면 이 문장의 주어를 주제화시켜 '이것은' 정도로 바꾸고서 부정화하여 아마도 "이것은 책이 아니다" 정도가 자연스러운 것이 되는바, 만일 화자가 "이것**은** 책이 아니다"라고 한다면 주제화된 주어를 더욱 강조시켜 청자로 하여금 의미초점으로서의 '이것'에 더욱 주의를 불러일으키게 할 것이며, 또 만일 '이것은 책**이** 아니다'라고 한다면 단순한 부정의 의미 이외에 예컨대 그 '책'이 '좋은 책'으로서의 가치를 지니지 못한다는 사실까지 뜻할 수도 있는 것이며, 그러한 점을 청자에게 역설하려는 화자의 의지를 나타낸다고도 할 수 있을 것이다.

언어능력과 화용능력과의 관계를 개략적으로 보이면 다음과 같다.

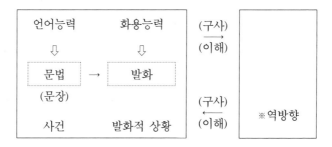

여기서 문법과 발화 사이의 관계에 대해서는 논의를 일단 보류하지만, 두 세계가 별도의 것은 아니면서도 구별되어야 할 것으로 보고서 이 글을 풀어 나가려 한다.

지금의 이 글에서 구체적으로 기술하고자 하는 주제는 통사구조로서의 문장이 언연쇄로서의 발화로 실현됨에 있어서의 음장현상이다.

지금까지의 음장에 대한 기술은 주로 단어 차원에서의 음장 가변성에 대한 그것이었다.[1] 예컨대

　　A : 일(을) 많이 해!
　　B : 네. 많이 하지요.

에서라면

　　/일:＋을/ → [일:을]
　　/많:＋이/ → [많:이]
　　/하＋어/　→ ([하여]~)[해:]

등과 같이 기술하는 방식이었다. 단어 차원[2]에서의 이러한 기술은 그 나름대로의 진실성이 있는 것이지만, 그렇다고 해서 "일을 많이 해!"에서 세 개의 단어가 모두 장모음음절을 포함시켜 발화되는 것은 아니다. [일:을 많:이 해], [일:을 많이 해], [일:을 많이 해:] 등등으로 실현되곤 하는 것이 현실일 것이다. 그 답변에 있어서도 [네. 많:이 하지

---

1 단어음운론으로서의 국어음운론의 대표적인 논고로서는 남광우(1954/1955), 김완진(1972), 김진우(1976), 졸고(1975, 1978) 등이 있다.

2 여기서 단어 차원이란 자립형태소 그 자체뿐만 아니라 여기에 계기적인 의존형태소까지 결합된 형태론적 구성(흔히 '어절') 차원도 포함된다. 그리고 단어형성에 있어서 그것이 공시적으로 구성요소들로 분석될 수 있다고 보는 형태론적 구성의 경우에도 적용한다. 단어 차원에서의 음운론을 단어음운론(word phonology)이라 불러서 문장 차원에 관련되는 통사음운론(phonosyntax 또는 syntactophonemics) 등과 구별하고자 한다. 음장을 다루는 본고에서는 단어음운론과 특히 발화음운론을 구별한다.

요]라든가 [네 많이 하지요] 등으로 발화된다. 말하자면 단어 차원에서의 음장상의 가변성과 발화 차원에서의 그것 사이에 차이가 있을 수 있는 것이다.[3]

　　A : 알아서 해라.
　　B : (응) 알아서 할께.

의 대화에서 우선 /알ː+아서/ → [알아서]에 따라 실현되겠지만, 만일 이에 의미초점을 두게 되면 다시 [알ː아서]도 가능할 것이고, 이때에 이른바 돌립(突立)강세인 프로미넌스(prominence)까지 얹혀 [ˈ알ː아서]로 실현될 것이다.[4] 음장에 관련된 이러한 문제를 단어 차원에서의 기술로 그치지 않고 이를 바탕으로 문장 차원 내지 발화 차원에서의 기술로까지 확대시켜 보려는 것이 지금의 뜻인 것이다. 다시 말하자면 표면적인 통사구조의 음운론적 음장, 즉 기저 음장이 발화에서 어떻게 실현되는가 하는 빠롤에 속하는 일종의 발화음운론으로서의

---

3 단어 차원에서와 발화 차원에서 음장현상의 차이가 있을 수 있음을 이미 졸고 (1975:21)에서 '살ː+사ː람' →[살ː 사람]' 같은 예로 제시한 바 있고, 또 졸고(1986a)에서 프랑스에 국어음운론을 소개하면서 이를 좀 더 구체화시킨 바 있다. 본고는 바로 이의 발화음운론 부분에 대한 재론이 되는 셈이다.

4 prominence는 그 개념이 시대와 학자에 따라 약간씩 달리되어 쓰이고 있지만, 여기서는 한 기식군 안에서 상대적으로 강한 강세인 higher stress로서 발화 차원에서의 그 것으로 편의상 사용한다. prominence란 용어를 처음으로 사용했다는 Coleman(1914)에서는 이를 대조의 목적에만 한정시키지 않고 문장 속에서 어느 단어가 주관적으로 주요어가 되는 경우에 관련시켜 사용하였다. 인쇄의 편의를 위해서 상권점을 해당 음절의 상단에 표시한다. 의미초점이 놓인 성분의 첫음절에 덧붙는 "˚알ː아서 해"라든가 "˚왜ː 이래?" 등은 물론이고, "밥을 먹˚곤 했다."라든가 "그것은 ˚무슨 책이니?", "내가 한 말은 ˚그게 아니야", "인생˚은 짧고 예술˚은 길ː다." 등이 그 예가 된다.

음장현상이 이 글의 주제가 되는 것이다. 서술방법으로는 이해의 편의상 표면적인 문장구조, 즉 기저 차원으로부터 단어 차원에서의 단어음운론을 거쳐 발화음운론에 이르게 할 것이다.

2.

흔히 음소에 대하여 운율적 자질로서의 운소를 말할 경우에는, 음소의 경우와는 달리 운소는 단어(좁게는 형태소) 차원으로부터 문장 차원에 걸쳐서 차이 있게 기술되고 있음을 본다. 운소의 본질이나 기능을 알기 위해서는 이 모든 차원에서의 운소의 역할을 검토하여야 하는데, 국어의 운소로서의 음장은 과연 어떤 성격의 운율적인 본질이나 기능을 가지는 것인가?

운소의 기본적인 성격을 알아보기 위해서 우선 다음과 같은 운소(흔히는 액센트)의 전형적인 구분을 고려해 보자.[5]

엄격히 말해서 이 분류는 그 기준이 한결같지는 않다. 여기서 고정적인 것과 자립적인 것과의 구별은 문법적 단위와 관련되는 통사음

---

5 액센트의 전통적이고도 전형적인 분류를 제시한 것으로는 Garde(1968)을 참조할 것. 거기서는 l'accent fixe, l'accent libre, l'accent mobile 및 l'accent immobile 등으로 분류하였다.

운론적인 성격과 어휘의미상의 시차성에 관련되는 형태운소론적인 성격에 각기 따르는 것이다.

어떤 언어에서 통사적 단위에 따라 일정한 위치에 규칙적으로 운소가 표지되어 그 운소의 놓이는 자리를 보아 그 통사적 단위를 인식할 수 있게 하는 고정적 운소는 결국 분계적 기능(demarcative function)을 담당하게 된다. 예컨대 체코어의 단어들은 첫음절에 규칙적으로 액센트가 놓이고 불어의 단어들은 약모음 /ə/로 끝나는 경우를 제외하면 그 끝음절에 약한 액센트가 규칙적으로 놓임으로써 결국 액센트의 위치로 단어경계가 인식될 수 있다고 한다. 물론 이는 단어 차원에서의 관찰일 것이다. 운소가 단어 또는 형태소에 따라 일정하게 배정되지 않고 통사적인 단위나 구조에 따라 일정하게 배정되는 고정적인 것이라면, 그것은 phonosyntactic한 성격의 것으로서 결국 억양에 관여하게 될 것이다. 나아가서는 발화에 있어서는 그 통사적 단위가 각각의 가능한 기식군(breath group = BG)에 해당될 것이다. 이러한 성격을 지니는 언어에 대하여 개략적으로 그 관계를 보이면 대체로 다음과 같다.

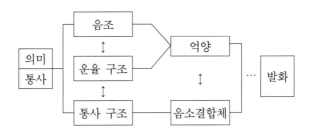

국어의 경우에는 흔히 이러한 구조를 지니지 않는 것으로 이해되고 있다. 그것은 운소로서의 자격을 갖는 음장이 고정적인 성격을

지니지 않기 때문에서이다. 그러기에 음조나 억양을 흔히 통사구조
와는 직접적인 관계없이 기술하고 있는 것이다. 예컨대 억양에 관여
하는 문미음조를 기술할 때에 동일한 통사구조를 가지는 다음과 같
은 예를 보이곤 한다.

(1) 밥 먹어 ↘ (평서문)

(2) 밥 먹어 ↗ (의문문)

(3) 밥 먹어 → (명령문)

이 대표적인 경우를 발화장면과 관련시킨다면, (1)은 "무엇 해?"에 대
한 진술로서 하나의 발화단위가 일단락되어 하강적 음조로 끝나는
경우이고, (2)는 판정을 내리도록 기다리면서 상승적 음조로 우선 멈
추어 아직 발화단위가 끝나지 않은 경우이며, (3)은 명령에 대한 행위
를 요구하면서 기다리기에 하강적 음조로 끝낼 수도 없고 언어적인
대답을 꼭 요구하지는 않기에 상승적 음조로 끝내지도 않는 경우이
다. 이러한 문미음조를 포함한 문억양에 음장 자체는 관여하지는 않
는다. 문억양에 관여하는 운율적 자질은 그 자체로서는 시차성을 가
지지 않는 프로미넌스라고 믿는다. 프로미넌스와 발화상의 음장과의
관계에 대해서는 이 글의 마지막 장에서 논의될 것이다.

　국어의 음장은 고정적이지 못하고 자립적인 것이다. 즉 통사적인
기능과는 직접적인 관계가 없이 형태소에 운율적 자질이 그 나름대
로 자재하고 있다면 그것은 문장의 구성요소로서의 형태소의 음운론
적 표시의 문제에 지나지 않는 것이다. 형태소 자체에 대한 음운론적
표시의 문제라면 곧 그것은 형태소들을 특징지어 주는 시차성의 문

제가 될 것이다. 국어의 음장이 시차적인 운율적 자질로서 구실함은
이미 19세기 말엽에 지적되었던 일로서, 흔히

밤(夜) : 밤:(栗)　　눈(眼) : 눈:(雪)　　속(束) : 속:(裏)

말(馬) : 말:(言)　　성(城) : 성:(姓)　　이(齒) : 이:(利)

등과 같은 예들로부터 국어의 음장이 일정한 형태소들에서 시차적
기능을 행함을 인식한다. 나아가서 이로부터 비록 시차적인 짝이 쉽
사리 찾아지지 않는 경우일지라도 음장을 인식하여

개:(犬), 감:(柿), 뱀:(蛇), 셋:(三), 자:반(佐飯), 지:렁이, 거:머리, …… 안:다, 감:다,
벌:다, 돕:다, 웃:다, 뺄:다, 꺼:리다, 더:럽다, 서:럽다, 서:투르다, ……

와 같이 음장을 배정하게 된다. 그렇게 되면 표면적 통사구조에 형태
소를 배정할 때에는 그 형태소가 자립적으로 가지는 음장이 이에 함
께 하게 될 것이다. 이를 개략적으로 도표화한다면,

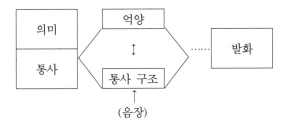

와 같이 음장의 위치를 문장 차원에서 일단 이해할 수 있는데, 이렇게
표면적인 통사구조의 각 형태소들에 배정된 음장들은 통합적인 관계

에 따라서 다시금 그 음장의 가변성을 보게 된다. 예컨대 "그림이 고왔다."는

	##그:림＋이#	#곱:＋았＋다##
단모음화	──	곱았다
p → w	──	고왔다
	⋮	⋮
	[그:리미	고왇때]

와 같이 대충 기술될 것이고, "고기를 고았다"는

	##고기＋를#	#고:＋았＋다##
	⋮	⋮
단모음화	고기를	고았다
보상적 장모음화	──	괐:다
	⋮	⋮
	[고기를	괃:때]

와 같이 기술될 것이다.

지금까지의 음장에 대한 기술은 형태소 내지는 단어에 우선 각각 음장을 배정하고서 이들 형태소 또는 단어들이 여러 조건에 따라 변동을 하는 현상을 기술하는 형태론적 차원, 즉 단어 차원에서의 기술인 단어음운론적인 기술이었다. 단어 차원에서의 음장 가변성에 대한 논의는 곡용·활용의 경우 및 파생어·복합어 형성의 경우에 집중되어 왔다. 음운론적·비음운론적 여러 제약에 따라 가변적인 경우가 있고 불변적인 경우가 있음이 지적되었던 것이다. 즉 체언 곡용의 경우에는

/밤:+이/ → [밤:이]　　/속:+을/ → [속:을]

/말:+은/ → [말:은]　　/성:+에/ → [성:에]

등에서와 같이 모음접사 앞에서 음장이 유보되어 불변적인 성격을
지님에 반하여, 용언 활용의 경우에는

/불:+어/ → [불어]　　/안:+아/ → [안아]

/감:+아/ → [감아]　　/웃:+어/ → [웃어]

등과 같이 모음접사 앞에서는 단음화하여 가변적인 성격을 지니는
것이다. 이에 따르면 국어의 음장은 고정적인 것이 아니고 자립적인
것으로서 체언과 용언에 따라 다시 불변적인 것과 가변적인 것으로
나뉜다고 할 수 있다. 물론 용언 활용에 있어서도 /얻:+어/ → [얻:어]
등에서처럼 불변적인 경우가 없는 것은 아니다.

　통시성이 강한 듯한 파생어나 복합어의 형성에 있어도 가변성을
보이는 것이 사실이다. 예컨대

/웃:+으개/ → /우스개/N

/길:+이/ → /길이/N

/덥:+이/ → /더위/N

/얼:+음/ → /얼음/N

등에서처럼 파생명사 형성의 경우에는 용언 활용의 경우처럼 모음접
사 앞에서 일반적으로 단모음화하여 가변적이었던 데에 반하여

/길:+이/ → /길:이/_{Adv.}

/멀:+리/ → /멀:리/_{Adv.}

/많:+이/ → /많:이/_{Adv.}

/정:+히/ → /정:히/_{Adv.} (正히)

와 같이 부사어 형성의 경우에는 불변적인 것이고, 피동 · 사동의 형
성에서는,

/남:+기-/ → /남기-/

/알:+리-/ → /알리-/

/웃:+기-/ → /웃기-/

/안:+기-/ → /안기-/

/쏘:+이-/ → /쏘이-/(~쐬:-)

들처럼 음운론적 조건에 관계없이 단모음화한다. 복합어 형성의 경
우에

/푼+돈:/ → /푼돈/	/뛰+놀:-/ → /뛰놀-/
/잘+못:/ → /잘못/	/열:+닫-/ → /여:닫-/
/목+숨:/ → /목숨/	/감:+돌:-/ → /감:돌-/
/속:+탈:/ → /속:탈/	/말:+많:-/ → /말:많-/

와 같이 두 번째 요소에서의 단모음화는 장모음음절의 실현이 형태
소 내지 단어의 첫음절에서만 가능할 수 있는 규제에 의한 것이다.

따라서 이는 후속 요소에 의한 음장의 가변성과는 그 성격을 달리하는 것이다. 이상과 같은 단어형성에 있어서의 음장 문제는 단어 단위의 문제이기 때문에 표면적인 통사구조에서는 하나의 단어로 구실함으로써 앞에서 언급한 곡용·활용에서의 음장 문제와는 직접적인 관련을 가지지 않는 것이다.

요컨대 단어 차원에서의 음장은 시차적 자질로 구실하여 어휘의미의 구실을 담당하는데, 그 음장은 가변적인 것과 불변적인 것일 수 있다. 가변적인 경우에는 크게 두 가지의 제약을 지니는바, 하나는 후속적인 요소들에 의한 음운론적·비음운론적 제약이며, 또 하나는 '서:투르다, 서:툴러'라든가 '꺼:린다, 꺼:려' 등과 같이 이음절 이상의 어간의 경우에는 후속적 요소에 의한 변동은 없고 '알:고, 알아' 등과 같은 단음절어간의 경우에만 가변적이라는 제약이다. 단어 차원에서의 이러한 음장 실현의 기술은 문장 차원 또는 나아가서 발화 차원에도 그대로 맞아들어가는 것이지만, 이외에 새로운 차원의 제약이 다시 보태지는 것이다.

3.

우리가 지금까지 흔히 공시론적 기술에서 단모음화니 보상적 장모음화니 했던 것은 앞에서 언급한 바와 같이 단어 차원에서의 형태론적 구성을 대상으로 한 기술이었다. 즉 어간형태소의 음장이 활용·곡용의 후속적인 접사들에 의하여 그리고 때로는 새로운 단어의 형성을 위한 파생접사들에 의하여 가변하는 사실에 대한 것이었다. 이제 단어 차원을 넘어 그 단어들이 포함되는 문장이 실현된 발화 차원에서의 음장 가변성을 알아보도록 하자.

발화 차원에서 음장의 가변성에 대하여 검토하고자 할 때에 기술의 순서상 표면적인 통사구조로부터 발화로 실현되는 과정에서의 음장을 관찰하게 된다면, 그것을 결국 발화음장론이 된다. 그러나 일단은 의미초점 아니면 이에 의하여 문장의 어느 부분에 얹혀 나타날 수 있는 돌립강세인 프로미넌스와 음장과의 관계는 다음 순서로 미루게 될 것이다.

표면구조로서의 문장이 발화로 실현되는 과정에서의 음장이 가변성을 종합적으로 다루어 그 규칙성을 확립하려면 여러 유형의 문장들을 검토해 보는 것이 좋겠지만, 여기서는 편의상 몇 가지의 기본적인 유형으로부터 출발하면서 약간만 확대시켜 논의하고자 한다.

    (4) 바람이 분다.
    (5) 아기가 웃는다.
    (6) 개가 걷는다.
    (7) 돈이 남는다.

위의 (4)~(7)의 예들은 모두 이른바 자동사문으로서 $[N]_{subj.}$와 $[V]_{pred.}$의 두 성분으로 구성되는데, 이러한 통사구조에 따라 두 성분을 각각 두 개의 기식군으로 실현시킨다면 그 실현된 발화에 있어서는 이미 단어 차원에서 언급한 대로 음장의 실현을 겪게 된다. 예컨대 "바람이 분다."는 대략 "바람+이 불:+은+다" 정도의 표면구조를 갖는바, 이것이 두 개의 기식군(breath group=BG)으로 발화된다면,

(4-1) [바람이]$_{BG}$ [분ː다]

와 같이 실현된다.[6] 만일 (4)의 예를 과거시제의 [바람+이 불ː+었+다]로 바꾼다면 물론 음운론적 조건으로 말미암아 V→[-long]/[__]$_{verb}$ +[V...]$_{suf.}$와 같은 정도의 단모음화에 따라

(4-2) [바람이]$_{BG}$ [불었다]

와 같이 발화될 것이다. (5), (6), (7)도 마찬가지이다.

(5-1 · 2) [아기가]$_{BG}$ [웃ː는다] ([웃었다])

(6-1 · 2) [개ː가]$_{BG}$ [걷ː는다] ([걸었다])

(7-1 · 2) [돈ː이]$_{BG}$ [납ː는다] ([납았다])

BG로 표지된 체언구는 단어 차원에서와 같이 기저의 음장을 유보시키면서 발화됨은 물론이다. 이렇게 위의 문장들을 두 개의 기식군으로 분리시켜 발화한다면, 그것은 바로 문장을 단어 차원에서와 동일한 통사단위로 분리시켜 발화로 실현시키는 것이기에 이에 적용되는 음장의 가변성은 단어 차원에서의 그것과 동일한 결과가 될 수밖에 없다.

---

6 발화에 있어서 기식군 표지 BG가 놓이는 경우에 그 기식군의 끝음절이 약간의 higher pitch를 가지는 것은 보편적인 현상이다. 후술할 바와 같이 BG 표지로 묶인 성분 전체를 의미초점으로 삼는 경우에는 이 끝음절에 상대적으로 보다 강한 프로미넌스가 놓이게 되고 또 때로 장음화가 따르게 된다("비가 오는 데ː 그대로 가 버렸다.").

204

두 단어로 이루어진 위와 같은 짧은 문장들을 보다 흔히는 기식군
의 표지 없이 하나의 기식군으로 발화하곤 한다. 빠른 속도로 말할
경우에 더욱 그러한데, 더욱이 (4)의 "바람(이) 분다."와 같이 주격접
미사를 흔히 생략하는 경우에는 전체를 하나의 기식군으로 발화함이
오히려 자연스러워 보인다. 기식군 표지가 끼이지 않는다면,

   (4-3) 바람(이) 분다.
   (5-3) 아기(가) 웃는다.
   (6-3) 개:(가) 걷는다.
   (7-3) 돈:(이) 남는다.

와 같이 둘째 성분의 음장은 유보되지 못한다. 이러한 사실로부터
하나의 기식군 안에서는 그 기식군의 첫음절만이 단어 차원에서의
음장만을 지킬 수 있고 그 이하에서는 모두 단음으로 실현된다고 추
론할 수 있다.[7] 이 점이 발화 차원에서의 음장의 가변성과 단어 차원
에서의 그것 사이의 차이점인 것이다. 위의 예문들에 부사어가 추가
되었을 때에 좀 더 분명히 위의 사실이 드러난다.

   (4-4) 바람이 세게 분다.
   (5-4) 아기가 곱게 웃는다.
   (6-4) 개가 천천히 걷는다.
   (7-4) 돈이 많이 남는다.

---

7 졸고(1975)에서는 기식군 안에서의 음장 행위에 대하여 '[α long] → [+α long]/##(c)'
   와 같은 정도의 음장 가변성을 표시한 바 있다.

부사어로서 추가된 '세:게, 곱:게, 천:천히, 많:이' 등에 기식군 표지가 놓이면 물론 술어동사들의 음장이 유지되겠지만, 만일 부사어와 술어동사와의 구성이 하나의 기식군으로 발화되면 자동적으로 부사어의 첫음절만이 단어 차원에서의 음장을 유지하게 될 것이다. 위의 두 경우 중에서 오히려 둘째 경우가 자연스러울 것이다. 특히 (6-4)의 "개:가 천:천히 걸:는다"라든가 (7-4)의 "돈:이 많:이 남:는다"는 단어 차원에서 기저의 장음을 세 번 연결시키고 있는데, 이들은 세 개의 기식군으로 각각 끊어 발화하면 오히려 자연스럽지 못하다.[8] 오히려 "[개:가]_{BG} [천:천히 걷는다]"와 "[돈:이]_{BG} [많:이 납는다]"와 같이 주어부와 술어부로 끊어 발화함이 자연스러운 듯이 여겨진다. 만일 보다 빠른 속도로 발화하는 경우에 하나의 기식군으로도 실현시킬 수 있음은 물론이다([돈:(이) 많이 납는다]).

단어 차원에서의 음장 가변성과 발화 차원에서의 그것과의 차이는 "돈이 많이 남는다"와 "돈이 많이 남았다"와의 대조에서 두드러진다. 즉, 단어 차원에서 '남:는다, 납았다'처럼 후속적인 요소에 의한 제약에 따라 음장의 가변성을 경험하게 되지만, 발화 차원에서는 선행적인 요소의 존부에 제약되어 "[돈:이]_{BG} [많:이 납는다]"와 같은 음장의 가변성을 경험하게 되는 것이다. 그리하여 "[돈:이]_{BG} [많:이 납는다]"에서의 단모음화한 '납았다'는 일단 단어 차원에서의 단모음화를 경

---

8 동일한 운소의 계속적인 실현을 발화에 있어서 회피하는 현상은 그 발화의 리듬 구조와 관련되는 현상이다. 단어 차원에서의 일이지만 중세 국어 성조 구조에서 이른바 '거성불연삼'이 보이는 것도 같은 유형에 속하는 문제일 것이다. 영어에서의 thirtéen Tennesseé míners ⟹ thírteen Ténnessee míners와 같이 단어 차원으로부터 발화 차원으로 실현되는 과정에서 나타나는 강세 추이도 역시 영어의 발화 리듬구조에 관련된 현상일 것이다(cf. Selkirk 1984:191).

험하고서 발화 차원에서는 그 단모음화된 음절이 선행적인 요소에 의하여 그대로 유보되고 있는 것이라 할 수 있다.

음장의 가변성에 있어서 자동사문과 동일한 성격을 지니는 경우로 형용사문이 있다.

    (8) 날씨가 덥:다.

    (9) 다리가 길:다.

    (10) 사:람이 좋:다.

    (11) 세:상이 떫:다.

단어 차원에서의 음장을 함께 표시한 위의 예문을 각각 체언구로서의 주어와 용언구로서의 술어로 나누어 발화한다면 위에 표시한 대로 단어 차원에서의 음장이 유지되고, 수의적인 주격접미사 탈락과 함께 각각의 전체를 하나의 기식군으로 실현하면 용언구의 첫음절은 단모음화를 입게 될 것이다. 만일 모음접사로 바뀌면 '더웠다'에서처럼 단어 차원에서 일단 단모음화를 입게 마련이다. '떫:다, 떫:어'처럼 모음접사 앞에서조차 단모음화를 모르는 예외적인 경우에도 "[세:상이]$_{BG}$ [떫:었다]"를 하나의 기식군으로 실현시키면 물론 [떫었다]로 단모음화하게 된다. 부사어가 추가되는 경우에도 자동사문의 경우에 보았던 음장 가변성을 동일하게 관찰할 수 있다.

    (8-1) [날씨가]$_{BG}$ [아주 덥다]

    (9-1) [다리가]$_{BG}$ [훨씬 길다]

    (10-1) [사:람이]$_{BG}$ [무척 좋다]

(11-1) [세:상이]$_{BG}$ [되:게 뚫다]

이른바 타동사문의 경우에 흔히 주어로서의 체언구와 술어로서의 용언구(목적어 포함) 사이에 기식군 표지를 두어 발화함이 일반적인데, 대격접미사를 생략하는 경우에는 더욱 그러할 것이다. 이 경우에

(12) [학생이]$_{BG}$ [나무(를) 심는다]

(13) [도둑이]$_{BG}$ [담(을) 넘는다]

(14) [군인이]$_{BG}$ [총(을) 쏜다]

(15) [순경이]$_{BG}$ [호각(을) 분다]

와 같이 술어동사의 첫음절은 선행적 요소인 목적어가 있음으로 해서 단음화하게 된다. 다시 목적어와 술어동사 사이에 부사어가 들어간 경우에는 예컨대

(15-1) [순경이]$_{BG}$ [호각(을)]$_{BG}$ [되:게 분다]

(15-2) [순경이]$_{BG}$ [호각(을) 되게 분다]

들과 같은 발화가 가능하며, [되:게 분:다]로 실현될 가능성은 없는 것이다. 아마도 국어의 리듬구조 때문에 그럴 것이다. (15-1)과 (15-2)에 관여하는 프로미넌스의 위치가 다름은 말할 것도 없는데, 억양과 관련되는 프로미넌스의 문제는 다음 장에서 언급될 것이다.

타동사문에 있어서 그 구성 성분들이 장음을 연속적으로 가지는 경우에도 기식군 표지에 따라 음장의 가변성이 결정된다. 예컨대

(16) /화:가가 그:림을 예:쁘게 그:린다/

와 같은 문장이 발화로 실현될 때에 단어 차원에서 유지되는 장음이
모두 그대로 유보될 수는 없고

(16-1) [화:가가]_BG [그:림을]_BG [예:쁘게 그̆린다]

(16-2) [화:가가]_BG [그:림을 예̆쁘게 그̆린다]

와 같은 정도로 실현될 것이다. 만일 "[화:가가 그̆림을]_BG [예:쁘게 그̆
린다]"로 실현시키는 경우가 있다면, 이 발화는 '예쁘게 (그린다)'에
의미초점이 놓여 프로미넌스까지 얹히는 경우로 이는 별개의 문제인
것이다. 장음의 연속적인 실현이 어색한 예들을 몇 개 더 보이자.

○ 개:가 뒷:다리를 질:질 끈:다.
○ 선:수가 공:을 세:차게 몬:다.
○ 거:지가 돈:을 쉽:게도 얻:는다.
○ 시:인이 시:를 많:이도 왼:다.
○ 장:님이 거:리를 세:세히도 안:다.
○ 죄:인이 말:을 몰:래 엿:듣는다.
○ 소:년이 소:녀에게 선:물을 선:사한다.
○ 검:사가 피:고인을 죄:인으로 몬:다.
○ 일:꾼이 일:을 병:으로 안:다.
○ 사:자가 호:랑이를 들:로 몬:다.

일반적으로 하나의 문장을 일정한 기식군으로 나누어 발화할 때에 통사구조상의 의미론적 관계에 따라 기식군을 인식하여 발화로 실현시킴이 가장 자연스러울 듯하나, 반드시 그런 것이 아님을 알 수 있다. 예컨대 통사구조만을 고려한다면 "[개:가 뒷다리를]_BG [질:질 끈다]"의 발화는 있을 수 없는 것이다. 그러나 실제의 발화로서 이렇게 실현된 경우를 우리가 드물게나마 관찰할 수가 있다면, 이는 '질질'을 강조하는 경우로 새로운 리듬 구조에 따라 차원을 달리하는 문제이다.

통사구조에 의한 의미 단위와 발화상의 기식군 사이의 이러한 불일치가 어디에서 연유하는 것인지 그 이유를 밝히 말할 수는 없는 것이 현재이다. 아마도 그것은 발화시의 호흡과 관련되는 리듬의 문제일지도 모른다. 위에서 든 "화가가 그림을 그린다"를 "[화:가가]_BG [그:림을]_BG [그:린다]와 같은 발화로 실현시킴은 어색한데, 이는 '그림을 그린다'를 발화 차원에서도 하나의 의미단위로 인식하는 것이 자연스러울 뿐만 아니라 기식군에 따른 리듬 형성도 자연스럽기 때문에서일 것이다. 이 문장의 통사적 차원으로부터 발화에 이르는 과정을 요약한다면 다음과 같을 것이다.

통사적 차원	화:가+가 그:림+을 그:리+은+다
음운적 차원	화:가가 그:림을 그:린다
발화적 차원	[화:가가]_BG [그:림을 그린다]
	[화:가가 그림을 그린다]

또 "선수가 공을 세차게 몰았다"라는 예문의 경우에는

통사적 차원	선:수+가 공:+을 세:차+게 몰:+았+다
음운적 차원	선:수가 공:을 세:차게 몰:았다
발화적 차원	[선:수가]_{BG} [공:을]_{BG} [세:차게 몰았다]

[선:수가]_{BG} [공:을 쎄차게 몰았다]

[선:수가 콩을 쎄차게 몰았다]

등과 같은 정도의 과정을 대강 말할 수 있다. 여기서 음운적 차원이라 함은 곧 단어 차원에서의 음장 가변성을 위한 표현에 지나지 않는데, 그것은 곧 단어음운론의 성격으로서 발화음운론의 성격과 구별되는 것이다.

흔히 중주어문이라 불리기도 했던 문장들이나 그와 비슷한 형식을 가지는 문장들에서는 음장의 가변성은 어떠한가.

(17) 코끼리는 코가 길다.

(18) 날짜는 4일이 좋겠다.

(19) 호랑이는 성질이 사납다.

(20) 거지는 돈이 없다.

이들 문장은 흔히 "[코끼리는]_{BG} [코가 길다]"와 같이 두 개의 기식군으로 실현되는데, 그렇게 되면 각각

(18-1) [날짜는]_{BG} [4:일이 좋겠다]

(19-1) [호:랑이는]_{BG} [성:질이 사납다]

(20-1) [거:지는]_{BG} [돈:이 없다]

와 같이 실현될 수밖에 없음은 말할 것도 없다. 역시 단어 차원에서 와는 달리 하나의 기식군 안에서 2개 이상의 장음을 실현시킬 수도 없고 단어 차원에서와 같이 끊어서 장음을 연속적으로 부자연스레 실현시킬 수도 없다. 부사어가 첨가된 경우에

(17-2) 코끼리는 코가 아주 길다.

(18-2) 날짜는 4일이 꼭 좋겠다.

(19-2) 호랑이는 성질이 되게 사납다.

(20-2) 거지는 돈이 전혀 없다.

같은 예들이 말해 주듯이 기식군으로서의 분절은 여러 가지 가능성 이 있다. 예컨대 (19-2)의 /호:랑이+는 성:질+이 되:+게 사:납+다/는

(19-3) [호:랑이는]$_{BG}$ [성:질이 되게 사납다]

(19-4) [호:랑이는]$_{BG}$ [성:질이]$_{BG}$ [되:게 사납다]

(19-5) [호:랑이는 성질이]$_{BG}$ [되:게 사납다]

등등이 있을 수 있는데 (19-5)는 덜 자연스럽고 또 특이한 경우에만 쓰일 수 있다. 어쩌면 정상적이라 하기 힘들 정도이다. 의미상으로 보아 이와 통사구조가 다른 "날짜는 4일이 꼭 좋겠다"는 "[날짜는 4일 이]$_{BG}$ [꼭 좋겠다]"로 실현되기는 드물다.

이상에서 우리는 몇몇 통사구조를 달리 해서 음장의 가변성을 관 찰하였다. 문장의 발화에 있어서의 그 가변성은 단어 차원에서의 가 변성을 일단 바탕으로 하되 다시 기식군에 따라서 그 가변성이 결정

됨을 본 셈이다. 그런데 그 주된 관심을 지금까지는 서술부 특히 용언 쪽에 두었었다. 주어를 이루는 것은 체언인데, 그 체언 자체는 주어로 기능하든 딴 성분으로 기능하든 간에 단어 차원에서 후속적 요소에 의한 음장 가변성을 보여 주지 않는다. 그러나 발화 차원에서는 기식군에 따라 여전히 가변적인 음장으로 행위한다. 그것은 말할 것도 없이 체언이 기식군의 첫 요소가 아닐 경우에 언제나 단음으로 실현되는 것이다.

언제나 체언과 함께 하나의 기식군을 이루게 하는 한정사로 '이, 그, 저, 무슨, 어느, 어떤, 그런, 저런, ……' 등과 '한, 두, 세, 네, ……, 백, 천, ……, 모든' 등이 있다.

$$
\left.\begin{array}{c} 이 \\ 그 \\ 저 \\ \vdots \end{array}\right\} \overline{사람}
\qquad
\left.\begin{array}{c} 한 \\ 두 \\ 세 \\ \vdots \end{array}\right\} \overline{사람}
$$

이 경우에 [이 사ˇ람] 이라든가 [한 사ˇ람] 같이 하나의 기식군을 형성하여 발화하기 때문에 '사:람→사ˇ람'과 같은 음장의 가변성을 보게 된다.

$$
\left.\begin{array}{c} 나 \\ 너 \\ 그 \\ 저 \\ \vdots \end{array}\right\} 의
\left.\begin{array}{c} 사:람 \\ 말: \\ 공: \\ 그:림 \\ \vdots \end{array}\right\}
+
\left.\begin{array}{c} 이 \\ 을 \\ 에(게) \\ 도 \\ \vdots \end{array}\right\}
$$

에서도 [내 말:이]와 같이 발화됨이 일반적이다. 만일 [내 말:이]와 같이 실현시키는 일이 있다면 그것은 '내'에보다는 '말'에 의미초점을 두는 경우이기 때문에 성격을 달리하는 경우가 된다. 용언의 관형형이 얹혀 새로운 체언구가 구성되는 경우에 그것이 하나의 기식군을 흔히 형성하기 때문에 음장의 가변성도 일반적인 규칙을 따르게 된다.

(A) 부:는 바람   세:게 부는 바람

     웃:는 아기   곱:게 웃는 아기

     걷:는 개   천:천히 걷는 개

     남:는 돈   많:이 남는 돈

(B) 더운 날씨   아주 더운 날씨

     긴: 다리   훨씬 긴 다리

     좋은 사람   아주 좋은 사람

     떫:은 세상   되:게 떫은 세상

(C) 나무(를) 심는 학생

     담(을) 넘는 도둑

     총(을) 쏘는 군인

     호각(을) 부는 순경

(D) 코(가) 긴 코끼리

     성:질(이) 사나운 호랑이

     돈:(이) 없는 거지

(C), (D)에 있어서 만일 용언이나 체언을 단어 차원에서의 음장 실현대로 발화한다면 그것은 역시 의미초점의 위치를 나타내는 경우이다. 예컨대 "[성:질이 사ˇ나운]$_{BG}$ [호:랑이]"라든가 "[성:질이]$_{BG}$ [사:나운 호ˇ랑이]"는 각각 '호랑이'와 '사나운'에 의미초점이 놓인 경우일 것이다. "성질이 사나운 호랑이"를 통사적 차원으로부터 발화적 차원에 이르는 과정을 보이면 다음과 같다.

통사적 차원	/성:질+이 사:납+은 호:랑이/
음운적 차원	성:질이 사:나운 호:랑이
발화적 차원	[성:질이 사ˇ나운 호ˇ랑이]
	[성:질이 사ˇ나운]$_{BG}$ [호:랑이]
	[성:질이]$_{BG}$ [사:나운 호ˇ랑이]

이와 같이 단어 차원에서와 발화 차원에서의 음장 가변성이 차이 있게 되는데, 단어 차원에서의 음장 가변성은 후속적 요소에 의한 제약에 따르고, 발화에서의 음장 가변성은 기식군에 따르되 오직 그 첫음절에서만 단어 차원에서 실현되는 음장이 유보되고 그 이하에서는 모두 단음으로만 실현된다. 그런데 기식군의 형성에는 여러 가능성이 있을 수 있음도 보았다. 예컨대 "시작이 반이다"는 "[시:작이]$_{BG}$ [반:이다]"로든지 "[시:작이 반ˇ이다]"로든지 발화될 수 있고, "화가가 그림을 그린다"는 "[화:가가]$_{BG}$ [그:림을 그ˇ린다]" 아니면 "[화:가가 그ˇ림을 그ˇ린다]"로 발화될 수 있지만, "그 화가가 이 그림을 그렸다"는 "[그 화가가]$_{BG}$ [이 그ˇ림을 그ˇ렸다]"로 발화함이 가장 자연스러울 것이다. 물론 이들은 특정의 의미초점을 두지 않을 경우에 해당된다.

이른바 보상적 장모음화의 경우에도 사정은 마찬가지이다(졸고 1978). '보+아 → 보아~봐:, 두+어 → 두어~둬:, 기+어 → 기어~겨:' 등 에서와 같이 hiatus의 한 회피현상으로 비록 수의적이지만 glide화를 일으킴으로써 이 비음절화로 생기는 한 음절의 길이를 장모음화로 보상하는 이 현상은 마치 질량불변의 법칙에 유사한 것이라 할 만하 다. 이 역시 단어 차원에서의 관찰이다. "소년이 장기를 두었다"는 단어 차원에서 '소:년이, 장:기를, 뒀:다'로 기술하겠지만, 흔히는 "[소: 년이]ᴮᴳ [장:기를 뒀다]"로 발화된다고 기술될 수 있는 것이다. "안개가 계곡에 끼었다."는

통사적 차원	안:개+가 계곡+에 끼:+었+다
음운적 차원	① 안:개가 계곡에 끼었다
	② 안:개가 계곡에 꼈:다
발화적 차원	① [안:개가]ᴮᴳ [계곡에 꼈다]
	② [안:개가 계곡에 꼈다]

와 같은 발화에서의 과정으로 기술될 것이다. 즉 '끼:+었+다 → 끼었 다(단모음화) → 꼈:다(보상적 장모음화)'로 기술하는 것은 단어음운 론의 영역에 속하고, 하나의 기식군을 구성하는 '계곡에'에 의한 '꼈: 다 → 꼈다'는 발화음운론의 영역에 속한다고 할 수 있다.

   4.

표면적인 통사구조로서의 문장이 실현된 언연쇄로서의 발화구조

에 있어서 음장을 논의하면서 부분적으로 의미초점에 관련된 음장의 문제를 언급하기도 하였다. 이제 여기에는 일반적인 발화에다가 다시 어떤 의미상의 강조 또는 의미초점에 관련하여 음장의 실현에 대한 개략적인 기술을 꾀하려 한다.

흔히 발화의 하위단위인 기식군은 그 첫음절에 프로미넌스를 갖곤 한다. 만일 발화의 어느 성분에 의미초점이 놓이게 되면 그 성분의 어느 한 음절에 보다 더 강한 프로미넌스가 놓이게 되는데, 이는 표현적 자질로서의 프로미넌스가 되는 셈이다. 이렇게 표현적 자질로서의 프로미넌스가 놓여 의미초점을 인식하게 될 때에 음장은 어떻게 실현되는가 하는 것이 곧 여기서의 문제일 것이다.[9]

우선 간단한 문장 구조를 지니는 "바람이 분다"로부터 출발해 보자. 앞에서 언급한 바와 같이 이 문장은 "[바람이]$_{BG}$ [분:다]"로 실현됨이 자연스러울 터인데, 주격접미사의 생략이 있는 경우에는 [바람 분다]로 실현됨이 더욱 자연스레 느껴질 것이다. 이 경우에 상대적으로 센 강세는 기식군의 첫음절에 놓이게 마련이어서 ['바람 분다]로 발화 되겠지만 그렇지만 이 강세로서의 프로미넌스가 표현적 자질로서 기능한다고는 말할 수 없을 것이다. 만일 주격접미사의 생략에 관계 없이 '바람' 자체에 의미초점을 두게 되면, 그 첫음절에 표현적 자질로서의 보다 강한 프로미넌스가 놓여 [°**바람**(이) 분다]로 실현될 것이다. 그러나 주격접미사의 생략 없이 '바람이'라는 어절 전체에 의미초점을 두어 그것을 주체화시키려 한다면 그에 관련되는 문법형태소가

---

9 그리하여 "그것은 °무슨 책이니?"라든가 "태평연월이 꿈°은 아니다.", "이것°은 책이고, 저것°은 책이 아니야." 등등에서와 같이 문장 구조 자체로부터 나타날 수밖에 없는 프로미넌스는 본고의 관심 밖에 있게 된다.

강조되어 "[바람˙ **이:**]ᴮᴳ [분:다]" 정도로 실현됨이 흔한 일일 것이다. (이 경우 인쇄의 편의상 의미초점의 끝음절만을 진하게 나타낸다). 즉 주격접미사 '-이'는 '바람- 분다'의 각 음절에 비하여 더욱 강한 프로미넌스를 가지면서[10] 동시에 흔히는 그 '-이'를 장음화시키게 되는데, 다만 이때의 장음화는 필수적인 것은 아닌 듯하다. 장음화를 겪은 경우와 그것을 겪지 않은 경우에 차이가 있다면, 그것은 뉘앙스의 차이일 것이다. "어디 가 니↗"와 "어디 가 니:↗"와의 차이에 평행되는 사실이다. 이와 같이 문법형태소에 초점을 두는 것은 교착성이라는 국어의 형태론적 특성을 잘 반영하는 것이라 할 만하다.

다시 위의 문장을 확대시킨 "강한 바람이 분다"의 경우를 보면 흔히 "[강한 바람이]ᴮᴳ [분:다]"로 또는 빠른 속도의 발화로는 [강한 바람이 분다]로 실현되겠지만, '강한 바람이' 전체를 강조한다면 이는 [강한 바람 **이:**]ᴮᴳ로 실현되고, '강한' 자체만을 강조한다면 [°**강한** 바람이]ᴮᴳ로 실현되는 차이를 보인다. 만일 [°**강:한** 바람이]ᴮᴳ로 실현시킨다면 '강한' 정도의 뉘앙스를 달리 느끼게 될 것이다.

의미초점을 옮겨 '분다'에 두는 경우에는 두 개의 기식군을 이루면서 "[바람이]ᴮᴳ [°**분:**다]"로 실현되어 단어 차원에서 적용된 [분:다]에 표현적인 프로미넌스가 더 보태지게 된 것이다. 만일 뉘앙스를 달리해서 마지막 음절 '-다'를 약한 상승적 음조로 장음화시킨다면, 그것은 '바람이 분다.' 전체를 강조하면서 청자의 동의까지 믿게 될 것이다. 발화 전체게 걸리는 억양의 차이도 있음은 물론이다.

---

10 기식군 표지의 바로 앞음절은 음성적으로 약간 올라가는 억양을 이룸이 보편적인데(cf. 각주 3), 의미초점에 따른 표현적 자질은 더욱 강한 프로미넌스를 가져 청자로 하여금 이를 쉽사리 인식할 수 있게 한다. 일종의 화용능력에 따른 것이다.

특정의 의미초점 없이 문장을 발화하는 경우에 음장의 가변성을 보기 위해서 들었던 예들 가운데서 임의로 "화가가 그림을 그린다"를 통해서 의미초점과 음장과의 관계를 보자. 이 문장을 특정의 의미초점 없이 발화한다면, 앞에서 이미 보았듯이 "[화:가가]ᴮᴳ [그:림을 그ˇ린다]"가 자연스러울 것이다. 이를 다시 빠른 속도로 하나의 기식군으로 발화한다면 "[화:가가 그ˇ림을 그ˇ린다]"도 가능할 것이다. 여기에서 만일 '그린다'를 의미초점으로 삼는 경우에는 [°그ˇ:린다]와 같이 실현될 것이다. 일반적인 발화에서 목적어 등의 선행적 요소로 인하여 [그ˇ린다]와 같이 단음화했던 것이 의미초점으로 다시 장음이 되살아나는 현상을 보는 셈이다. "[코끼리는]ᴮᴳ [코가 길ˇ다]"에서 특히 '길다'를 강조하는 경우에 "[코끼리는]ᴮᴳ [코가 °길:다]"로 실현되는 현상과 마찬가지인 것이다.

관형어나 부사어가 덧붙는 문장들에서도 의미초점에 따른 음장 가변성은 아무런 차이가 없다.

[날씨가]ᴮᴳ [아주 덥ˇ다]
　→　[날씨가]ᴮᴳ [아주 °덥:다]

[코끼리는]ᴮᴳ [코가 아주 길ˇ다]
　→　[코끼리는]ᴮᴳ [코가 아주 °길:다]

[화:가가]ᴮᴳ [그:림을 잘 그ˇ린다]
　→　[화:가가]ᴮᴳ [그:림을 잘 °그ˇ:린다]

[그 화가가]₍ᴮᴳ₎ [이 그림을 그렸다]

→ [그 °화:가가]₍ᴮᴳ₎ [이 그림을 그렸다]

→ [°그 화가가]₍ᴮᴳ₎ [이 그림을 그렸다]

→ [그 화가°가:]₍ᴮᴳ₎ [이 그림을 그렸다]

→ [그 화가가]₍ᴮᴳ₎ [이 그림을 그렸다]

→ [그 화가가]₍ᴮᴳ₎ [이 °그:림을 그렸다]

→ [그 화가가]₍ᴮᴳ₎ [이 그림°을: 그렸다]

→ [그 화가가]₍ᴮᴳ₎ [이 그림을 °그:렸다]

   이들 예들이 보여주듯이, '덥다, 길다, 그린다(그렸다), 화가, 그림' 등의 경우처럼 기저의 장음이 단어 차원에서는 유보적이다가 일반적인 발화 차원에서는 선행적 요소에 의한 단음화를 겪게 되는데, 다만 이들이 의미초점이 되었을 경우에는 다시금 장음화를 일으키게 됨을 알 수 있다. 그러나 위의 '-가, -을' 등의 접미사가 그에 결합된 선행적 성분의 의미초점화로 인하여 장음화할 수 있는 가능성도 있다. 이는 앞의 경우와는 달리 기저의 단음을 가진 경우이다. 그렇다면 기저의 장음에 관계없이 의미초점에 의한 장음화는 언제나 실현되는가 하는 문제가 제기된다. '-가/이, -을/를' 등이 의미초점으로 인하여 일반적으로 장음화하지만 그것이 필수적이지는 않다고 하였다. 다음과 같은 예는 이러한 사실을 뒷받침해준다고 할 수 있다.

   [날씨가]₍ᴮᴳ₎ [°아주 덥다]

   [날씨가]₍ᴮᴳ₎ [°아:주 덥다]

즉 '아주'를 의미초점으로 삼는 경우 표현적인 프로미넌스가 필수적이고 음장은 뉘앙스에 따라 선택적인 것이다. 다음의 예들도 같은 성격을 지닌다.

[화:가개]ᴮᴳ [그:림을]ᴮᴳ [°잘 그린다]
[화:가개]ᴮᴳ [그:림을]ᴮᴳ [°잘: 그린다]

[°그 화가개]ᴮᴳ [이 그림을 그렸다]
[°그: 화가개]ᴮᴳ [이 그림을 그렸다]
[그 화가개]ᴮᴳ [°이 그림을 그렸다]
[그 화가개]ᴮᴳ [°이: 그림을 그렸다]

위의 경우에서 한 예로 [°그 화가개]와 [°그: 화가개] 사이에는 강조의 효과 외에 뉘앙스의 차이가 있고 그에 따라 장음화가 선택적으로 나타난다고 할 수 있을 것이다. 말하자면 이때의 장음화는 지시의 폭을 나타낸다고 하겠는데, 그렇게 보면 지시적인 경우의 '저기, 저:기, °저:기' 등의 프로미넌스와 음장의 차이에 평행되는 셈이다.

그런데 이러한 미묘한 문제를 체계적으로 기술하기는 힘든 것이 현재의 사정이다. 뿐만 아니라 강조 또는 감정의 폭을 더하기 위해서 장음화시키는 기제도 현재로서는 밝히기 어려운 실정이다. 예컨대 '큰집(伯父宅), 큰 집(cf. 집이 크다)'의 경우를 보면 둘다 그 첫음절 '큰'이 기저의 단음을 가지면서 단어 차원에서도 역시 단음을 가지는데 이를 강조하는 경우에는 각각

	neutral		focusing
큰집	→		°큰**집**
큰 집	→		°**큰**: 집

으로 실현되며 그 반대로는 실현되지 않음을 볼 수가 있다. '작은집
(三寸宅)'과 '작은 집(cf. 집이 작다)' 사이에서도 마찬가지이다.

	neutral		focusing
작은집	→		°**작은집**
작은 집	→		°**작**:은 집

즉 기저의 또는 단어 차원의 단음은 장음화하지 않고 프로미넌스만
더해짐을 알 수 있다. '이, 그, 저'라든가 '아주, 잘' 등은 음장의 가변성
에 따라 뉘앙스의 차이를 가짐에 반하여, 의미초점이 놓여도 '큰집,
작은집'이 장음화를 모르는 것은 아마도 '큰집, 작은집'이란 단어들은
의미상의 뉘앙스 차이까지 가질 수가 없기 때문에서가 아닌가 여겨
진다. 그렇다면 의미초점의 음성적 특징은 프로미넌스에 있으며 뉘
앙스의 음성적 특징은 음장에 있다고 할 수 있다. 이 경우의 음장은
표현적 자질로서 기능하는 셈이다.

　표현적 기능을 위한 장음화는 의미초점이 되는 단어의 어느 음절
에서 실현되는가? 이에 대해서 우리는 현재로서는 전혀 아는 바가
없다.

°**여**:러 가지를 먹었다.　　　　**여**°러: 가지를 먹었다.

해가 °**무**:척 길었다.　　　　해가 **무**°척: 길었다.

시간이 °오:래 걸렸다.　　　　　　　시간이 **오**°래: 걸렸다.

등과 같이 장음화하는 음절의 위치가 두 가지가 있기도 하고(cf. °시:
퍼런~시°퍼:런, °새:까만~새°까:만 등), ' °빨:간, °까:만, °노:란, °퍼:런'
등과 같이 첫음절만이 장음화할 수 있는 예들이 있기도 하다(cf. °빨:
갛다, °까:맣다, °노:랗다, °퍼:렇다 등). 그런가 하면

　　물을 °똑:똑 떨어뜨린다.
　　문을 **똑**°똑: 두드린다.

와 같이 의성어 자체의 의미와 관련시켜 뉘앙스의 차이를 두면서 장
음화의 음절 위치를 달리하기도 한다. 뉘앙스의 차이를 분명히 말하
기는 어려운데, '튼튼하다, 깔깔하다, 쓸쓸하다, 시원하다, 선선하다'
등과 같은 예들이나 '거무칙칙하다, 불그레하다, 푸르둥둥하다, 누르
스름하다, 넙데데하다, 길쭉하다' 등등의 예들은 흔히는 '-하다'의 바
로 앞음절을 장음화시킨다. 그렇다고 해서 첫음절을 장음화시킴이
불가능하지는 않음은 ' °쓸:쓸하다~쓸 °쓸:하다'가 뉘앙스의 차이를 가
지면서 쓰임에서 알 수 있다. 그리하여 현재로서는 감정이 깊이 관여
되는 어사들이 표현적 기능을 나타낼 때에 실현되는 장음화의 기제
를 밝히 말할 수가 없다.

5.

　　지금까지 우리는 발화에 있어서의 음장현상을 검토하였는바, 기술

의 편의를 위하여 시차적 기능에 의한 형태소 차원, 즉 표면적인 통사 구조로부터 출발하여 단어 차원에서의 음장 가변성을 고려하면서 발화에서의 음장가변성을 논의하였다. 나아가서 표현적 자질로서의 음장이 발화에서 어떻게 나타나는가도 살펴보았다. 이상을 요약해서 결론에 대신한다.

국어의 음장은 일차적으로 시차적 기능을 가지는 자립적인 것이어서 형태소의 기저 음장으로 표시되는데, 이는 또 다시 후속적인 환경에 따라 가변적인 것과 불변적인 것이 있는데, 대체로 체언의 음장은 가변적이고 용언 중에서 일음절어간형태소는 대부분 가변적이다. 이러한 가변성은 곧 단어 차원에서의 단어음운론에 드는 것이다. 표면적인 통사구조로서의 문장이 바로 단어 차원에서의 음장의 변동을 일단 바탕으로 하여 발화에 이르되 발화는 문장의 일정한 단위성분 ─단어 또는 그 이상의 단위─을 기식군으로 하여 실현되는 것이기 때문에 다시금 기식군에서의 음장 가변성은 단어 차원에서의 그것과 차이를 가진다. 즉 하나의 기식군은 그 첫음절에서만 장음을 유지하는데, 이때의 장음은 기저의 장음이 아니라 단어 차원에서 나타난 음장인 것이다.

강조를 위한 의미초점이 화자의 의지에 의해서 주어지는 경우 그 의미초점이 놓이는 성분의 첫음절에 자연히 프로미넌스가 얹히는데, 이때에 단어 차원에서 장음이 있는 경우에는 프로미넌스와 함께 나타난다. 다만 의미초점이 어절 이상인 경우에는 그 어절 끝에 놓인 문법형태소의 마지막 음절이 프로미넌스의 실현 이외에 장음화의 실현도 흔히 겪게 된다.

기본적으로 프로미넌스가 의미초점의 표지가 된다. 순수히 표현적

224

기능을 담당하기 위해 실현된 장음은 그에 따른 뉘앙스의 차이를 나타내는 듯하다. 이 표현적 자질로서의 장음이 실현되는 위치를 현재로서 밝히 언급할 수 없는 것이 필자 현재의 처지이다.

발화 전체에 걸치는 억양이라는가 리듬구조 등도 음장 가변성과 무관하지는 않을 것이지만, 이의 문제도 본고에서는 부분적으로 언급할 수밖에 없었다. 이들 모든 문제들이 밝혀질 수 있다면 우리는 시의 운율구조도 아마 드러낼 수 있을 것이다. 먼 훗날에나 기대한다.

[《국어학》 15, 1986]

붙임: 이 글에서는 언어활동의 실제적 상황 속에서 보이는 현실적 표면 모습이라 할 수 있는 '발화(發話 énoncé)'를 대상으로 운소(韻素) 중 자립적이고 가변적인 성격의 음장을 다루었다. 이병근(1978, 1986) 등이 바탕이 되어 폭을 넓혀 보았다. 언어의 기술을 기본적인 단위로부터 출발해 중간 구조들에서의 실현 그리고 마지막으로 발화에서의 음장 실현을 정리해 보려 한 셈이다. 한국어연구에서 처음 시도한 것이기에 조심스러웠다. 그러나 심리적 요인에 의한 장음의 실현은 앞으로의 과제로 남겼다.

참고문헌

김완진(1972), 형태론적 현안의 음운론적 극복을 위하여, 《동아문화》(서울대) 11.

김완진(1977), 《중세국어성조의 연구》, 탑출판사.

김진우(1976), 국어음운론에 있어서의 모음음장의 기능, 《어문연구》(충남대) 9.

남광우(1954/1955), 장단음고(상/하), 《국어국문학》 12/13.

이병근(1975), 음운규칙과 비음운론적 제약, 《국어학》 3.

이병근(1978), 국어의 장모음화와 보상성, 《국어학》 6.

이병근(1986), Au sujet de la longueur: Régle BREV en coréen, *Cahier d'études coréennes*(Collège de France) 4.

임홍빈(1984), 문종결의 논리와 수행: 억양, 《말》(연세대) 9.

장석진(1985), 《화용론연구》, 탑출판사.

Boulakia, G.(1983), Phonosyntaxe du francais: et si phonéticiens et syntacticiens faisaient ensemble de la linguistique?, *t.a. informations* 24.

Brown, G., K. L. Currie & J. Kenworthy(1980), *Questions of Intonation*, London: Croom Helm Ltd.

Coleman, H. O.(1914), Intonation and Emphasis, *Miscellanea Phonetica* Ⅰ.

Cristo, A. D.(1981), Aspects phonétiques et phonologiques des éléments prosodiques, *Modèles linguistiques* Ⅲ-2.

Dell, F., D. Hirst & J.-R. Vergnaud(1984), *Forme sonore du langage*, Paris: Hermann.

Fónagy, I.(1984), *La vive voix: essais de psycho-phonétique*, Paris: Payot.

Lehiste, I.(1970), *Suprasegmentals*, The M.I.T. Press.

Liberman, P.(1967), *Intonation, Perception, and Language*, The M.I.T. Press.

Rossi, M. et al.(1981), *L'intonation de l'acoustique à la sémantique*, Paris: Klincksieck.

Selkirk, E. O.(1984), *Phonology and Syntax*, The M.I.T. Press.

Taglicht, T.(1984), *Message and Emphasis*, New York: Longman Inc.

16 · 17세기 언간의 표기에 대한 음운론적 이해

1. 머리말

표기와 음운, 그것은 떼려야 뗄 수 없는 끈끈한 관계에 있다. 예컨대 '소리대로'는 이 둘이 서로 다를 바 없이 표기상의 겉과 음운론적인 속이 일치하는 경우이다. 말하자면 소리대로 적고 소리대로 읽는 것이다. 그렇다고 해서 표기와 음운, 이 둘이 언제나 일치된 관계에 있는 것은 아니다. 예컨대 '아프로, 압프로, 압흐로'나 '앞으로'가 표기상으로는 달라도 음운론적으로는 같거나 거의 동일한 것이다. '지븨'나 '집의'도 형태론적 인식의 표기에서는 차이가 있다 하더라도 음운론적으로는 동일하다.

문자 체계와 이를 운용한 표기는 어차피 언어의 반영이기는 하나 어떤 언어를 반영하는가 또는 그 언어를 어떤 방식으로 반영하는가 하는 근본적인 어려움을 안게 된다. '아프로, 압프로, 압흐로'는 언어 인식상의 어려움이 반영된 예컨대 음절 경계상의 문제가 있는 경우이고 '지븨, 집의'는 음운론적 동질성에도 불구하고 형태론적 인식이 반영되는 표기법이 문제가 되는 경우이다. 한글 간찰 즉 언간은 흔히 상투적인 표현이나 문어를 포함하면서도 구어를 또한 포함시킨 서기 (書記) 형식의 성격을 띤다. 그러기에 언간은 자연히 방언적 요소들까지 포함할 수 있음이 강조되기도 한다. 언간은 글로 쓰인 서기 자료이면서도 언어적인 면에서는 이러한 복잡한 언어질을 안는다. 그러나 비록 언어질의 다양성을 내포한다 하더라도 글로 쓰이는 경우 그 당시의 문자 체계를 따르게 마련이고 표기법을 지키게 마련이다. 어떤 오기나 혼기 등이 있다 하더라도 그것은 전체가 아니고 부분인 것이다. 통일된 표기법이 없다면 그것은 서기에 의한 의사소통의 기능을 부정하는 결과가 되기 때문이다.

이 글에서는 〈청주 북일면 순천김씨묘 출토 간찰〉(충북대학교 박물관)을 주요 대상 자료로 삼는다. 이 간찰들 속에는 '을묘 구월(1555)'이라든가 '융경 삼년(1569)' 등이 보여 대체로 16세기 후기의 자료로 보고 있다.[1] 이 간찰들―이제부터 〈순천김씨〉라 줄여 부른다―에 이어 경북 달성에서 발굴된 〈진주하씨묘 출토 간찰〉(대구 건들바우박물관)―이제부터 〈진주하씨〉라 줄여 부른다―이 있다. 이 간찰들은 '임인 정월(1602)'이라든가 '병슐 뉴월(1646)' 그리고 '긔미 팔월(1619)', '경신 삼월(1620)', '임슐 삼월(1622)' 등등의 기록과 무덤 주인인 진주하씨의 남편 곽주(郭澍)의 계보를 통해서 17세기 전반 즉 1602-1646년에 걸쳐 쓰인 것으로 보고 있다.[2] 〈진주하씨〉는 〈순천김씨〉와 시대상

---

1 조건상(1981), 전철웅(1995)의 해제에 기댐. 이 글에서 대상으로 하는 자료는 일차적으로 전철웅(1995)에서 판독한 것을 기초로 한다. 난해한 판독을 해 발표한 전 교수의 노고를 치하한다.

2 김일근 교수의 자세한 고찰이 있는바, 이는 《진주하씨묘 출토 문헌과 의복 조사 보고서》(1991)에 들어 있다. 이 보고서에는 극히 일부의 간찰들이 옮겨 활자화되어 있

의 큰 차이는 없으나, 지역적 차이가 있는 셈이다. 이 글에서는 〈순천김씨〉를 주요 자료로 삼고 〈진주하씨〉는 김주필(1993)에 넘기면서 대조 자료로 활용한다. 또한 지금까지 알려진 언간들 중에 위의 것들 이외에 16·17세기의 것들이 있다. 이병기(1948) 《근조내간선》, 김일근(1959) 《이조어필언간집》 등은 참고 자료로만 삼는다.

16·17세기 언간의 표기를 통해 음운론적 특성을 이해하려는 이 글은 여러 어려움을 안고 있다. 필사이면서 흘려 쓴 간찰이 대부분이라 판독이 쉽지 않고 또 무덤에서 출토된 것이기에 간찰 자체가 마모되어 역시 판독이 어렵거나 불가능하기도 하며 한 사람의 간찰이 아니라 여러 친·인척들의 간찰들이라는 점도 논의 전개에 어려움이 될 수 있다. 이러한 어려움을 안은 채, 이들 언간을 자료로 하여 표기를 통한 음운론적 이해를 꾀하려면, 세세한 문제는 던져 버려야 할 것이다. 그러기에 이들 자료에 한정해 그 전체적인 모습을 보고 지역적 차이에 유의하면서 몇몇 특징적인 듯이 보이는 것들만을 대상으로 할 수밖에 없을 것이다. 지금까지의 국어 연구에서 필사 자료는 흔히 관심 밖에 두곤 하였다. 자료의 신빙성 때문이었음은 물론인데 당연한 태도였다. 그럼에도 청탁에 따라 필사 자료로서의 언간을 대상으로 이 글을 쓴다. 하지만 이러한 연구가 국어학 특히 국어사 연구의 자료를 확대시킨다는 점에서는 그런대로의 뜻이 있다고 할 것이다.

16세기 후반이라면 훈민정음이 창제된 지 한 세기가 지난 때이다.

다. 언간 전부를 판독하여 그 표기와 음운 현상에 대한 검토를 한 김주필(1993)과 이를 위해 작성한 판독 자료에 기대어 이 글은 이루어진다. 이 개인적인 판독 자료를 보내 준 김 교수께 감사한다.

이 시기에 지방의 사대부 집안에서 언간이 많이 쓰였다면 그것은 훈민정음 보급과 관련하여 큰 의의가 있다고 할 수가 있을 것이다. 또 지역상의 차이 등이 있을 것으로 짐작되기도 하나 표기법 상의 통일된 모습이 있다면 문법사적으로도 큰 의의가 있다고 하겠다.

간찰에 쓰이는 언어는 흔히 이중적이다. 간찰은 흔히 일정한 틀을 갖춘 텍스트로, 앞에서 언급한 바와 같이 거기에는 옛 말투나 상투적 표현이 쓰이는가 하면 당시의 필자 자신의 구어가 쓰이기도 하는 것이 일반적이다. 이것은 어디까지나 언어적 사실이기에 음운 현상과 같은 언어 현상이 표기에 반영될 가능성이 있겠으나, 표기법 자체는 그 나름대로의 적용이기에 직접적인 것은 아니다. 표기를 검토하면서 그에 반영된 음운론적인 사실을 이해해 보려는 이 글의 의도가 여기에 있는 것이다.

2. 표기에 의한 음운론적 이해 방식

글로 쓰인 자료를 음운론적으로 연구하거나 말로 행해진 자료를 음운론적으로 연구하거나 이 둘은 기본적으로 평행적이다. 문자와 음운, 문자 연쇄와 음운 연쇄·음운 현상(형태소 내부와 형태소 경계에서의) 그리고 구·문장 등의 문장 차원에서의 표기와 음운 현상 등이 그것이다. 문장 부호 등의 서사 부호는 음운론과 관련이 있을 수도 있으나 대부분 문법적·의미적인 것과 관련성이 맺어져 있으며 나아가서 텍스트의 경우 음운론적 범위에서는 더욱 멀어지고 만다.[3]

---

3 예컨대 새로운 단락이 시작되는 경우 흔히 그 단락의 첫째 간을 비워 그 단락의 시작을 표시하는데, 이것이 시각화를 넘어 음성화와의 일치를 일정하게 보여 준다고

16·17세기의 언간을 자료로 하여 표기상의 특징과 그에 대한 음운론적 이해를 목적으로 하는 이 글에서는 자연히 논의의 범위가 한정될 수밖에 없다. 표기법과 관련된 지금까지의 연구 대부분이 대체로 한정되었던 것과 마찬가지다. 대체로 그것은 어절의 범위로 한정된다.

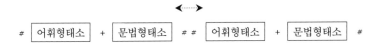

어휘형태소 + 문법형태소 # # 어휘형태소 + 문법형태소

여기서 어휘 형태소는 파생어 또는 합성어일 수가 있고, 문법 형태소는 여럿이 결합될 수도 있고 아니면 체언의 독립형이나 관형사·부사 등과 같이 제로일 수 있다. 나아가서 이러한 어절과 그에 이어지는 어절이 결합된 구 이상이 음운론적으로 논의될 수도 있으나, 이러한 구, 나아가서 발화의 음운 현상이 표기에 반영되는 경우는 특히 조선시대의 자료에서는 거의 없다. 다만 언간과 같이 구어 자료가 반영되는 경우에는 그 가능성을 고려할 수도 있을 것이다.

이상의 단위를 생각하며 문자 체계를 확인하고 그 단위들을 구성하는 문자들의 연쇄가 음운론적으로는 어떤 의의가 있을지를 이해하는 것이 표기에 의한 음운론적 이해 방식이 아닐까 한다. 이때 문자들의 연쇄는 위에서 보인 어절 구성을 고려하여 경계의 성격에 따라 검토하게 된다. 16세기 이후 특히 17세기 이후의 근대 국어 시기의 표기법을 논의할 때에 자주 언급되는 연철 이외의 중철이나 분철의

는 할 수 없다. 또한 백성들의 존숭의 대상인 임금·황제 등의 경우 대개 한 글자를 올려 쓰는데 그것은 강조·존숭 등을 나타내는 의미 초점이지 음성적인 강세로 꼭 나타나는 것은 아니다. 표기된 것은 눈으로만 말하는 경우가 일차적이기 때문이다.

많은 경우가 바로 대표적인 경우가 될 것이다.

지금까지 역사적으로 논의되어 온 표기법을 보면 15세기의 표기법과 16세기 이후의 그것 사이에 몇몇 차이점이 있음을 지적하여 왔다. 16·17세기의 국어 연구 자료를 해제하면서 서설적으로 '문자와 표기법'에 대하여 송기중(1995)에서는 다음과 같이 요약하고 있다.[4]

① 창제 시 훈민정음 기본 28자에 포함되었던 'ㆆ'자가 15세기 후반부터 쓰이지 않다가 16세기 문헌에서는 국어 표기에 전혀 사용되지 않았고, 오직 16세기 초기 문헌에 1, 2종에서만 한자음 표기에 사용되었다. 순경음 'ㅸ'자 역시 16세기 초기 문헌에 극소수만이 나타난다. 반치음 'ㅿ'자도 16세기 후반부터 점차 사라진다. 'ㆁ'자는 초성으로는 쓰이지 않고 종성으로만 쓰였다. 각자병서 'ㄲ, ㄸ, ㅆ, ㅉ, ㆅ' 등도 16세기 문헌에서부터 사라지게 되었다.

② 15세기 문헌에 등장하는 합용병서 'ㅴ, ㅵ'은 17세기 중기 문헌에 마지막으로 보인다.

③ 어간말의 자음이 15세기 문헌에서는 어미에 연결되는 소위 연철 표기였고, 16세기 초의 문헌에는 어간말의 자음을 그대로 두고 어미의 초성에 같은 자음을 또 쓰는 소위 중철 표기가 두드러지고, 16세기에 등장하여 17세기부터는 어간과 어미를 구분하여 적는 분철 표기가 세력을 얻었다.[5]

예: 연철 표기 … 사ᄅᆞ미, 사ᄅᆞ몰, 머그니, 머그며

---

4 번호는 필자가 편의상 붙인 것이다.
5 중철 표기의 '사름믈'과 분철 표기의 '사름 올'은 오기가 있어서 송기중 교수의 동의를 얻어 고친 것이다.

중철 표기 … 사룸미, 사룸믈, 먹그니, 먹그며

분철 표기 … 사룸이, 사룸을, 먹으니, 먹으며

위에서 ①과 ②는 주로 문자체계와 관련된 내용이고 ③은 어휘형태소와 문법형태소 사이에서의 표기와 관련된 내용이다.[6] 이 이상의 요약은 특징적인 변화만을 지적한 것이고 그것도 문자와 표기법에만 초점을 맞춘 것이다. 세세히 관찰하면 표기상의 복잡한 양상이 있을 수 있으며 음운론적으로는 다양한 해석이 있을 수 있다. 문자로서 '병'이 쓰이지 않았다면 그에 해당하는 음운이 없어졌다고 할 것이고 병서 'ᄡ'이 쓰이지 않았다면 그것이 반영하는 음운연쇄-흔히 이르는 자음군-가 존재하지 않았다고 할 것이다. 그러나 연철·중철·분철의 표기의 경우에는 어떤 음운론적인 풀이가 가능할 것인지 논의의 여지가 없지 않아 지금까지도 여러 주장들이 있어 왔다. 좀 더 후기에 자주 등장하는 '압프로, 압흐로'와 같은 특이한 표기에 대해서는 더욱 그러하다.

16·17세기에 보이는 일반적인 표기 경향을 염두에 두고 이 글의 대상이 되는 언간들의 표기에 한정하여 특징적인 것을 제시하면서 음운론적인 풀이를 꾀하여 보자.

3. 문자 체계와 음운

16세기 후반 자료인 〈순천김씨〉에는 'ㆆ'이 전혀 나타나지 않는다.

---

6 이상의 표기법에 대해서는 송기중(1995) 외에 이기문(1959/1978), 허웅(1992), 홍윤표(1986), 이익섭(1992) 등에서도 지적되어 있다.

특히 'ㅭ'은 'ㄹ'로만 쓰였다.

> 모릭 줄 거시니(1)
>
> 모릭 갈 양으로(1)
>
> 집 근체 가 바돌가(1)
>
> 브리디 아닐디라도(1)
>
> 올밀 마ᄉ미 업세라(15)

'ㅸ'도 〈순천김씨〉에 전혀 쓰이지 않았다.

> 셟다마ᄂ(36), 셟거니와(38), 셟고(109), 셟디(120)
>
> 셜운댜(3), 셜오니(36), 셜워타(40), 셜이(40)

에서와 같이 15세기의 'ㄼ~ㄹㅸ'의 교체가 'ㄼ~ㄹㅇ'과 같은 표기로 나타나 /ㅸ/〉/w/의 음운변화가 일어나고, 그리하여 불규칙활용을 하게 됨을 보여 주고 있다. 여기서 한 가지 특징을 지적한다면 '쉬'(21), '더운듸'(22), '반가오니'(3), '그리워'(55) 등과는 달리 'ㄼ'의 경우에는 'ㄹㅇ'의 표기를 늘 지켜 분철 표기를 보인다는 점이다. 마치 15세기에 흔히 보아 온 '알오, 알의, 알어니와'의 'ㄹㅇ'을 연상하게 한다. 이들을 통해서 보면 'ㄹㅇ'의 'ㅇ'이 /ɣ/로 일률적으로 해석할 수 없음을 알 수 있다.[7] 말하자면 'ㅇ'이 /ㄱ/과 /ㅂ/의 교체음으로서의 어떤 구체적인

---

[7] 〈순천김씨〉에는 '받고 셔돌오'(28), '올오 인노라'(70), '보내고'(41), '너길붓니언마ᄂ'(41) 등과 같이 'ㄱ'의 탈락은 일정하지가 않은데, 이 또한 〈진주하씨〉에서도 마찬가지다.

음소로 볼 수 없게 된다. 이상의 사실은 〈진주하씨〉의 경우에도 같게 나타난다. 'ㅸ'은 초성이나 종성 어느 경우에도 쓰이지 않는다.

유성마찰음 가운데 'ㅿ'은 사정이 다르다. 우선 'ㅿ'이 쓰인 〈순천김 씨〉의 예들을 보자.

ᄆᅀᅡ미(4), ᄆᅀᅡ미~마ᅀᅡ매(55), ᄆᅀᅳᄆᆞᆯ(13)~ᄆᅀᅳᆷᄆᆞᆯ(166), ᄆᅀᅳᄆᆞ로(32), ᄆᅀᅳᆷ
(23), ᄆᅀᅳᆷᄀᆞᆮ디(72), 올ᄀᆞᄉᆞᆯ흔(29), ᄀᆞᄉᆞᆯ희(79), ᄀᆞᄉᆞᆯ하나(15), ᄀᅀᅡ미(15), ᄀᅀᅳᆷ
(73), ᄌᅀᅳ리도(67), 쟈실것과(69), 거ᄌᅀᅵ리라(73), 우ᅀᅳ다(61), 아ᅀᅡ(143), 뵈
ᅀᅳᄂᆞᆫ(107), 이리ᅀᅡ(78), 져머시면ᅀᅡ(73)

이 예들은 'ㅿ'이 비어두음절의 초성으로 쓰였음을 보여 준다. 따라서 'ㅿ'은 비록 분포상의 제약을 받는다 하더라도 음소로서 인정되어야 할 것이다. 〈진주하씨〉에서는 이와 사정이 다르다. 'ㅿ'이 쓰인 예가 없는 것이다. 이 'ㅿ'의 유무 차이가 16세기 후반과 17세기 전반이 라는 차이인지 아니면 '청주'와 '달성' 사이의 지역적 차이인지 밝히 말할 수는 없다. 하지만 이의 해결을 위한 실마리를 다음과 같은 자료가 보여 준다.

아이예(47), 그ᅀᅵᅌᅵ(51), 요ᅀᅵᄋᆞᄂᆞᆫ(13), ᄀᆞᅌᅵ업ᅀᆞ니(55), 나ᅌᅩ리(20), ᄆᆞᅌᆞᄆᆞᆯ
(49), 두어셤(66), 어버ᅌᅵ~어버의(55)

즉 'ㅿ'이 'ㅇ'로 쓰여 '/ㅿ/'이 소실된 사실을 알 수 있는가 하면

ᄆᅀᅳ미(44), 가ᅀᅳᆷ미나(49), 두서마ᄂᆞᆫ(57), 므ᅀᅳᆷ(41), 손소(55), 시월로사(62), 주

거사(62)

등과 같이 'ㅿ'이 'ㅅ'로 쓰여 /ㅿ/이 수의적으로 /ㅅ/에 합류한 또는 /ㅅ/이 /ㅿ/에 합류한 사실도 알 수가 있다. 이러한 합류는 16세기 후반에 비롯된 것이 아니고 이미 15세기 후반에 비롯된 일이다. 즉 15세기에 이미 '가슴'이 쓰이고 '므슷' 이외에 '므슷'(두초10:16)도 쓰였음에서 이를 알 수 있다. 이상의 사실은 〈순천김씨〉에서 'ㅿ'이 비록 음소로서의 자격을 보이지마는 극심한 동요를 보이고 있음을 말해 준다. 이 점에서 〈진주하씨〉와 차이를 보인다. 그런데 김주필(1993)에서 지적한 것처럼 '나사(59), 브스신딕(98), 브서(98), 브스시던(98)' 등에서 알 수 있듯이, 'ㅿ'의 'ㅅ'에로의 합류가 어휘에 따라 이루어지고 있다. 조건은 명확하지 않으나 어휘 확산의 문제가 제기되는 셈이다. 〈순천김씨〉는 '-아〉-사'와 같은 합류를 부분적으로 보이나 〈진주하씨〉는 좀 더 합류를 확대시키고 있다 할 것이다.

〈진주하씨〉에서 'ㅿ'이 종성으로도 쓰였는지는 분명하지가 않다. 전철웅(1995)에서는 "슈기도 작은 져구리 <u>ㄼ슴미나</u> 보내쟈"(17), "이제야 나으리 한덕녕 <u>ㄼ슴믈</u> 쁫니"(90)의 예들을 통해서 'ㅿ'이 종성으로도 쓰였다고 보고 있다. 한국정신문화연구원에서 판독한 자료에 '둏재나'(41), '옷젼어늘'(41)로 판독하였으나 전철웅(1995)에서는 이들의 종성 'ㅿ'을 'ㅇ'으로 판독하였다. 만일 앞의 'ㄼ슴미나'를 완전한 중철이 아니라 'ㄼ슴믈'과 같이 'ㅿ'을 '<u>ㅅ</u>'으로 판독한다면 역시 'ㅿ'은 종성으로는 쓰이지 않았다고 보게 된다. 종성으로 쓰인 문자는 'ㄱ, ㄷ, ㅅ, ㅂ, ㅇ, ㄴ, ㅁ, ㄹ'의 8종성에 한정됨이 조선 시대의 표기법이면서 〈순천김씨〉의 그것이다. 특이한 경우로 '거즏ㄷ(11), 거즛ㅅ(73),

236

거즈싀리라(73), 거즛거시로다(73)' 등이 있는데, 이 경우에도 종성에 서 'ㅅ~ㄷ'의 혼기가 보이고[8] 연철로 인하여 'ㅅ~ㅿ'을 보이는 초성 'ㅿ' 이 보일 뿐이다.

〈순천김씨〉에서 초성으로 쓰인 문자는 훈민정음 당시의 초성 중에 서 'ㅸ, ㆆ, ㆁ'을 제외한 'ㄱ, ㅋ, ㄷ, ㅌ, ㄴ, ㅂ, ㅍ, ㅁ, ㅅ, ㅈ, ㅊ, ㅎ, ㅇ, ㄹ, ㅿ'의 15개이다. 일일이 예를 들 필요는 없을 것이다. 초성으로 음가가 없는 'ㅇ'을 제외하면 음소로서의 초성은 14개가 되는 셈이다.

초성에 쓰인 병서의 문제가 남아 있다. 〈순천김씨〉에는 각자병서 는 좀처럼 예가 보이지 않고 다음과 같은 합용병서들이 보인다. 역시 〈순천김씨〉에서 예를 들어 보자.

ㅺ : 졍승쌔(4), 아니꼬와(10), 아바님씌(17), 흠씌(20), 잠깐(20), 닉일신장(27), 보름씌(32), 쑤지즈니(36), 쉐나(37), 갓까스로(38), 쑴자리(66), 쌔꿀도 (80), 문밧씌셔(97)

ㅼ : 쏘(26), 쑤다가(26), 볼쏘나(40), 엇찌(54), 아무것쏘(63), 민쩍(64), 쓸즈식 (68), 맛쌍흔(71), 섯쏠(132), 닛ᄂ쏘다(135), 시르쩍과(148), 동지쏠 서쏠 (168)

ㅺ: 어엿쓰니(3), 쎨온(5), 쎨고(18), 쌜(57), 홋쌔닉(103), 쌘라(118), 므슴쌉니 라(181)

ㅳ: 초다엿쇄ㅳ긔야(49), 열흔ㅳ긔나(51), 보름ㅳ긔(52), ㅳ여여(64)

ㅷ: 헤ㅷ던고(4), ㅷ드니(7), 여쁠븐(10), ㅷ돌(12), ㅷ여여(19), ㅷ기(42), 현쌔

---

(44), 여쁠새(56), 쁘ᄂᆞ니라(60), ᄠᅳᆯ히(73), ᄲᅥ ᄒᆞ니(73), ᄠᅥᆯ이니(82), ᄠᅳᆯ와(93), ᄢᅢ예(118)

ᄡ: ᄡᅳ려(2), 츠ᄡᅥ리나(5), 뫼ᄲᅡ리나(5), ᄲᅥ(12), ᄲᅩᆯ(13), ᄲᅡ(15), 몹ᄲᅥ(24), ᄲᅥ라(35), 힘ᄲᅥ(45), ᄲᅵ(57), ᄲᅩ이니(97)

ᄢ: 보션ᄲᅡᆨ도(32), ᄢᅧ여라(37), ᄢᅳᆺ고(51), ᄲᅡ셔(70), ᄢᅳ드시(120)

이상의 합용병서 'ᄭ, ᄯ, ᄲ'과 'ᄇᄀ, ᄠ, ᄡ, ᄢ'은 15세기 이후로 가장 일반적인 것으로 쓰여 온 것들로 〈진주하씨〉의 경우에도 동일하다. '여쁠, 여쁠분'의 경우는 특이하다. 세 개의 초성이 합용병서로 쓰이는 'ᄢ, ᄢ' 등은 〈진주하씨〉에서 전혀 보이지 않는데 이 〈순천김씨〉에서도 보이지 않는다. 전철웅(1995)의 판독에는 'ᄢᅢ야(15), ᄢᅦ쟈(39), ᄢᅢ(98), 춤ᄢᅢ(139), ᄢᅢ닷되(99)' 등과 같이 'ᄢ'이 포함되어 있으나[9] 영인된 부분을 유심히 보아도 잘 판독되지 않는다. 전철웅(1995)에서 지적한 바와 같이 〈순천김씨〉에는 특이한 표기가 더러 있다. '깃요라(36)'는 'ᄭᅵ-'에 해당되고 '붓니로다(12)'는 'ᄲᅮ-'에 해당될 것이며, '탭모시ᄅᆞᆯ(14), 텁다ᄂᆞᆫ 듯(66)'은 각각 'ᄠᅢ-, ᄠᅥ-'에 해당될 것이다. 또한 〈순천김씨〉에는 '뉘웃븐이실가(135), 긋부니라(144)'와 같이 'ᄲ'을 분철시킨 경우도 있다.

각자병서가 〈순천김씨〉에는 '쑤어(116)' 등이 보이고 〈진주하씨〉에는 '유무를 써셔, 경 싼' 등과 같이 'ᄊ'이 드물게나마 보인다. 이 두 언간들에 유사하게 'ᄡ'이 나타나는데, 15세기에 각자병서 'ᄊ'으로 쓰이던 것이 "이 글히ᄂᆞᆫ ᄡᅳ려 ᄒᆞ엿더니"(2)에서와 같이 'ᄡ'으로 쓰이기

---

9 그런가 하면 'ᄢᅢ(103), 춤ᄢᅢ(132)'로 판독되기도 하였다.

도 하고 "유무히여도 몰라 보더라 …… 스노라 보고 내 정만 아라ᄉ
라"(40)라든가 "져늬도 유무ᄒ니 네 형이 뎐티 아념 ᄇ리더라 홀ᄉ네
게 정을 섯 보내노라"(42)에서와 같이 'ᄉ'으로도 쓰이고 있다. 즉 어두
경음화를 보이기도 하고 'ᄡ 〉 ᄉ'과 같은 'ㅂ-'의 소실을 보이기도 한다.

이상의 초성에 쓰인 병서는 표기상의 전통에 이끌린 것으로 보인
다. 음운론적으로 이들이 자음군에 해당된다고 보기는 어렵다. 15세
기에 자음군으로 해석되었던 ㅂ계 합용병서가 〈순천김씨〉에서는 된
소리만을 나타내는 것으로 보이기 때문이다. 예컨대 15세기의 'ᄢ(芝
麻)'가 위 언간에서는 '(춤)ᄱ(139)'로 쓰이고 있음에서 알 수 있다. 그
리고 15세기의 'ᄢ다(貫)'가 'ᄢ여(64)'로, '보ᄅᆷᄢ(52)'가 '스므날ᄱ(60)'
로, 'ᄠᆯ'이 'ᄭᆯ(60)'로 나타남도 이들이 된소리를 반영하고 있음을 말해
주는 것이고, '훗ᄱ늬(103)' 등에서도 마찬가지다. 그러나 표기상으로
는 일정한 어휘들의 경우에 15세기의 표기를 따라 ㅂ계 합용병서로
계속 쓰이고 있음은 언간의 표기상의 보수성을 말해 주는 것인지도
모르겠다.

만일 합용병서들이 된소리를 표시한다면 결국 동일한 음소를 표시
하는 형식이 'ᄭ~ᄀ, ᄠ~ᄢ, ᄽ~ᄡ'의 두 가지가 있는 경우와 'ᄱ' 및 'ᄣ'
의 한 가지가 각각 있는 경우가 있게 된다.[10] 다만 이들이 포함된 어
휘들은 'ᄡ~ᄉ-'와 같은 예외를 제외하면 대체로 고정된 합용병서를
선택하고 있다.

이상의 논의를 통해 〈순천김씨〉와 〈진주하씨〉에 쓰인 자료상의

---

10 근대국어 시기에 어쩌다 쓰인 'ᄶ, ᄾ, ᄿ, ᄯ' 등은 언간들에는 아직 보이지 않는다.
같은 치음계열의 합용병서 'ᄶ'은 중세국어 시기에는 보이지 않았는데, 된소리의
표기라면 'ᄶ'으로 나타날 수밖에 없었을 것이다.

초·종성 문자와 그에 대당하는 음소는 다음과 같다.

초성 : ㄱ ㅋ ㅺ(ㅲ), ㄷ ㅌ ㅼ(ㅳ) ㄴ, ㄹ, ㅂ ㅍ ㅽ ㅁ, ㅅ ㅆ(ㅄ) ㅿ (〈진주하씨〉×)

　　　ㅈ ㅾ ㅊ, ㅎ, ㅇ

종성 : ㄱ, ㅇ, ㄷ, ㄴ, ㄹ, ㅂ, ㅁ, ㅅ(ㅿ)

초성의 'ㅇ'은 문자로서는 기능하나 음소로서는 제로일 수밖에 없고 종성의 'ㅇ'은 비음으로서의 아음임은 물론이며 합용병서는 된소리로 보이고 종성의 'ㅿ'은 〈순천김씨〉에서조차 그 존재가 의심된다. 16세기 후반의 자료인 〈순천김씨〉와 17세기 전반의 〈진주하씨〉 사이에는 이상의 공통점을 지니나, 단지 〈순천김씨〉에는 초성으로 'ㅿ'이 존재하는 반면에 〈진주하씨〉에는 그것이 존재하지 않는 차이점을 지니고 있다. 음운론적으로는 'ㅆ'과 'ㅄ'이 모두 된소리를 반영하는 것으로 보아 차이점이 있다고는 볼 수 없다. 요컨대 〈순천김씨〉와 〈진주하씨〉 사이에는 'ㅿ'의 존재 여부가 가장 두드러지는 차이라 할 수 있다. 이는 지역적인 차이일 수도 있으나 시대적인 차이도 있는 듯하다. 즉 달성 지역이 청주 지역보다 'ㅿ'이 더 일찍 소실되었을 가능성을 보여 준다고 할 수 있다.

이상은 표기의 이면에 드러나는 음소 단위의 관찰이다. 그리고 어두자음군이나 음절초자음군이 없다는 점이 전제된 것이다. 그런데 음절말 위치 즉 종성위치에서 합용병서가 쓰인 예들이 있다. 'ㄺ, ㄼ'의 경우가 그것들이다.

ㄺ : 붉고(14), 굵고(62)

ㄼ : 엷더니(17), 엷게(59), 섧다마ᄂᆞᆫ(36), 섧든(40), 섧거니와(38), 섧고(109), 섧
디(120), 숣디(36), 숣혀(160), 여듧(61), 애듧고(94), 홿고(153), 도숣비(57)

이 'ㄺ'과 'ㄼ'은 그 다음의 초성 'ㄱ, ㄷ' 앞에서 또는 휴지 앞에서
쓰이는 것이 일반적인 듯한데 특이하게도 '도숣비'와 '숣혀'와 같은
경우도 있다. 앞의 예는 이른바 중철 표기를 보이는 것이고 뒤의 예
는 축약에 의한 유기음화를 보이지 않고 형태소 경계를 밝혀 적은
것이다. 뒤에 언급하게 될 이 두 경우를 제외하면 합용병서로 쓰인
'ㄺ, ㄼ'은 그대로 음운론적으로 /ㄺ, ㄼ/과 같은 자음군으로 해석할
수밖에 없을 것이다. 더 이상의 합용병서는 보이지 않는다. 〈진주하
씨〉에서도 양상은 동일하다.

ㄺ : 넑굽말(5), 닭숣 안쥬(10), 돍(64), 늙고(76), 늙은(76), 묽거든(105), ᄆᆞ듥
(113), 흙을(118)

ㄼ : 섧디(6), 섧게(6), 섧ᄉᆞ와(129), 섧ᄉᆞ와이다(160), 여듧비(47), 여듧(47), 열
여듧(122), 숣펴(16), 숣소(96), 앏(101), 앏프로(101), 앏픠셔(143), 앏도
(112), 앏팟다(143 cf. 알팟고 143)

자료상의 제약으로 'ㄺ, ㄼ' 이외에 다른 각자병서가 있을지는 현재
말할 수가 없다. 다만 〈진주하씨〉에는 'ㅩ'이 더 보인다 한다(김주필
1993:134).[11] 어간말자음군이 모음어미와 결합할 경우에는 물론 둘째

---

11 하지만 필자는 김 교수의 판독 자료에서 'ㅩ'이 쓰인 예를 찾을 수가 없었다. 그리고
'ㄼ' 대신에 '여듧되만(14)', '섧ᄉᆞ오ᄆᆞᆫ(44), 섧ᄉᆞ와(44)'와 같은 'ㅂㄹ'의 표기가 있으나,

종성이 연철되는데,[12] 다만 〈진주하씨〉에는 '늙은'과 같이 'ㄺ'이 종성으로 쓰인 유일한 예가 있다.

중성의 표기는 초성이나 종성의 그것에 비해 판독이 더 어려운 경우가 있게 된다. 따라서 분명한 경우를 중심으로 할 수밖에 없다. 중성으로 쓰인 문자는 〈순천김씨〉의 경우, 'ㆍ, ㅡ, ㅏ, ㅓ, ㅗ, ㅜ, ㅣ'와 'ㅑ, ㅕ, ㅛ, ㅠ'의 11개는 물론이고 'ㆎ, ㅢ, ㅐ, ㅔ, ㅘ, ㅙ, ㅚ, ㅝ, ㅞ, ㅟ, ㅖ, ㆋ' 등 모두 23개이다. 김주필(1993)에 의하면 'ㅒ'와 'ㆇ'도 〈진주하씨〉에 쓰인 것으로 제시하고 있다. 편의상 〈순천김씨〉에서 'ㅘ, ㅙ, ㅚ, ㅝ, ㅞ, ㅟ, ㅖ, ㆋ'가 쓰인 예들을 우선 제시한다.

ㅘ: 면화롤(7), 는화라(9), 아니쏘와(10), 됴화더라(10), 밧과(10), 나왓다가(10), 발완느니(31), 보와라(41), 한과라(56), 받즈완마는(92), 브리과랴(96), 보내시과댜(103), 환횬(111)

ㅙ: 다여쇄(10), 노라왜라(54), 굽괘나(103), 초다쇈날(119), 김홰(121), 스므엿쇈날(124), 면홰(148), 실괘나(192)

ㅚ: 나죄(1), 거시로쇠(1), 뫼밧리나(5), 사회들란(10), 알외디(10), 보내뇌(10), 뫼롤(14), 부뫼(55), 쇠내셔(72), 쇠면(113)

ㅝ: 메워(1), 뎡싱워니(1), 구월도(3), 쉬(14), 계워(20), 휘도나(106), 당원감(122), 무거워(125), 쳥심원(170), 식훤ᄒ랴(187), 원간(192)

ㅞ: 셜웨라(13), 닐웨나(16), 여닐웨(148), 열닐웬날(191)

ㅟ: 쉬(3), 귀코(4), 싱궛거시(15), 유뮈(33), 뷔여(53), 안뷔나(80), 월휘(190)

이들 예의 'ㅄ'이 17세기 전반에 달성에서 'ㅂ'으로 실현되었다는 확증은 될 수 없다.

12 〈순천김씨〉에서 몇몇 예를 들면 '업슨(23), 늘근(28), 알픈(37), 맛뎌(98), 닐그며(129), 질므니(65), 약갑슨(191)' 등등이 있다.

ㅖ : 근체(1), 예셔(2), 혜아리거든(3), 우예(3), 혜쁘던고(4), 녜만(12), 계워(20),

　　 형톄를(21), 빈혜(23), 농시예(34), 힝ᄎ예(36), 브쪽ᄒ예라(61), ᄌ세(64),

　　 두되예치만(65), 혜디(70), 질재쳬로(105)

ㅟ : 술취ᄒ(12), 장쉬(13), 쳥쥐(18), 듭쥐(65), 옥쉬(66), 희쉬와(71), 파쥐(82),

　　 뉴쉬ᄂ(153), 원쉬로다(166), 억쉬(166)

　　이상의 예들을 보면 이들 중성자들이 형태소 내부에서는 물론이고
형태소 경계에서는 교체·삽입 등에 의해, 또 '굽쾌나, 유뮈, 근체' 등과
같은 계사나 주격조사의 첨가에 의해서 쓰였다. 'ㆍ'의 경우에도 유사
하다. '글ᄌ나(55), 팔ᄌ니 내 팔ᄌ(94), 팔ᄌ 사오나와(95)'라든가 '빈혜
(23)' 등의 예를 통해 'ㅣ, ㅔ, ㅐ' 등이 16세기 후반에는 아직 단모음화하
지 않았음을 알 수 있다. 이 시기에는 결국 15세기와 마찬가지로 'ㆍ,
ㅡ, ㅏ, ㅓ, ㅗ, ㅜ, ㅣ'의 7개 단모음이 있었다고 보아야 할 것이다.
　　그리고 이러한 점은 〈진주하씨〉의 경우에도 다를 바 없는 듯하다.
그렇다고 해서 15세기만큼 모든 경우에 변화 없이 쓰였다는 것은 아
니다. 비록 음운으로는 인정된다 하더라도 특히 'ㆍ'의 혼동은 더욱
심하게 되었던 것이다. '아들롤(73), ᄋᆞ드리나(91)' 등은 어휘형태소
내부의 제1음절에서 그리고 '므스(3), 거즌(11), 녀ᄅ메도(190)' 등과
같이 어휘형태소 내부의 제2음절 이하에서 혼기되었고 '부들(5), 보낸
거슨(36), 업스니(37), 업슨거슬(23), 형뎨롤(21), 어미게(146)' 등과 같
이 문법형태소에서는 'ㅡ'나 'ㅣ' 대신 'ㆍ'나 'ㆍㅣ'가 쓰였다. 그러나 단어
에 따라서는 'ㆍ'가 줄곧 유지되기도 한다. 예컨대 'ᄆᆞᄉᆞᆷ'이 'ᄆᆞᅀᆞᆷ'으로
도 표기되어 'ㅿ'의 소실은 상정할 수 있으나 'ㆍ'는 변함이 없었던 것
이다. 그리고 'ㅟ'는 'ㅅ, ㅈ, ㅊ'의 치음 아래서만 쓰이고 있다.

4. 자절과 음절

지금까지 우리는 문자체계 구성단위로서의 문자와 음운체계의 구성단위로서의 음운에 대하여 〈순천김씨〉를 중심으로 알아보았다. 음운이 일정하게 연쇄적으로 구성되어 음절 나아가서 형태소나 단어를 이루듯이, 우리 훈민정음의 경우 문자가 이와 같이 연쇄적으로 짜여져 '자절' 나아가서 형태소·단어 차원의 표기단위를 이룬다. 여기서 '자절(字節)'이란 표기상의 단위로서 음운론의 단위인 음절에 대당되는 편의상의 명칭이다.[13] 예컨대 '지비'와 '집이'는 음절로서는 /지-비/와 같이 두 개의 음절로 구성되지만 자절로서의 '지-비'와 '집-이'로 각각 이루어지고 있다고 할 수 있다. '소리'의 경우에는 자절과 음절이 동일함은 물론이다.

이러한 자절과 음절이 문제가 되는 것은 극히 한정적이다. 지금까지의 표기법 연구와 음운론 연구에서 그 관심의 초점은 대부분 형태소·단어 경계에서의 현상들에 맞춰 왔다. 예컨대 '남+은 → 나믄~남은'과 같은 경우 연철에서 분철로의 변화를 지적하면서 분철된 표기는 어간 형태소의 인식이 반영된 것으로 해석하였다. "이제 사름의게 들기는 그 놉고 붉은 이를 인흐여 흐놋다"(소학언히 5:119a)에서의 '사름의게, 붉은' 등이 이러한 예들이었다. 그러나 "먹임이 아니면 즐아디 몯흐며 글우침이 아니면 아디 몯홀이니 나흐신 뉘라"(소학언히 2:73b)에서 '즐아디(長)'와 '글우침(敎)'에서의 분철은 그리 볼 수 없음은 자명하며 또 '뉘라(族)'에서의 합철을 형태소경계조차 인식하지 못

---

13 '자절'이란 명칭은 '음절'에 대당되는 표기상의 명칭이 없어 여기서 궁여지책으로 써본 것이다.

한 표기라고만 할 수 있겠는가. 그리고 만일 '밧쏘'와 같은 형태소 경계를 둔 /받+고/에서의 'ㄷ〉ㅅ'과 'ㄱ〉ㅆ' 만을 지적한다면 형태소 경계를 인식하기 어려운 '것꼬로(〈것구로), 엇씨(〈엇디)' 등에서의 'ㄱ〉ㅆ, ㄷ〉ㅆ' 등은 어찌 이해하겠는가. 바로 이러한 이유로 표기상의 개념으로 가정한 '자절'이란 단위를 설정해 본 것이다. 이 글에서는 자절이 특히 두 음절 사이에서의 자음 연쇄를 반영하는 표기에서 문제가 될 것인바, 이는 연철·분철·중철 등과 관련이 된다.

4.1. 연철과 분철

마치 연음이 앞 음절의 끝자음이 뒤 음절의 첫소리로 넘어감을 뜻하듯이 연철이란 앞 자절의 종성이 뒤 자절의 초성으로 넘어감을 뜻하고 분철은 이러한 연철이 이루어지지 않고서 앞 자절의 종성이 유지되고 뒤 자절의 초성이 제로이거나 본래의 초성이 그대로 유지되어 표기됨을 뜻한다. 예컨대 '왓다(15)'는 분철이요 '봐짜나(28)'는 연철일 것이다. 물론 여기서 '와-'나 '봐-'는 연철도 분철도 아닌 중성 /ㅘ/의 표기일 뿐이다. 주시경의 용어 '합음'을 쓴다면 '합철'이라고나 할까.

전체적으로 보아 〈순천김씨〉는 연철을 원칙으로 하고 있다.

므른(1), 은지니롤(1), 뎡싱워니(1), 부돌(5), 지븨셔(11), 아츠미(11), 지그미(12), 역지른(13), 한시글(20), 야글(24), 젹사믄(26), 후바글(27), 음시글(28), 므스미(28), 져비(29), 쓰둔(31), 이버느(35), 쇽져리랴(42), 머유근(46), 오순(52), 바느지른(58), 그륵순(111), 드스시(111), 소고므란(113), 뎜심바븐(130)

싱귓거시(15), 무서슬(20), 머글거시나(51), 업슬거시니(52), 깃브미로다 (55), ᄌᆞ식ᄃᆞ리(65), 길홀(87 cf. 길ㅎ+올), 사름ᄀ티(12), 츠기 너기고(15)

주그리로다(15), 져므러(25), 어더(26), 녀허(27), 자바(28), 드릐랴(28), 가파 니(31), 사라(32), 어덧거니(34), 츠ᄆ니(36), 아라셔(40), 바다시니(51), 프라 (70), 머건디(96), 니ᄌᆞ니(99), 머기쇼셔(107), 노호와(109), 나마시니(126), 무텨시니(123), 머겨라(135)

첫 번째 예들은 체언의 곡용의 경우요 두 번째 것들은 '것', '둘(ㅎ)', ㅎ종성 체언, ㅁ-파생명사, 파생부사 등의 경우(이들은 상당히 오랜 동안 연철을 원칙으로 한다.)이며 세 번째는 용언의 활용의 경우다. 이 예들에서 보듯이 체언의 곡용이나 용언의 활용에 상관없이 연철 이 원칙임을 알 수가 있다. 활용의 경우에 어간말 자음군의 표기는 '질므니(65)'와 같이 모음어미 앞에서 둘째 자음이 연철됨을 이미 지 적한 바 있다. 《소학언해》 등에서 보이는 한 형태소 내부에서의 분철 은 위의 언간에서는 거의 보이지 않는다.[14]

이와 같이 연철 표기가 원칙임에도 불구하고 더러 분철 표기가 보 이기도 한다.

첫째, 분철 표기가 예외 없이 적용된 경우는 종성이 'ㅇ'인 경우이다.

당명이(1), 공이나(1), 대강은(11), 거즌병은(11), 죵이(11), 필죵이(11), 희경

---

14 예외적으로 '결에(71)'가 보이는데, 《소학언해》(6:26), 《신증유합》(상:13)에도 이 표기가 보인다. 그 밖에 '닐웨(16), 여닐웨(148), 늘의골(175), 청심원(170)' 등도 있 다. 종성에 'ㄹ, ㅇ' 등이 쓰임이 흥미롭다.

의게(13), 장의골(13), 슈뎡이는(15), 농애(18), 광어(19), 인싱이(28), 맛당이
(28), 수랑을(31), 몽이디도(37), 셔즁으로(48), 싱이를(49), 함챵의(52), 쟉비
공은(52), 댱형으란(55), 종용히(56), 안방의(57), 보내시닝이다(64), 평싱애
(66), 무명오시(118), 오증어(137), 졍이월(168), 보내닝다(189)

우리는 앞에서 판독의 어려움에도 불구하고 종성 'ㆁ'은 사라지고 모
두 'ㅇ'으로 대체되어 동일한 문자가 초성으로는 제로를, 그리고 종성
으로는 연구개음의 비음을 나타내게 되었음을 지적하였다. 따라서
종성을 초성으로 연철시킬 수는 없었을 것이다. 이것은 어디까지나
표기상의 문제이지 음운론적인 것은 아닐 것이다. 15세기에도 'ㆁ'은
그 대부분이 종성으로 쓰였고 특이한 경우에나 초성으로 쓰였던 것
이다. '바올'과 같이 한 형태소 내부에서의 두 모음 사이에 'ㆁ'이 위치
할 경우라든지 '그에, 이에, 뎌에, 아모그에'라든가 '그어긔, 이어긔'
그리고 '-이-' 등등의 경우였다. 이들 초성의 'ㆁ'마저 16세기에는 없어
지고 종성의 그것만이 남게 되었는데, 언간에서는 그것마저 'ㅇ'으로
바뀌게 되었다. 그러나 음성적으로는 달리 해석해야 할 것이다. 말하
자면 'ㅇ'이 딴 자음들과 마찬가지로 연음화가 이루어진다고 할 때에
그 음절의 모음은 비모음으로 실현됨이 음성적으로 자연스럽다. 때
로는 앞의 모음도 비음화한다. 이렇게 되면 자절의 경계가 분명한
것과는 달리 음절의 경계가 모호하게 되고 앞뒤 두 음절에 경계가
걸리게 될 것이다. 즉 양음절성의 문제가 일어나게 된다. 그러나 현
재로서는 표기와의 관련 때문에 더 이상 밝히 말할 수는 없다.
　분철한 둘째 경우는 파생어나 합성어의 경우이다.

밥 먹여(1), 얼운답디(1), 알외디(10), 길어(15 cf. 기르+어), 빌여라(21), 달이(23 cf. 다ᄅ+이), 옷걸이(94), 얼우신(107), 븓이고(135)

굴알젓(8), 속졀업ᄉ니(28), 열아ᄒ랜날(41), 겹옷(50), 맏아기(53), 믇아기(69), 일이리(80), 열여ᄉᆡᆫ날(82), 맏오라비니미(82), 열이튼날(99)

파생어나 합성어의 경우 경계에서 분철이 철저히 지켜졌다면 그것은 형태소나 단어의 형태론적 인식이 분명했다고 볼 수 있다. 그러나 합성어의 경우에는 분철이 비교적 철저히 지켜지나 파생어의 경우에는 그렇지는 않다.

소기더라(10), 츠기(15), 니펴(37), 늘그니를(36), 머그니를(43), 깃브미로다(55), 늘그니(55), 져그나(58), 우습다(61), ᄀ티(68), 머기소(72), 져므니(77), 그리오미(86)

와 같은 연철 표기를 보면 그 인식이 그리 강하였다고 볼 수는 없다. 더욱이 체언의 곡용이나 용언의 활용에서 연철 표기가 원칙이었다면 그러한 형태론적 인식이 표기에 반영되지 않은 결과가 되어서 파생어나 합성어의 경우에 경계의 인식이 강했다고 볼 수는 없을 것이다. 한자어 명사의 곡용시에 '긔벼리(87)'와 같이 연철 표기가 원칙인데 다만 '블의예(85)'와 같이 분철 표기가 내부에서 이루어지기도 한다. 세 번째의 분철 표기는 음소탈락과 관련된 경우이다.

셜운다(3), 셜웨라(13), 셜오니(24), 셜워타(40), 셜이(40), 열온(17), 슬와라

(17), 발완ᄂ니(34), 애들 와(35), cf. 애드래라(99)

울오(16), 셔돌오(28), 말오(65), 볼이고(135), 애들오(144)

굴와(28), 닐어(42), 닐올(55), 갈아(71), ᄠᆞ와(79)

즉 이는 이른바 'ㅂ 불규칙활용, ㄹ 아래에서의 ㄱ탈락 및 약모음탈락' 등과 관련되어 있다. 모두 종성 'ㄹ'이 표기된 셈이다. 요컨대 탈락한 요소의 흔적을 종성 'ㄹ' 다음에서 분철 표기로 보이고 있는 셈이다.

이상의 분철 표기는 크게는 15세기의 흐름을 타면서 16세기의 그것과 크게 다르지 않다. 종성 'ㅇ' 이외에 체언의 곡용시 분철 표기된 한 예로 '졈심으른(27)'이 보인다. 전체적으로 보아 〈순천김씨〉는 분철 표기된 종성은 'ㄱ, ㅇ, ㄷ, ㄹ, ㅁ' 등인데, 여기서 'ㄷ'은 합성어의 단어경계 앞에 나타난 것으로 딴 종성들과는 구별된다. 자절의 종성으로 쓰이는 8개 가운데서 결국 'ㅂ, ㅅ, ㄴ'이 이 〈순천김씨〉에는 보이지 않는다. 그런데 〈진주하씨〉에서는 분철 표기의 종성으로 위의 것들은 물론이고 'ㅂ, ㄴ'까지 쓰이고 있으며 전체적으로 더욱 자주 그리고 널리 분철 표기가 쓰이고 있다. 역시 전반적으로는 연철 표기가 원칙이다. 언간(6)을 보자.

뎌근 거슨 ᄌᆞ셰 보아니와 저의 <u>셜워ᄒᆞᆫ다</u> ᄒᆞ고야 제곰 <u>집의</u> 나려 홀가 자내 게옷 하 섧디 아니ᄒᆞ면 <u>삼년으란</u> 아므려나 ᄒᆞᆫ <u>집의</u> 살고 삼년 후에 제곰 나고뎌 ᄒᆞ니 자내 짐쟉ᄒᆞ여 긔별ᄒᆞ소 <u>친어버이</u> 친자식 ᄉᆞ이예도 편치 아닌 이리 혹 잇거든 ᄒᆞ믈며 <u>다솜어버이</u>와 ᄒᆞᆫ <u>집의</u> 살 며 엇디 일마다 다

됴케야 싱각ᄒᆞ고 자내게 하 섧게 아니커든 <u>삼년으란</u> 견듸게 ᄒᆞ고 하곳 섧게 ᄒᆞ거든 다시 긔별ᄒᆞ소 저의 <u>셜워ᄒᆞᆫ다코사</u> 제곰 날 주리 이실가 다믄 도ᄂᆞᆯ 아ᄌᆞ바님 유무예 저의ᄅᆞᆯ 박히 듸졉ᄒᆞ다 ᄒᆞ고 <u>눕이</u> 니른다 홀식 ᄂᆞ믜 마ᄅᆞᆯ 슬허ᄒᆞ더니 자내 긔별ᄒᆞᆫ 말도 올ᄒᆞ니 나도 짐작ᄒᆞᄂᆡ 녀ᄂᆞ 여ᄂᆞ 여러 마ᄅᆞᆫ 다 내 타신 ᄃᆞᆺᄒᆞ거니와 자내는 어늬 <u>경에</u> 먼 발 굴러 말ᄒᆞ여 겨신고 자내 먼 발 굴러 마ᄅᆞᆯ 아니ᄒᆞᆫ ᄃᆞᆯ 이제ᄯᆞᆫ 자내 틱올 이ᄅᆞᆯ 내 홀 주리 이실가 글란 싱각도 말고 자내 몸애 <u>병이나</u> 삼가 댱슈히 사소 내 <u>마음으로</u> ᄒᆞᆫ 제ᄯᆞᆫ 자내 가슴 틱올 이ᄅᆞᆯ 이ᄅᆞᆯ 저즐가 의심 말고 먼 발 구로 디 마소 나 살고 자내 댱슈ᄒᆞ면 녀ᄂᆞᆫ 이런 의심 마소

이 언간에서 보이듯이 분철 표기된 '눕이'가 있는가 하면 연철 표기 된 'ᄂᆞ믜'도 있어 연철과 분철이 혼동되기도 한다. 〈순천김씨〉와는 달리 〈진주하씨〉는 '당슈의(10)', '늙은(76)', '홁을(118)'과 같이 'ㄹ'까지 도 분철하여 앞 자절에 옮겨 적고 있다. 이상의 사실로부터 16세기 후반의 〈순천김씨〉보다 17세기 전반의 〈진주하씨〉가 비록 연철 표기 의 원칙 속에서도 분철 표기를 즐기고 있음을 알 수 있다.

이상의 분철 표기에 대한 음운론적 해석은 별 문제가 없다. 비록 분철 표기라 하더라도 연철 표기와 같이 연음화로 볼 수밖에 없다.

4.2. 중철

연철과 분철이 동시에 관련된다고 보는 중철은 특히 근대국어 시 기의 표기법의 한 특징을 이룬다. 이 중철은 근대국어 시기의 앞선 시대에 등장했던 것으로 문헌에 따라 그 정도가 달랐다. 16·17세기

에 걸쳐 표기와 음운을 관련시켜 검토하고 있는 이 글에서는 〈순천김씨〉와 〈진주하씨〉에 중철이 어떻게 나타나고 그것이 음운론적으로 어떻게 이해될 수 있는지 보려 한다. 역시 〈순천김씨〉로부터 출발하자.

ᄀᆞ숨미나(9), 침믈(82), ᄆᆞ슴매(55), 몹뻬(24), 도슯비(57), 동산놀(73), 사회들란(10), 굳트니(149), 옷츨(108), ᄆᆞᆺ최여서(41), 아모것쏘(84), 엇씨흔고(84), 섯쏠(132)~서쏠(168), 갓까스로(14), 문밧씌셔(97), 어엿쓰니(3)

위의 제시된 예들이 거의 전부인바, 완전한 중철은 앞의 자절의 종성이 'ㅁ, ㄴ, ㄹ'과 'ㄷ, ㅂ'일 경우이다. 'ㄷ, ㅂ'을 우선 제외하면 분철의 경우와 유사하다. 이에 대한 해석은 형태음소적인 것이었다. 즉 휴지나 자음 앞에서 실현되는 어간말 자음을 종성으로 표기하여 분철의 경우와 같이 삼고 그 어간말 자음이 모음 앞에서 연음한 초성을 표기하여 연철의 경우와 같이 삼았다는 해석이다. 이렇게 이루어진 자음은 표기와 음운을 일치시킨다면 결국 동일한 자음의 중복이 되고 만다. 그러나 위의 예들이 늘 중철되는 것이 아니고 'ᄆᆞᅀᆞ미, ᄆᆞᅀᆞ미, ᄆᆞᅀᆞ믈, ᄆᆞᅀᆞ미나' 등과 같이 연철되는 것이 더 일반적이기 때문에 중철이 자음중복으로 실현되었다고 볼 수 없다. 다만 글을 읽을 경우에는 자음중복 또는 강화된 자음으로 읽힐 수도 있을 것이다.

중철 표기 중에서 'ㅅ+격음·경음'은 음운론적으로 어찌 이해될 수 있을까. 예컨대 '옷츨'과 '오츨' 그리고 '엇씨'와 '엇디'는 음운론적으로 같은가 다른가 또 그것은 무엇을 반영한 것인가. 전자의 경우에는 /옻/에 대한 분철 표기 '옷'과 연철 표기 '츨'과의 결합으로도 볼 수 있는데 이렇게 보면 '옷츨'과 '오츨'은 음운상의 차이가 아니라 표기상의 차이에 불과하게 된다. 그러나 후자의 경우 '엇디'와 '엇씨' 사이에는 분철과 연철의 개념으로는 설명되지 않는다. 16세기 후반의 자료이기에 15세기의 경음화 표기의 두 방식에 지나지 않는데, 교체를보이지 않으면서 'ㅅㄱ'과 'ㅅㅆ'과의 자유변이가 가능한 경우이다. '갓가스로'와 이의 부분 중철인 '갓까스로'도 바로 그런 예이다. 자절상으로는 차이가 있으나 음절상으로는 동일한 것으로 보인다.

〈순천김씨〉에서 보인 이상의 사실은 〈진주하씨〉의 경우에도 다를바 없다. '닐굽(5)'이라든가 '스물다숫시(35)'와 같은 경우와 '앒파(96), 앒프로(101)' 등의 경우가 추가될 뿐이다. 김주필(1993)에서는 격음·경음의 음성적 지속으로 중철을 이해하려 하였다. 즉 비음운론적인음성적 특징이 중철이라는 표기방식으로 반영된 것으로 본 셈이다. 'ㄱ, ㄴ, ㄹ, ㅁ, ㅂ, ㅅ' 등의 중철은 이러한 음성적 지속으로는 이해되지 않는다면, 통일적인 해석을 아직 기다리고 있는 것이 현실이다.

15세기에 '슬펴(월 2:60)' 등으로 쓰이고 《소학언해》에 '슯피디(5:97)' 등 중철 표기로 나타났는데, 〈순천김씨〉에는 '슯혀(160)'가 나타난다. 마치 'ㅍ'을 'ㅂ+ㅎ'으로 재음소화한 듯한 이러한 표기는 〈진주하씨〉에는 나타나지 않는다. 중철이 가능한 위치에서 보이는 이러한 표기는 근대국어 시기에 흔히 보이는 방식으로 '슯혀'는 그 선구적인 한예가 되는 셈이다.

4.3. 무방점표기

음운사 연구에서 중세국어와 근대국어를 가르는 결정적 기준으로 대개 성조의 소실을 드는바, 그것은 표기상으로 무방점표기를 뜻하는 것이었다. 〈순천김씨〉는 성조가 아직 운율요소로서 기능하던 후반의 자료이면서도 대부분의 딴 언간과 마찬가지로 방점이 없다. 방점은 자절의 단위요 성조는 음절의 단위이다. 평·평성인 '부텨, 드리'는 주격형으로 '부:톄, 드:리'로 나타나 자절과 음절이 일치한 셈이다. 〈순천김씨〉나 〈진주하씨〉의 경우에는 비록 방점이 표기되지 않았어도 성조가 소실되었다고는 볼 수 없을 것이다. 이렇게 되면 자절과 음절이 일치하지 않는 경우가 될 것이다.

표기상의 방점이 없어지고 음운론적으로 성조가 소실된 17세기 이후에 중앙의 문헌들에서 때로 상성의 잉여적 자질이었던 음장이 음운화하고 그 장음화가 ':솝〉소옵'(麥)처럼 표기에 반영되기도 하였다(전광현 1967). 〈순천김씨〉나 〈진주하씨〉에는 이러한 장음화를 보인 표기는 발견되지 않는다.[15]

5. 표기에 드러난 음운현상

표기상으로 분명히 그리고 전반적으로 드러난 몇몇 음운현상을 확인할 수가 있다. 예컨대 〈순천김씨〉에서는 '텁디ᄂᆞᆫ듯(66)'과 같이 구개음화가 아직 일어나지 않았으나 〈진주하씨〉에서는 '뻐지고(107)'와 같이 실현되었다. 17세기 전반에 달성군의 말에서는 이미 구개음화의 실현이 일반적이었다고 할 수 있다.

---

15 〈순천김씨〉에 '소옴(59), 프소오몬(147)' 등이 보이나, 이는 상성의 장음화에 의한 것이 아니라 15세기부터 '소옴'이었던 것이다.

자음동화 특히 비음화는 두 언간들에서 표기상에 흔히 드러난다.

인ᄂᆞᆫ(5), 인노라(10), 브련ᄂᆞ냐(12), 인ᄂᆞᆫ다(13), 간ᄂᆞᆫ다(13), 간ᄂᆞ니라(14), 인ᄂᆞ니라(14), 인ᄂᆞᆫ가(15), 스ᄆᆞ이튼날(20), 나완ᄂᆞᆫ가(20), 되연뇌(20), 완나니(20), 엿쇈날(20), 사란ᄂᆞᆫ가(29), 건넌(31), 간ᄂᆞ히라(41), 어던노라(41), 아닌ᄂᆞᆫ(41), 아닌노라(42), 인ᄂᆞᆫ고(48), 완ᄂᆞ니(49), 완뇌ᄆᆞᄂᆞᆫ(49), 완ᄂᆞᆫ가(52), ᄒᆞ연뇌(52), 아ᄒᆞ랜날(60), 드런노라(60), 되연노라(60), 구향간ᄂᆞᆫ(63), 주언ᄂᆞ냐(66), ᄌᆞ식난ᄂᆞᆫ(68), 주건ᄂᆞᆫ가도(68), 되건ᄆᆞᄂᆞᆫ(71), 언마롤(72), 간ᄂᆞᆫ(72), 초닐웬날(72), 완ᄂᆞᆫ가(73), ᄒᆞᄅᆞᆫ날(82), 사흗날(82), 스ᄆᆞ다산날(84), 운노라(101), 아닌노라(109), 유무히연ᄂᆞ니라(134), 간ᄂᆞᆫ가(135), 둔노라(137), 면날(172), 만내(178), 완ᄂᆞᆫ(187), 만낫거뇨(187)

위에 든 예들은 그 대부분이 'ㅅ'이 'ㄴ'으로 표기된 것들이다.[16] '잇ᄂᆞᆫ→인ᄂᆞᆫ', '왓ᄂᆞᆫ가→완ᄂᆞᆫ가' 등과 '엿쇗날→엿쇈날', '사홌날→사홋날→사흗날' 등 그리고 '웃노라→운노라', '맛내→만내', '몇날→멷날→면날' 등이 그것들이다. 드물게나마 'ᄌᆞ식낳ᄂᆞᆫ→ᄌᆞ식난ᄂᆞᆫ'이 있는데, 이는 15세기에 《훈민정음》의 "혀ㄱ그티 웃닛머리예 다ᄮᄂᆞ니라"에 평행되는 것이다. 〈순천김씨〉에는 '듣니-(나듣니-)'가 자주 등장하는데, 이도 15세기 '듣니-→든니-'를 이미 겪은 것이다. 때로 '믜엿ᄂᆞ니라(59), 몯 갓ᄂᆞ니라(85), 되엿노라(88), 잇노라(144), 맛날가(182)'라든가 '몃날(70), 열사흗날(68)' 등과 같은 표기가 보이기도 하나 이는 전반적으로 볼 때에는 예외적이다. 이러한 사정은 〈진주하씨〉에서도

---

16 선조대왕어필언간 〈숙의〉에도 "나도 무ᄉᆞ이 <u>인노라</u>"에서처럼 'ㅅ → ㄴ'을 보인다.

마찬가지다.

〈순천김씨〉에서는 '말리예(86), 절라도(149)'와 같은 한자어에서의 'ㄴ → ㄹ/__ㄹ'의 유음화와 '알로라(41)'에서와 같은 'ㄴ → ㄹ/ㅭ__'의 유음화를 보인 표기와 '열넝냥(149)'과 같은 'ㄱ → ㅇ/__ㄴ'의 비음화를 보인 표기도 보이나, 'ㅂ, ㄷ, ㄱ' 등의 비음화를 보이는 표기는 거의 보이지 않는다. '잡녀믈(13), 칙녁(10), 받ᄂᆞ니(35)' 등처럼 쓰이고 있다.

히아투스를 회피하기 위해 형태소 경계에서 /i → y, o·u → w/는 물론이고 /y/나/w/의 삽입도 일반적이다. 삽입의 예를 들어 보자.

> 되여(15), 뵈여라(17), 히여라(17), ᄢ에여(19), 보내여(21), 쥐여서(73), 밀치여(73), 견듸여라(87), ᄀᆞ틔여시니(92), 보차여(109), 혀여(123), 혜여(163), 이긔여(168), 유무예(15), 블의예(19), 사이예(47), 말리예(86), 졍ᄉᆞ예(99), 외예(126), 더위예(131), 져구리예(148), 치위예(163), 졔예(181), 편지예(190)

대부분 '이' 또는 '-y' 다음에서 /y/가 삽입된 예들이나 '유무+에 → 유무예'나 '보차+어 → 보차여'에서와 같이 모음상의 제약은 특별하지는 않은 듯하다.

> 보와라(28), 보와ᄉᆞ라(30), 보와시니(51), 보와든(73), 보와니(77), ᄎᆞ자보와(98), 보와셔(165)

/w/의 삽입에 의해 히아투스를 회피하려고 한 예로 '보-' 이외에 '노호와(28), 머초워(34), 마초와(49), 됴화시듸(148)' 등이 있다. 히아투스를 회피하지 않은 '지어서(73)' 등이 드물게 보이고 '주어라(46), 두어

더니(59), 보아셔(78), 보아라(78), 두어라(137)' 등이 좀 더 많이 보이는데, 〈진주하씨〉가 히아투스 회피를 전체적으로는 더 널리 쓰고 있다.

표기에 의한 음운론적 이해 방식을 앞에서 제시할 때에 그 범위는 대체로 어절이었음을 지적하였다. 그러나 발화에서 볼 때에 어절이나 구의 개념이 일치하지 않는 경우가 있다. 거의 관용화한 구나 '관형어＋체언'의 경우가 그럴 가능성이 높다. 이 경우에는 구어적인 발화의 음운 현상이 표기에 더러 반영되기도 한다. 〈순천김씨〉에서는 다음의 예가 보인다.

지븨 블 란 긔벼를 듣고(51)

굴 라리 머니 견딜가 시브니 아니 ᄒ예라(54)

즉 '블#나-, ᄀ＋ᄅ#날'에서의 유음화를 표기에 반영한 것이다. 물론 "~ᄒᆞᆫ 양으로(34)", "내 졍시를 알 의리라(55)", "마ᄎᆞᆷ 므ᅀᆞ미 심심ᄒᆞᆫ 일 잇고(67)" 등에서처럼 표기에 반영되지 않은 경우가 대부분이다.

6. 맺음말: 언간의 국어학적 의의

지금까지 〈순천김씨〉를 중심으로 하고 〈진주하씨〉를 보조로 하여 이들 16 · 17세기의 언간들의 표기를 음운론적으로 이해해 보려 하였다. 언간의 표기법으로 보아 지방의 사대부 집안에서조차 남 · 여를 불문하고서 《훈민정음》이 창제된 1세기 이후에 이미 어느 정도의 통일된 표기법이 보급되어 있음을 확인할 수가 있었다. 비록 그 사이에 음운변화가 있어서 부분적인 여러 혼기를 보이지만 이러한 통일된 표기법을 따른 사실은 문화사적으로 상당히 중요한 의의를 가지는 것이라 할 수 있다.

언간은 상투적인 표현을 비롯하여 보수적인 문어를 포함하면서도 구어를 반영할 수 있는 텍스트이다.

다시곰 됴히 겨오 다시 보쟈(3)

그룰 과부ᄒ여든 사 주마(23)

간사ᄂᆞ 드려 보내마(67)

아ᄆ려나 됴히 잇거라(89)

와 같은 예들이 구어적이라 할 수 있을 것이다. 이러한 구어적 표현을 쓰다 보면 자연히 그 지역의 방언이 포함될 수가 있는데, 〈순천김씨〉에서 '강안도(124, 강원도)'라든가 '펴양군(133, 평양군)' 등이 그 예일 것이다. 이러한 사실은 음운 내지 음운현상이 표기상에까지 반영됨을 보여 준다.

지금까지의 국어사 연구는 대상 자료로 대부분 보수적인 문어 중심의 문헌들을 취하였었는데, 언간들은 비록 부분적이기는 하나 대화에 가까운 구어 자료를 제공한다는 점에서 앞으로의 국어학을 위해서 의의가 있을 수 있다고 할 것이다.

[《정신문화연구》 19-3, 한국정신문화연구원, 1996]

붙임: 이 글은 16·17세기 언문 간찰 특집을 편집하며 표기와 음운 관계에 관한 글을 청탁 받아 쓴 것이다. 그래서 자료의 방대함 때문에 대표적인 자료로 '언간(諺簡)'들 중에서 〈청주 북일면 순천김씨 묘 출토 간찰〉을 중심으로 검토하였다. 그리고 대조 자료로는 경북 달성에서 발굴된 〈진주하씨 묘 출토 간찰〉을 이용했는데 김주필 (1993)에 기대었다. 표기를 음운론적으로 어떻게 이해해야 할까. 이를 위해 음운체계와 문자체계와의 관계를 보고 음절(音節)이란 개념에 평행되게 자절(字節)이란 단위를 조심스럽게 설정하고서 연철(連綴)과 분철(分綴) 또 중철(重綴), 무방점표기의 문제들을 검토해 보고서 표기상으로 드러난 음운현상들을 주의해 보았다.

참고문헌

건들바우박물관(1991), 《진주하씨묘 출토 문헌과 의복 조사보고서》, 건들바우박물관 출판부.

김완진(1972), '선세언적'에 대하여, 《국어국문학》 55~57.

김일근(1959), 《이조어필언간집》(국학자료 2), 통문관.

김일근(1986), 《언간의 연구》, 건국대 출판부.

김주필(1993), 진주하씨묘 출토 한글 필사 자료의 표기와 음운현상, 《진단학보》 75.

박창원(1984), 중세국어의 음절말 자음체계, 《국어학》 13.

송기중(1995), 16~17세기 국어의 특징, 《한국학기초자료선집(근세 Ⅱ편, 국어학편)》, 한국정신문화연구원.

송철의(1987), 십오세기 국어의 표기법에 대한 음운론적 고찰, 《국어학》 16.

신창순 외(1992), 《국어표기법의 전개와 검토》, 한국정신문화연구원.

안병희(1988), 한글 맞춤법의 역사, 《국어생활》 13.

이기문(1972), 《국어음운사연구》(한국문화연구총서 13), 서울대 한국문화연구소. [1978, 탑출판사]

이기문(1978), 《16세기 국어의 연구》, 탑출판사.

이광호(1993), 근대국어 표기법에 나타난 의미론적 해석, 《정신문화연구》 16-1.

이병근(1992), '가례석의(家禮釋義)'의 국어자료, 《강신항교수회갑기념 국어학논
　　　문집》, 태학사.

이익섭(1992), 《국어표기법연구》, 서울대 출판부.

전광현(1967), 17세기 국어의 연구, 《국어연구》 19.

전철웅(1995), 「청주북일면순천김씨묘출토간찰」의 판독문, 《호서문화연구》(충
　　　북대) 13.

정승철(1991), 《천의소감언해》의 이본 대조, 《규장각》(서울대) 13.

조건상(1981), 해제 및 개설, 《청주북일면순천김씨묘출토간찰》, 충북대 박물관.

충북대학교박물관 편(1981), 《청주북일면순천김씨묘출토간찰》, 수서원.

허 웅(1992), 《15·16세기 우리 옛말본의 역사》, 탑출판사.

홍윤표(1986), 근대국어의 표기법 연구, 《민족문화연구》(고려대) 19.

19세기 국어의 모음체계와 모음조화

1.

세기별의 국어연구에 임함에 있어서 19세기 국어의 음운현상에 대한 연구는 극복해야 할 여러 가지 어려움을 안고 있다. 여러 어려움 가운데서 우선 한두 가지만 지적을 한다면, 첫째는 표기법의 극심한 혼란 때문에 어떤 음운현상을 지배하는 규칙들을 정밀하게 설정하여 일반화시키기가 어려운 점, 둘째는 19세기 후기에 자료가 치우쳐 있어 그 전기에 나타난 자료가 빈곤해 음운론적 이해도 어렵다는 점 등을 들 수 있다.

표기상의 극심한 혼란 때문에 생기는 음운론적 연구의 어려움은 비단 19세기에 국한될 성질은 아니겠으나, 17·8세기 흔히 근대국어의 앞 시기보다는 표기의 혼란이 극에 달하여 있기 때문에, 표기에 모든 생명을 걸어야 하는 문헌 중심의 실증적 연구에서는 어떤 음운규칙에 의한 일반화가 어려울 수밖에 없을 것이다.

또한 문헌자료의 서지적 성격의 파악 또는 sampling이 시대사를 위한 문헌적인 실증적 연구에서 우선되어야 함은 두말할 나위도 없지만, 서지적 연구만으로도 말끔하게 해결하기가 어려운 점이 있을 수 있다. 표기상의 혼란은 흔히 occasional pronunciation을 보인다고도 하여 새로운 언어변화를 반영하는 것으로 이해되곤 한다. 그런데 표기의 대상언어는 구체적으로 '방언'일 수밖에 없는데, 방언을 하나의 체계로서 전제한다면 표기상에 방언이 어느 정도로 반영되고 있는가 하는 의문과 하나의 방언체계에 따라 표기되었는가 하는 문제 등이 풀리지 않으면 안 될 것이다. 이는 문헌에 의한 체계적인 방언사적 연구를 불가능하게 하리라 여겨진다. 1907년 박만환 언해의 〈여사서〉(은진 송병순 서)를 보면, 우리는 쉽사리 충남방언 넓게는 남부방언의 특징들이 반영되었음을 알 수 있다. 그러나 k구개음화, h구개음화, 움라우트 등등 분명한 음운현상을 제외한다면, 어느 자료가 과연 어느 방언체계를 반영하고 있는 것인지를 판별한다는 일은 곤란할 것이다. '웃지, 웃더한, 웨호박, ……'을 보여주고 있는 권중현 편찬의 〈공과신격〉도 마찬가지의 어려움을 보여준다.[1]

우리는 흔히 언어사학 특히 음운사적 연구에서 이전에 없었던 새로운 현상에 우선 주목을 하게 되고, 이러한 관심 속에서 클로즈업되는 음운현상에 의하여 공시적인 음운체계를 논의하곤 한다. 그러나 이것은 새로운 음운규칙이 첨가된 개신(innovation)에 초점을 두어 변화의 첨단만을 고려해서 당시의 음운체계를 획일적으로 일반화시킬 위험성을 내포할 것이다. 이러한 태도는 음운체계의 변천이 일시에 구석구석마다 일어났다고 전제하지 않고서는 성립될 수 없는 것이라

---

1 권중현(1854~1934) 충북 영동(永同) 출신.

할 수 있다. 실상 모든 음운변화가 획일적으로 일어난다는 전제는 하나의 이상적인 가정에 지나지 않을 것이다. 환경에 따른 규칙적용의 차이(음운론적 제약 및 비음운론적 제약)는 물론이고, 또 한편으로는 개인차, 방언차 및 세대차 등등이 실제의 음운변화에서는 존재할 수 있어서 공시적으로는 음운규칙들이 수의적으로 적용된다는 사실도 특히 강조되어야 할 듯하다. 표기상의 혼란에 대한 정밀한 파악, 환경에 의한 규칙적용상의 차이 및 규칙들의 수의적인 사실 등등을 전제로 하지 않으면 문헌자료에 대한 연구는 이루어지지 못할 것이다.

이상의 여러 어려운 문제들을 안은 채로 필자는 19세기 국어의 음운론적인 문제들을 논의한 바 있다. 위의 어려움과 자료의 후기에의 편중 때문에, 19세기 후기 국어의 모음체계를 다루었다(졸고 1970a). 음운체계의 설정은 음운현상의 직접적인 관계로부터 가능한 것이기 때문에 분명하게 다룰 수 있는 몇 가지의 음운현상을 통해서 당시의 모음체계를 가정하려 하였다. 본고는 국어국문학회 학술발표회의 "19세기의 국어와 국문학"이란 '주제에 의한 발표'에 따르는 것으로서, 모음체계를 재음미하고서 이와 이른바 모음조화와의 상관성을 논의하는 데에 그 목적을 둔다. 어떠한 음운규칙들이 체계를 설정하는 데에 과연 유효한 것들이며, 또한 강력한 것일까? 극도의 여러 제약을 받고 있는 규칙들은 체계에 대하여 공시론적으로 무엇을 뜻하는 것이며 통시론적으로는 또 무엇을 암시하여 주는 것일까?

본고를 위하여 주로 이용될 수 있었던 자료들은 중앙어 내지는 중부방언을 표기대상어로 하고 있는 듯이 보여지는 다음과 같은 것들이다.

아언각비(1819)

사류박해(1838)

유중외대소민인등척사윤음(1839)

태상감응편도설언해(1852)

관성제군명성경언해(1855)

규합총서(1869)

경신록언해(1880)

삼성훈경(1880)

과화존신(1880)

죠군령적지(1881)

어제유중외대소민인등척사윤음(1881)

어제유팔도사도기로인민등윤음(1882)

잠상집요(1886)

국한회화(1895)

2.

중세국어의 성조 가운데서 상성은 두 모라로 보아 잉여적인 장음으로 해석되기도 하였는데, 성조의 비음운화 이후로 그 장음은 남아서 시차적으로 되었다는, 말하자면 tone language가 time language로 바뀌었다는 그런 해석이 있어 왔다. 그리하여 17세기의 국어 연구에서 중세의 ':숍'에 대한 '소옥'(어록해 1657 용인사판)으로부터 장모음이 확인되기도 하였다(전광현 1967:57). 그러나 근대국어에 들어서서 그것들이 구체적으로 어떠한 음운론적 과정을 보이는지에 대해서는 또 minimal pairs가 존재하는지에 대해서도 표기상의 난점으로 명확히 언급할 수가 없었다.

19세기에 있어서도 장모음의 음운론적인 파악은 문헌적 표기에 가려져서 또한 적절한 음장표기를 마련하지 못해서 명확하게 파악될 수가 없다. 다행스럽게도 우리는 음장이 음운론적 가치를 부여받을 수 있는 즉 시차적 자질로서 인정할 수 있는 사실을 외국인의 관찰로부터 확인할 수 있다. 이러한 사실의 확인은 1881년 Yokohama에서 출간된 〈Grammaire coréenne〉(Introduction, p.18)에서 가능하다.

Longues		bréves	
간	KĀN (foie)	간	KAN (numéral des chambres)
밤	PĀM (châtaigne)	밤	PAM (nuit)
벌	PĒL (abeille)	벌	PEL (punition)
벗	PĒT (ami)	벗	PET (cerise)
짐	TjIM (espèce d'oiseau fabuleux)	짐	TjIM (une charge d'homme)

이상의 minimal pairs 이외에도 '밤밥(PĀM-PAP), 고목(kō-mok), 무과(moūkoa), 무화과(mou-hoa-koa)' 등의 예시도 주어져 있다. 이들 minimal pairs로부터 우리는 적어도 이 시기에는 음장이 음운론적 자질로서 기능하고 있음을 확인할 수 있는 것이다. 이 〈Grammaire coréenne〉의 정보는 당시로서는 주목할 만한 것이라 하겠다. 흔히 19세기 후기의 어학서에서 장음과 단음에 대한 설명을 볼 수 있으나 그것은 리봉운의 〈국문졍리〉(1897)의 '가령 ㅏ이즈도 아음이오 ㆍ뎜도 아음이딕 웃아즈는 외이와 뎜을 합ᄒ여시니 쟝음이 되여야 올코

ᄋ리ᄋ즈ᄂᆞ 뎜뿐이니 단음이 되어야 올흘지라'와 같은 진술에서 보듯이 문자중심의 이해인 것이다. 자연언어로서의 국어의 음장을 막연히나마 인식하고 있으나 명백하게 기술하고 있지는 못하다. 〈말이 길고짧은규식〉(언어쟝단규식)에서

> 邊가, 可가ᄒ다, 茄ᄆ지, 枝ᄆ지, 年나히, 末나종, 菜ᄂᆞ믈, 皆다, 但다믄, 復ᄃ시, 踐밟다, 食븝……

등의 예시와 함께 '천만말이 쟝단이 잇기로 대강 등셔ᄒ오니 짐작ᄒ시오'라는 부연으로부터 알 수 있다. 위에서 확인한 음장의 음운론적 자질은 결국 장모음과 단모음을 각각 음운론적 단위로서 설정하여야 하는 사실을 일러 준다고 할 수 있다.

무엇보다도 우리의 또 다른 주목을 끌게 하는 음장과 관련 있는 듯한 음운현상은 장모음 'ㅓ'가 'ㅡ'로 바뀌어지는 vowel raising이다(졸고 1970a:379). 이 현상은 현대국어 특히 중부방언의 방언특징의 하나인데 이미 19세기 후기에 나타나고 있는 것이다.

> 쓰리지(탄(憚), 과화존신 8a)
> 끄리나(기(忌), 탄(憚), 국한회화)
> 으드리니(획(獲), 조군영적지 6a)

이들은 중세국어에서 고정적 상성을 포함하고 있었던 것들로서, 'ㅓ'의 음가가 현대국어의 그것보다는 좀 더 'ㅡ'에 가까웠던 사실을 반영한다고 할 수 있다. 물론 이는 음성적인 것이지 기저모음으로서

/ə:/가 존재하지 않는다는 것은 아니다. 이러한 후설·비원순의 vowel raising뿐만 아니라, 전설·비원순의 그것도 이미 이 시기에 가능하였던 듯하다.

늬가(爾, 관성제군명성경언해 22b)

중세국어에서 대명사의 성조교체는 상당히 특이하였던 것인데, 2인칭의 주격형은 '평성+거성 → 상성'과 같은 성조적 축약을 보이는 것으로서 새로운 주격형식인 '-가'와의 결합에서 현대국어의 경우 장모음화한다. 19세기에서도 '너+ㅣ+가'의 '너+ㅣ'가 한 음절의 '네'로 축약되면서 이른바 compensatory lengthening rule의 적용을 받아 장모음화한다면 '네가 → 늬가'를 vowel raising의 일종으로 볼 수 있을 것이다. 'ㅓ'의 경우와 함께

$$
\begin{bmatrix} V \\ -\text{low} \\ -\text{round} \\ +\text{long} \end{bmatrix} \rightarrow [+\text{high}] \ / \ \# \ \_
$$

의 지배를 수의적으로 받는 것이다. 이러한 사실은 19세기의 모음체계가 장음에 의한 모음들의 짝을 포함하고 있다는 사실, 그리고 적어도 'ㅣ'와 'ㅔ' 및 'ㅡ'와 'ㅓ'가 각각 평행되는 관계를 가진다는 사실을 말하여 준다고 할 수 있다. 음장이 시차적 자질로서 기능하며 그 자질에 의한 모음의 자연부류를 확인하며, 또 [±high]와 [±back]에 의한 모음의 자연부류를 일러줄 수 있다는 여러 사실들이 실증되는 셈이다.

이상의 음장에 관련된 사실들은 20세기에 들어와서 더욱 확대되어

굳어지고 있는 듯하다. 그것은 일례를 들어 〈주해어록총람〉(1923)에서 '없다〉옰다'로 바뀌는 것과 같은 예들이 허다하게 나타나는 것에서 보아 알 수 있다. 음운규칙으로서의 단모음화규칙은 현대국어의 그것과 큰 차이가 없을 듯하지만(김완진 1972, 졸고 1975), 표기상에 반영되지 않아 현재로서는 단언할 수 없는 형편이다.

3.

이미 잘 알려진 음운현상으로서 모음체계와 뚜렷한 관련을 맺고 있는 움라우트라고 하는 역행동화규칙이 있다(김완진 1975:2, 졸고 1976). 이 규칙들의 적용을 받는 예들의 제시는 이전 논고들로 미루고서 규칙 자체만을 다시 음미한다면, 이는 후설모음이 [-coronal] 또는 [+grave]의 자음을 개재시키고 후행하는 i (또는 y)에 의하여 전설모음으로 바뀌어지는 규칙이라 하겠다. 물론 후설모음은 backness 이외에 gravity에 의하여 명시될 수도 있다.

$$\begin{bmatrix} V \\ \alpha high \\ \alpha low \\ +back \\ \alpha round \end{bmatrix} \rightarrow [-back] / \_ \begin{bmatrix} C \\ +grave \end{bmatrix} \begin{bmatrix} -cons \\ +high \\ -back \end{bmatrix}$$

따라서 이 규칙이 실현된 자료를 가지게 되면, 적어도 후설성에 의한 모음의 자연부류를 인정해야 할 것이다. 그런데 19세기에는 a → ε, ə → e와 같은 움라우트를 주로 보게 된다(졸고 1970a:380~382, 이기문 1972:123). 이 경우에만 한정시킨다면,

$$\begin{bmatrix} V \\ -\text{high} \\ \alpha\text{low} \\ +\text{back} \\ -\text{round} \end{bmatrix} \rightarrow [-\text{back}] / \underline{\quad} \begin{bmatrix} C \\ +\text{grave} \end{bmatrix} \begin{bmatrix} -\text{cons} \\ +\text{high} \\ -\text{back} \end{bmatrix}$$

와 같이 되어 전설의 ɛ와 e를 설정할 수 있게 된다. 이에 따라 19세기의 모음체계를 일단 i, e, ɛ, ɨ, ə, a, u, o의 8모음체계로 가정할 수 있다.

   i   ɨ   u   이 모음체계에서 e-ə, ɛ-a는 움라우트규칙에 의하여
   e   ə   o   [-back]과 [+back]의 계열로 각각 확인되는데, 나머지
   ɛ   a   의 i-ɨ, i-u, ə-o 등의 음운론적 관계는 어떤 음운론적 과정들에 의하여 논의될 수 있는가? i-e, i-ə는 앞에서 논의한 음장의 관계(특히 vowel raising)에서 어느 정도로는 확인될 수 있었을 것이다.

  i와 ɨ가 다시 전설과 후설로 각기 설정될 수 있는 또 하나의 규칙이 이 시기에 강력하게 행동하였다. 즉 'ㅅ, ㅈ, ㅊ' 등의 마찰음 아래에서 ɨ→i를 보인 것이다(졸고 1970a:383~384).

$$\begin{bmatrix} V \\ +\text{high} \end{bmatrix} \rightarrow [-\text{back}] / \begin{bmatrix} C \\ +\text{cor} \\ +\text{strid} \end{bmatrix} \underline{\quad}$$

이 규칙에 의하여 i와 ɨ가 [±back]에 의한 자연부류임을 알 수 있다. 실상 'ㅅ, ㅈ, ㅊ' 등의 자음은 비후설자음들로서 후설의 ɨ를 같은 비후설의 i로 분절음소의 변경을 가져 온 것이다. 일종의 자음과 모음과의 연결에서의 동화현상이라 할 것이다. 전설자음 가운데 순음(ㅁ,

ㅂ, ㅃ, ㅍ)의 아래에서 i가 i로 되지 않는 이유는 i→i의 전설모음화규칙에 앞서 적용되는 이른바 원순모음화규칙 때문인 것이다.

순음 아래에서의 원순모음화규칙은 이미 잘 알려진 바와 같이 근대국어의 전기에 비롯되었던 것으로서, 19세기에는 형태소내부에서 이 규칙에 의한 개신이 일어나서 재구조화(restructuring)가 이루어졌던 것이며, 형태소경계에서는 용언의 경우에 수의적으로 적용되었던 것이다. 체언의 경우 'ᄉ름으로, ᄆ음은, 몸을, 입을, ⋯⋯'과 같이 형태소경계에서 원순모음화가 실현되지 않았고, 용언의 경우 '널부리다, 깃부물, 수무미, 감동ᄒ시문, 시무기을, ⋯⋯'과 '갑흐라, 놉흔, 통ᄒ믄, 못ᄒ믈, 말미아므미라, 감믄디, ⋯⋯'와 같이 수의적으로 실현되었던 것이다. 따라서 'i'와 'u'를 원순성에 의하여 구별 지어 주는 이 규칙은 용언(verb)이란 범주화(categorization)을 요구한다고 할 수 있다.

$$\begin{bmatrix} V \\ +high \\ +back \end{bmatrix} \rightarrow [+round] \Big/ \left[\cdots \begin{bmatrix} C \\ +ant \\ -cor \end{bmatrix} \right]_{verb} + \underline{\quad} \quad (수의적)$$

이 원순모음화규칙에 의하여 우리는 후설모음 'ㅡ'와 'ㅜ'가 원순적 자질에 의하여 자연부류를 이루고 있는 사실을 확인하게 된다.

8모음체계 속에서 남은 하나의 미해결은 ə와 o가 어떤 음운론적 관계를 가지고 있는가 하는 것이다. 이는 그리 간단한 문제가 아니다. 중세국어에서는 원순성에 의한 자연부류는 오히려 'ㅡ'와 'ㅜ' 및 'ᆞ'와 'ㅗ'였던 것이다. 'ᆞ'가 다른 모음과 합류하여 표면상에서 자취를 감추면서 이에 따른 규칙들의 커다란 변화가 잇따를 수밖에 없었다. 19세기에는 'ᆞ'가 적어도 표면상에서 완전히 사라진 때이기 때문

에 자연히 새로운 질서에 맞는 음운현상이 등장하게 된다. 그것은
필자가 비원순모음화현상이라 불러온 것이라 할 수 있다(졸고 1970b).
이 비원순모음화규칙이란 순자음 아래에서 'ㅗ'가 'ㅓ'로 바뀌는 것을
말하는데 (몬져 〉 먼저, 몬지 〉 먼지, 봇 〉 벗, 보션 〉 버션 등), 이것은
형태소구조의 내부에서만 적용될 수 있으며, 또 [+coronal]이나 [−grave]
의 자음들을 후행시켜야 하는 음운론적 제약을 받는 것이다. 선구자
적인 예들이 보여 주듯이 극히 부분적으로 그것도 수의적으로 적용
되었던 것이다.

$$
\begin{bmatrix} V \\ +\text{back} \\ -\text{high} \\ -\text{low} \end{bmatrix} \rightarrow [-\text{round}] \ / \ \# \begin{bmatrix} C \\ +\text{ant} \\ -\text{cor} \end{bmatrix} - \begin{bmatrix} C \\ +\text{cor} \end{bmatrix}
$$

이 규칙은 비록 그리 강력한 것이 못 된다 하더라도 ə와 o가 원순적
자질에 의한 자연부류의 대당자임을 일러준다고 할 수 있다. 왜냐하
면 언어변화는 형태소 경계에서보다는 형태소구조의 내부에서 먼저
일어나고 따라서 음운규칙(P rule)이 형태소구조규칙(MS rule)보다 보
수적이기 때문에,[2] 우리가 흔히 말하는 음운체계는 형태소구조를 설
명하는 것에 의존하게 된다. 즉 형태소구조규칙은 체계를 가정함에
보다 적극적인 역할을 한다고 할 수 있다. 형태소구조의 내부에서
원순성으로 인하여 o→ə가 이루어진다면 이 조건에 따라 o와 ə는

---

2 형태소에 따른 음운의 식별방법인 minimal pairs에 의한 commutation testing에 의하
면 /i/와 /ə/, /e/와 /ɛ/를 구별하지 못하는 방언(예, 동남방언의 하위방언)에서도 움
라우트에 의하여 형태소경계에서 i와 ə를 구별한다: 예 Kim-i(금이) Kem-i(검이). 이
사실은 국어학회 연구발표(1975.12.)에서 최명옥 씨에 의하여 관찰되었음.

하나의 원순적인 자연부류를 이룰 수 있다는 말이다. 이상은 엄격히 말해서 음운규칙들에 의한 음운체계가 따로 논의될 수 있는 암시를 보인다고도 할 수 있다.

위에서 몇 가지 제시한 음운현상들로부터 19세기의 모음체계를 가정할 수 있을 것이다. 물론 보다 정확하게 모음체계를 설정하려면 또 보다 깊은 차원에서, 기저의 모음체계를 설정하려면 모음에 관련되는 모든 규칙들을 체계화시켜야 할 것이다. 상세한 논의를 보류하려는 현재의 논고에서는 이만한 정도의 음운현상에 대한 검토로부터 모음체계를 가정하게 된다.

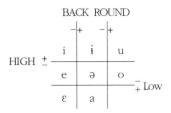

이 8모음체계는 다시 음장에 의하여 그에 대당하는 8모음체계를 일단 가정하여 둔다. 만일 후자의 8모음체계를 긴장모음의 것으로 고유자질에 의하여 이해된다면, 이때 음장은 긴장성에 대한 잉여자질이 될 것이며 장모음체계는 곧 긴장모음체계가 될 것이다.

4.

19세기의 모음체계가 위에서 논의하였던 바와 같이 backness에 의한 체계라면, 이 모음체계와 이른바 모음조화규칙과의 상관성은 무엇인가? 모음체계와 모음조화규칙과의 사이에 backness에 있어서의 어떤 불합치가 존재한다면 이 경우에도 모음조화라는 동화규칙으로 해석될 것인가(이기문 1968)? 아니면 동화규칙 이외의 다른 음운규칙으로 설명될 것인가? 혹은 최근 생성이론적인 논고들에서 때로 제기한 이른바 대칭적인 것(diagonal V. H.)으로 보아 적절히 처리될 수 있을 것인가(Kim 1976)? 19세기의 모음조화규칙이라는 것도 위의 여러 이론적인 심각한 문제를 안고 있는 것이다.

'ㆍ'가 'ㅡ'와 합류해 버린 이 시기에 있어서는 자연히 이러한 종류의 접미사들은 모음조화의 규칙으로부터 제외된다. 또한, '-에/애'와 같은 이전의 모음조화규칙에 의한 이형태들은 곡용접미사의 형식상의 통일로 인하여 실제의 언어에서 존재하지 않음으로서 역시 이 규칙으로부터 제외된다. 모음으로 시작되는 접미사형태소들이 모두 모음조화의 지배를 받았던 중세국어와는 판이하게 달라진 조건을 갖는 것이 이 19세기의 모음조화이다. 문제는 모음체계의 변천에 수응하여 새로운 모음조화규칙이 평행되지 못한다는 데에 있다. 'ㆍ'가 'ㅡ'와 합류해 버린 이후에 모음체계는 급기야 backness에 의한 'ㅡ'의 새로운 대당자를 frontness의 i로 대체하고 roundness에 의한 새로운 대당자로서 'ㅜ'를 생성하게 되었으며 backness와 roundness에 의한 모음조화규칙이 생성되지 못했다는 말이다. 이러한 사실은 19세기의 모음조화규칙에 대한 '사실' 자체를 제시하면 자연히 드러나게 될 것이다.

모음조화규칙은 보편적으로 단어 경계를 넘어서지 못하는 것으로서 중세국어 이래로 형태소경계에서만 극심한 음운론적 제약을 가지고 적용된다(김완진 1971). 따라서 사실 자체를 제시함에도 어간과 접미사형태소와의 경계를 중심으로 하게 된다.

1. 체언어간의 경우: 'ᆞ/ㅡ'의 합류에 따라 대부분 모음조화로부터 벗어난다. '-의(ᄋ), -에/애' 등을 포함했었던 속격·처격·여격 등의 조사들은 '압희셔~압폐셔~압ᄒ셔' 등과 같이 표기의 혼란을 보이지마는, 일반적으로는 '졔ᄉ에, 그릇안에서, 부억의, 부억의셔, 부억에셔, 남의게셔, ……'와 같이 이른바 음성모음계열을 택하고 있다. 만일 근대국어 이전의 단계에서 [-back]의 이형태가 기저형으로 설정된다면, 모음조화규칙에 의한 이형태의 변화 방향은 이전의 무징표(unmarked) 계열 쪽으로 쏠리고 있다고 하게 될 것이다.

체언어간말음절의 모음이 i인 경우에는 양성모음계열을 취하는 경우가 없다. 따라서 i가 중립모음이 될 수는 없게 된 것이다.

2. 용언어간의 경우: 무엇보다도 우리의 주목을 끄는 경우는 용언의 활용시이다. 활용의 접미사로는 분절음소의 변화로 부사화접미사인 '-어/아'에 초점을 맞추게 된 것이다.

첫째로 'ㅣ, ㅔ, ㅐ' 및 'ㅢ, ㅚ, ㅟ' 등의 전설모음계열 다음에서는 '-어' 만이 실현된다.

지어, 즐겨, 기다려셔, ᄂ리여(나려), 가져, 빌어, 헤아려쓰랴, 졈쳐, 잇셔, 마루지여, 히여, 보ᄂ여, 끼여, 싀여, 셰어, 뵈여, 알외여, 되엿도다, 비최여, 일위어, 쮜여, 업듸여시나, 드듸여, 펴셔, 뮈워ᄒ미

둘째로 'ㅡ, ㅓ, ㅜ'도 역시 '-어'를 택한다.

써, 훗터져, 니르러, 몰드러, 드러가, 으더(어더), 일워, 열어, 베푸러, 두어,

부러워, 업셔, 버셔, 두려워

셋째로 'ㅏ, ㅗ'는 '-아'를 택하는데, 'ㅏ' 경우에는 자료에 따라 수의적
으로 '-어/아'를 택한다.

알아, 말미암아, 감앗다가, 박아쓰되, 사라, 숨아, 끼다라(ㅊ져, ㅎ야~ㅎ여), 조
아ㅎ기, 좃츠, 드러와, 죠아ㅎ는, 밧고와, 보아, 도라와, 붓도도와(ㄱ다듬아)

3. 이 밖에 모음조화규칙의 지배를 받는 경우는 '뭉텡이, 목아지,
……'에서 보이는 바와 같이 모음(아/어)으로 시작되는 파생접미사들
이 있는데, 이는 이전의 모음조화규칙에 맞먹을 만큼 철저하다.
이상의 예시를 통하여 보면 19세기의 모음조화의 사실은 거의 현
대국어의 그것에 일치하고 있음을 알 수 있다. 체언어간과 곡용접미
사 사이에서는 이 규칙은 무관하며, 용언의 활용시와 일부의 명사파
생어의 형성에만 유효하다. 그리고 여기에 관여하는 모음은 '어/아'뿐
이다. 즉 'ㅗ, ㅏ'를 어간말음절의 모음으로 가지는 경우 '-아'를 취하고
(활용시는 극히 드물게 수의적으로 '-어'를 택하기도 함), 그 밖의 경
우에는 모두 '-어'를 취함으로서 옆의 도표와 같은 사선에 따라 규칙
의 지배권이 나뉘고 있다. 결국 활용시의 모음조화규칙에 따른 모음
들의 자연부류들은,

-어	i	e	ɨ	ɛ	i	u	ə	
-아						o		a

와 같이 분류되어 모음체계상에서의 자연부류들과는 불합치를 보이고 있음을 확인할 수 있다.

파생어형성에서 모음조화를 지배하는 모음부류들도 모음체계에 따라 자연스럽게 설명되지 못한다. 움라우트규칙에 앞서서 모음조화규칙이 적용됨으로써,

와 같은 또 하나의 새로운 자연부류에 의한 체계를 설정하지 않으면 안 될 것이다. 이 또한 저 앞에서 설정한 19세기의 8모음체계와는 합치를 보이지 않고 있다.

이러한 모음체계와 모음조화규칙 사이의 불합치는 이미 널리 알려진 사실이거니와, 요는 이 불합치를 보이는 모음조화규칙에 대한 공시적인 기술이 문제이다. 모음조화규칙은 모음체계에 따라 말끔히 간단하게 규칙화할 수도 없다. 이 규칙은 모음체계에 따르면 극히 자연스럽지 못한 것이 된다. 또 파생접미사의 경우 움라우트 규칙에 앞서 모음조화규칙이 적용되는 것으로 보이는데, 이에 따라 기저에서의 재음소화를 고려하여 'ay, əy, wi, wʌ, (wə), wiy, wʌy, ……' 등의 이중모음으로 해석한다 하더라도 'ㅐ ㅔ, ㅚ ㅟ' 다음에서 오직 '-어'만을 택하는 경우를 보면 역시 모음조화규칙이 명쾌하게 해석되지 않는다. 모음체계의 변천뿐만이 아니라 사실상 전설모음들의 새로운 모음조화의 반응(중립모음 → 음성모음)으로 보아서도 모음조화규칙

자체에서도 커다란 변화를 가져왔다는 사실에 더욱 어려움이 있는 것 같다. 어떠한 해석에 따라도 모음체계와의 관련 아래에서는 이른 바 모음조화규칙이 공시적으로는 동화규칙이 될 수 없음은 분명하다. 따라서 우리는 지금까지 논의의 편의를 위하여 '모음조화'라고 불러왔던 명칭은 공시적으로는 포기해야만 할 것이며, 이 명칭을 고집하는 경우 곧 통시음운론의 것이라고 해야만 할 것이다. 특정의 형태론적 음운론적 제약을 받는 이 모음교체의 규칙은,

$$
\begin{bmatrix} V \\ -high \\ -low \\ +back \end{bmatrix} \rightarrow [+low] \ / \ \begin{bmatrix} V \\ -high \\ +round \\ +back \\ <+low> \end{bmatrix} C_0 + [\underline{\quad}]_{\substack{adverbalizer \\ \text{혹은} \\ nominalizer}}
$$

로서 이것은 동화규칙이 아닌 딴 자질변경규칙(vowel lowering rule) 인 것이다.

이 모음조화규칙(?)의 논의를 통하여 지적할 수 있는 흥미로운 점은,

첫째, 어떤 규칙은 앞선 시기의 체계에 따라서 설명될 수 있어서 공시적으로는 어간모음체계와 접미사의 그것이 상위하며, 통시적으로는 이러한 공시적인 상위는 앞선 시기에서의 합치가 전제될 수 있다는 사실,

둘째로는 공시론적으로 처리되는 모든 규칙이 체계의 설정에 동등한 자격으로 참여할 수 있는 것이 못 된다는 지적이며,

셋째로는 체계의 설정에 적극적으로 참여할 수 있는 규칙이 덜 powerful한 것보다는 후기에 생성된 규칙일 수 있다는 점 등등이다.

여기에 덧붙여 지적하고 싶은 것은 필자가 이미 다른 논고들에서

강조한 바 있는데, 같은 형태소경계에서라도 파생어의 형성과 활용 같은 굴절 두 경우에 음운변화가 다를 수 있다는 사실이다. 즉 파생의 경우가 보수적인데, 모음조화의 면에서도 동일하다. 음운현상을 다룸에 있어서도 음운론과 형태론을 구별해야 하는 이유의 하나가 여기에 있는 것이다.

[《국어국문학》 72·73, 1976]

붙임: 이 글은 19세기 국어의 음운론이 전무했던 시기에 필자가 시도해 본 〈19세기 후기국어의 모음체계〉(1970)와 내용상 중복된다. 이의 보유편이 되는 셈이었는데, 바로 19세기 국어를 주제로 해 국어국문학회의 주제 발표로 또 국어학회 공동토론의 주제로 발표 요청을 해와 이를 따랐던 때문이다. 19세기 자료를 통한 모음조화의 검토가 추가되었는데 그 밑바탕은 모음조화와 모음체계와의 불일치를 논의했던 이기문(李基文) 교수의 〈모음조화와 모음체계〉(1968)에 기댄 것이었다. 새로움이 적을 수밖에 없다. 필자는 근대어와 방언에 바탕을 두고 어학연구를 출발했기에 중세어에 관해서는 이기문 교수 등의 선학의 도움을 많이 받아왔다.

참고문헌

김완진(1971), 음운현상과 형태론적 제약, 《학술원논문집》 10.

김완진(1972), 형태론적 현안의 음운론적 극복을 위하여, 《동아문화》(서울대) 11.

김완진(1975), 전라도방언 음운론의 연구방향 설정을 위하여, 《어학》(전북대) 2.

이기문(1968), 모음조화와 모음체계, 《이숭녕박사 송수기념논총》, 을유문화사.

이기문(1972), 《국어음운사연구》(한국문화연구총서 13), 서울대 한국문화연구소.

이병근(1970a), 19세기 후기 국어의 모음체계, 《학술원논문집》 9.

이병근(1970b), 경기지역어의 모음체계와 비원순모음화, 《동아문화》(서울대) 9.

이병근(1975), 음운규칙과 비음운론적 제약, 《국어학》 3.

이병근(1976), 파생어형성과 i역행동화규칙, 《진단학보》 42.

전광현(1967), 17세기 국어의 연구,《국어연구》19.

Kim, Chin-W.(1976), Diagonal Vowel Harmony?: Some Implications for Historical Phonology(TS).

국어사전과 음운론

1.

  국어사전학의 정립을 위하여 최근 이에 대한 관심을 보이게 된 것은 사전학 자체의 발전뿐만 아니라, 어휘소 차원의 음운론·문법론·의미론의 종합적 연구로서의 국어학 연구의 발전을 위해서도 다행한 일이라 하겠다. 국어학과 국어사전학과의 관계는 국어학 연구의 방법 및 그 결과를 사전적 텍스트에 효율적으로 활용하는 문제로 집약된다. 즉, 국어사전학 연구는 국어학에서 보면 국어학의 연구를 활용하는 실천적 연구의 성격을 띠게 되는데, 이렇게 보면 지금까지의 국어학 연구는 새로운 국어사전의 편찬에 가장 중요한 기초를 마련해 주게 될 것이다. 그러나 현재까지의 국어사전들은 국어학의 연구 성과를 충분히 활용하지도 못하였고 국어사전학 자체의 연구도 없이 편찬되었다고 여겨진다.

  국어사전학에 대한 최근의 일차적인 관심은 우선 지금까지의 국어사전들에 대한 문제점들을 부분적으로나마 지적하게 하였고, 그에 대한 반성을 통해 더욱 훌륭한 사전을 편찬할 수 있는 방향을 직접적으로든 간접적으로든 모색하게 하였다. 그중에서도 표제어의 선정과 배열, 문법정보의 제시, 사전적 정의의 기술과 예문의 제시 등이 꽤 많이 검토되어 왔는데, 발음 표시에 있어서의 문제점들에 대해서는 집중적인 관심이 덜했던 것이다. 졸고(1986)에서는 국어사전편찬의 역사를 서술하는 가운데서 종래의 국어사전들에서의 발음표시방법을 부분적으로 지적한 바 있고, 남기심 외(1987)에서도 국어사전의 현황과 그 편찬방식을 반성하면서 발음표시의 몇 가지 문제점을 제시한 바도 있으며, 이현복(1987)에서는 국어사전에서 발음을 표시하는 데에 필요한 주로 음성학적인 문제를 제시하기도 하였다. 그러니까 아직은 종래의 국어사전들이 음운론적 정보를 담은 발음표시에 있어서 얼마나 체계적이지 못하였는지조차도 충분히 반성하지 않은 상태에 있는 것이다. 국어사전의 편찬과 국어학의 활용 사이의 관계를 고려하면 결국 발음표시에 국어음운론의 정보를 효율적으로 부여하는 일이 사전학적 과제가 될 것이다. 그러기에 이 글에서는 종래의 국어사전들에서의 발음표시 방법과 그 실제를 검토하고 국어음운론의 정보를 어떻게 효율적으로 새로운 국어사전의 편찬에 활용할 것인가를 모색하려는 것이다. 말하자면 필요충분한 음운정보의 사전학적 활용이 이 글의 주제가 되는 셈이다.

2.

지금까지의 국어사전들은 발음표시에 있어서 체계적이지 못하였으며 음운론 연구의 수준에 크게 미치지도 못하였던 것이 사실이다.

그런데 이러한 대부분의 사전은 발음표시의 성격으로 보아 규범적인 사전이었지 기술적인 사전(descriptive dictionary)은 아니었다. 말하자면 표제항에 대하여 발음이 표시된다면 그것은 언제나 하나의 규범적인 발음만이 표시된 것이지 둘 또는 그 이상의 발음이 표시된다거나 환경에 따른 발음의 차이까지 표시된 것은 아니었기 때문이다. 규범적인 사전의 성격이라면 더더욱 발음표시의 체계성 통일성 및 명확성 등이 요청될 것이다.

지금까지의 국어사전들이 발음표시에 있어서 체계적이지 못하였는지 문제를 제기하기 위해서 다음에 한 예를 들어 보이겠다. 《큰사전》(1947) 이후로는 대체로 표기 또는 원음과 달리 발음되는 표제항에 대하여 그 달리 발음되는 음절을 표시하였는데, 세대차나 방언차 없이 일정하게 발음되는 겹받침 'ㄻ'의 경우를 보자(편의상 긴소리의 표시는 우선 고려하지 않는다).

	《큰사전》	《새우리말큰사전》	《국어대사전》*
곪다	[-따]	[곰따]	[곰따]([-따])
굶다	[굼따]	[굼따]	[굼따]([굼따])
닮다	[-따]	[담따]	[담따]([담따])
삶다			[삼따]
옮다	[옴따]	[옴따]	[옴따]([옴따])
젊다	[-따]	[-따]	[-따]([-따])
짊다		[-따]	[짐따]

*괄호 안의 발음은 《국어대사전》(1961)의 것임.

이렇게 세대차나 방언차 없이 '꾀[미]'으로 발음되는 경우에조차, 말하자면 사전을 편찬할 때에 기계적으로 발음을 표시할 수 있는 경우에조차 통일성 없이 체계적이지 못하였던 것이 현재까지의 국어사전들이었던 것이다. 《국어대사전》(1961)에 이르러 훨씬 나아지기는 하였다. 이와 같이 지금까지의 국어사전들이 규범적인 성격을 지니면서도 발음표시가 체계적이지 못하였던 것은 사전편찬자들이 음운정보를 정확히 파악하지 못하였든지 아니면 그것을 등한시하였든지 또 아니면 작업상의 실수를 범하였든지 함에 그 이유가 있었던 것은 아닌가 한다.

발음표시에 있어서 또 하나의 문제점으로 지적할 수 있는 것은 발음표시의 기준이 지나칠 정도로 간략하고 막연하였던 점이다. 이에 대한 자세한 검토는 다음 장에서 이루어지겠으나 발음표시의 기준이 막연하면 결국 발음표시의 한계가 모호하게 될 것이다. 《큰사전》이후로는 대체로 표기나 원음과 다르게 발음되어 잘못 읽기 쉬운 말의 경우에만 발음을 표시하는 것으로 기준을 세웠는데, 과연 이것만으로 엄격한 기준이 될 수 있을까. 예컨대 대부분의 사전에서는 '안:다, 신:다'와 같이 'ㄴ'으로 끝나는 용언어간을 가지는 표제항과 '감:다, 남:다, 다듬다, 담:다, 품:다' 등과 같이 'ㅁ'으로 끝나는 용언어간을 가지는 표제항들에 대해서 [-따]와 같은 발음표시를 하고 있다. 아마도 이는 '안(內)과, 안(內)도, ……'라든지 '담(牆)과, 담(牆)도, ……'와 같이 체언의 경우와는 달리 용언의 경우에는 이른바 경음화가 일어나는, 즉 체언, 용언 등의 문법적 범주에 따른 음운행위의 차이를 인식한 결과가 아닌가 여긴다. 그러기에 용언의 표제항에는 경음화의 정보를 명시하고 체언의 그것에는 표기 내지 원음대로 발음하도록 더 이상의 음운정보를 명시하지 않았던 것이다. 그러나 국어사전들이 발음표시에 있어서 앞에서 지적한 바와 같이 체계적이지는 못한 점이 있었으나, 그래도 'ㄻ'에 대해서는 발음표시를 하려 하였다. 그 발음표시는 'ㄻ'이 자음 앞에서(좁게는 표기된 '-다' 앞에서) /ㅁ/으로 실현되는 자음군단순화와 다시 그 /ㅁ/에 의한 경음화라는 두 음운론적 정보를 명시하려 하였다. 그러기에 '굶다'의 경우에 [굼따]와 같은 발음표시를 주었던 것이다. 그런데 지금까지의 국어사전들은 거의 예외 없이 '앉다, 얹다' 등에 대해서는 발음표시가 일체 없었다. [안-] 또는 [안따]와 같은 발음표시가 없었던 것이다. 'ㄴ'과 'ㅁ'의 경우에나 그것을 포함하는 겹받침의 경우에 표기나 원음과 다르게 발음되는 점에서 또는 잘못 읽기 쉽지 않은 점에서는 아무런 차이가 없는 것이다. 여기서 발음표시의 기준이 모호함으로써 그 기준에 따른 발음표시가 체계적이지 못한 결과를 낳은 것을 볼 수가 있게 된 셈이다. 만일 《새우리말큰사전》에서처럼 '얹다'에 대해서는 발음표시가 없고 '끼얹다-언따'에 대해서는 발음표시가 있는 경우에는 발음표시의 기준을 더욱 이해할 수 없게 된다. 물론 이는 일관성의 문제이다.

지금까지의 국어사전들이 발음표시에 있어서 지니는 또 하나의 문제점으로 지적되어 온 것은 국어사전에 따라서 발음이 달리 표시되어 있다는 점이다. 가장 대표적으로 지적된 것이 음장의 처리이다. '옮다'의 경우가 그 하나이다. 《큰사전》에서는 표제항을 '옮다'로 표기하고 있어서 짧게 발음하도록 하였으나 그밖의 국어사전들에서는 표제항이 '옮:다'로 표기되어 긴소리로 발음하도록 하였다. 《큰사전》이나 《국어대사전》 등에서는 '내:-밀:다, 내:-배:다' 등으로 표시하였으나 《새우리말큰사전》에서는 '내:-밀다, 내:-배다'로 표시되어 제2

음절 이하에서의 음장의 규범화에 차이를 보이고 있다. 이 뒤의 예는 음장 인식의 기본적인 차이를 드러내는 것으로 음운론적으로나 사전학적으로나 심각한 문제를 제기할 수도 있는 경우이다.

국어사전에 따라서 발음표시상의 차이가 있는 경우는 음장에 그치는 것은 아니다. 저 앞에서 보인 'ㄳ'의 경우는 발음 자체의 차이라기보다는 한 사전 안에서 그 표시를 잘못 처리한 결과라 할 수 있는데, 음장의 경우와 같이 발음 자체의 인식상의 차이로 인한 사전에 따른 발음표시의 차이로서 된소리의 경우를 또 들 수 있다. '문자(文字)'에 대해서 모든 국어사전에서 '글(句)'의 뜻일 경우에는 원음대로 발음하도록 되어 있고, '글자'의 뜻일 경우에는 된소리로 발음하도록 [-짜]로 표시되어 있어서 사전 사이의 차이를 보이지 않는다. 그러나 '헌법(憲法)'에 대해서는 대부분의 국어사전에서 '헌법' 또는 '헌:법'으로만 표기하고서 따로 발음표시를 하지 않았는데, 《국어대사전》에서는 '헌:법[-뻡]'으로 표시하여 된소리로 발음하도록 되어 있다. 현실발음을 반영한 셈이다. 그런데 '문법(文法)'에 대해서는 《큰사전》에서는 역시 원음대로 발음하도록 되어 있으나 《국어대사전》과 《새우리말큰사전》에는 [-뻡]으로 표시하여 된소리로 발음하도록 하였다.

이상에서 본 바와 같이 지금까지의 국어사전들은 그 발음표시의 기준이 모호하였고, 한 국어사전 안에서의 체계성도 갖추지 못하였으며, 또 국어사전 사이의 차이점도 드러내었다. 이러한 발음표시상의 여러 문제점들로 인하여 국어사전 이용자들은 때때로 당황하지 않을 수 없었고, 국어사전을 텍스트로 하여 그것을 분석·기술하려는 국어사전학자들은 국어사전을 텍스트로 이용할 수 없었던 경우가 흔히 있었던 것이다. 이러한 문제들을 극복하기 위해서는 사전편찬자들이 필요충분한 음운론적 정보를 충분히 고려해서 발음표시의 원칙을 좀 더 명백히 설정하고 그 원칙에 따라 체계적으로 발음을 표시하여야 하며, 또한 독자들을 위해서 규범적인 사전들 사이의 통일된 발음표시를 제공하려면 표준발음의 확립과 그것을 바탕으로 한 통일된 사전적 처리 방안의 확립까지 이루어지면 좋을 것이다. 지금까지는 국어사전학이 정립되지도 않았고, 국어사전학회 또는 국어사전편찬협의회가 구성되지도 않은 상태에 있다. 더욱 훌륭한 사전을 편찬하기 위해서는 사전학적 정보의 상호교환이 필요한 경우가 있을 것이다.

국어사전에서의 규범적인 발음의 표시를 위해서나 학교교육에서의 규범적인 발음의 교육을 위해서나 이른바 표준발음의 제정이 그동안에 꽤나 요청되어 왔던 것이 사실이다. 이러한 시대적 요청에 따라 남광우·이철수·유만근(1984)의 《한국어표준발음사전》이 나온 셈인데, 이는 발음사전이라는 특수사전의 성격을 지니면서 또 표준적인 성격으로 편찬하였으면서도 상당히 기술적인 사전의 성격까지 가미된 것이었다. 예컨대 '잇몸 인몸/임몸[inmom/ immom]'이라든가 '일어서다 이러서다/-스다[irʌsʌda/-sɯda]' 등이 이를 말해 준다. 이 발음사전의 특징은 오히려 지금까지의 국어사전들에서는 볼 수 없었던 활용이나 곡용에서의 음운정보까지 제시한 데에 있다고 할 것이다. 예컨대 '닭'과 '굵다'의 경우에 각각 다음과 같이 제시하고 있는 것을 볼 수 있다.

닭 닥[dag]
　-도 닥또/닥뚜[-t'o/-t'u]

-이 달기/다기[dalgi/dagi]

-만 당만[daŋman]

-고기 닥꼬기[-k'ogi]

-고집(固執) 닥꼬집[-k'oʧib]

-국 닥꾹[-k'uŋ̊]

-둥우리 닥뚱우리[-t'uŋuri]

-띠 닥띠[-t'i]

-쌀 닥쌀[-s'al]

-의장(~欌) 달기장[dalgiʧaŋ]

-의해 달기해[dalgihwɛ]

-장(欌) 닥짱[-c'aŋ]

굵다 국:따[ɡu : ɡ̊t'a]

-고 굵:꼬/굵:꾸[ɡu : lk'o/-k'u]

-지 국:찌[ɡu : ɡ̊c'i]

-어 굵:거[ɡu : lgʌ]

-은 굵:근[ɡu : lgɯn]

굵다랗다 국:따라타[ɡu : ɡ̊t'aratʰa]

굵디굵다 국:띠(:)국·따[ɡu : ɡ̊t'i(:)ɡu̥ɡ̊t'a]

굵어지다 굵:거지다[ɡu : lgʌʧida]

굵은베 굵:근베[ɡu : lgɯnbe]

굵직굵직 국찍꾹찍[ɡu̥ɡʧiɡ̊k'uɡʧiɡ̊]

굵직하다 국찍(:)카다/국찌(:)-[ɡu̥ɡ̊ʧiɡ̊kʰada]

위와 같은 곡용이나 활용의 경우에 보이는 음운정보는 어떤 형식으로든 사전에 표시되어야만 할 것이다. 만일 위의 자료와 같이 기술적이 아닌 규범적인 사전을 편찬하려면 표준적인 모델이 될 원칙이 있어야만 할 것이다. 1988년 1월에 문교부 고시 제88-2호로서 〈표준어 사정 원칙〉(제1부) 이외에 〈표준발음법〉(제2부)이 있어서 결국 이것이 앞으로의 표준발음교육의 지침이 될 것임은 물론이고, 또 규범적인 국어사전의 발음표시의 지침이 될 것이다. 문제점이 거기에 전혀 없는 것은 아니나 현재로서는 어쩔 수 없이 이 〈표준발음법〉을 바탕으로 규범적인 국어사전을 편찬하지 않으면 안 될 것이다.

3.

국어사전을 편찬하는 경우에 어떻게 음운정보를 주면서 발음을 효율적으로 표시할 수 있는가 하는 방향을 모색하기에 앞서서 우선 지금까지의 국어사전들이 제시한 발음표시의 방법이나 그 기준 또는 그 원칙을 구체적으로 검토하고자 한다. 종래의 방법과 그 실제를 반성하는 것이 새로운 방향을 모색하는 데에 하나의 바탕이 될 수 있기 때문인데, 일단 국어사전의 범례 또는 일러두기에 제시된 발음표시의 방법 또는 그 기준을 여기서는 검토한다.

지금까지의 국어사전들이 발음표시를 한 것은 크게 두 가지의 경우로 나눌 수 있다. 하나는 표제항에 아예 표시한 음장으로 운율적인 (prosodique) 것이고, 또 하나는 표제항에 대해서 필요한 발음을 단음소적인(phonématique) 것인데, 이 둘을 각각 분리하여 표시함으로써 상호관계를 파악할 수가 없게 되어 있다. 우선 음장의 처리를 보면, 긴소리의 경우에는 장음부호 ⁻ 또는 :을 표제항의 해당음절에 달아 놓는 것이다. 음장이 현대국어에서는 음운론적인 시차성을 가지는 유일한 운율적 요소이기 때문에 이를 표시한다는 것은 너무나도 당연한 일이다. 음장의 표시에 있어서 각 사전은 그 나름대로의 원칙이 있었겠지만, 이미 지적한 바와 같이 사전에 따라서 긴소리의 인식에 차이가 있었던 것이 독자에게는 불편하였던 점이다. 특히 제2음절 이하에서의 긴소리 표시는 사전에 따라 차이가 더욱 심하였었고, 한자어의 경우에는 사전에 따라 아예 태도를 달리하기도 하였었다. 예컨대《큰사전》,《표준국어사전》,《국어새사전》등에서는 '國是'의 제2음절 '是'를 긴소리로 표시하였던 데에 반해서《국어대사전》이나《새우리말큰사전》등에서는 그러한 긴소리를 표시하지 않았다. 복합어나 합성어에 있어서 어느 정도로 끊어서 발음할 수 있는 경우에는 제1음절이 아니더라도 긴소리를 인정하여 '삼국 사:기(三國史記), 오:색 찬:란(五色燦爛), 화:학 반:응(化學反應)' 등과 같이 표시한 점에서는 모든 국어사전들이 공통적이기는 하였다. 이들은 각각 독립된 표제항이라는 점에서 하나의 단어로 보아야 함에도 불구하고 띄어쓰기를 하고 있음이 음장과 관련해서 보면 우리의 주목을 끈다. 그리고 고유어의 경우에도 '눈(眼)'과 '눈:(雪)'을 구별함에 평행시켜 '첫눈'과 '첫눈:'을 역시 구별하여 표시했던 것이다. 다만《새우리말큰사전》은 그 나름대로의 음장 처리 방식에 따라 제2음절 이하에서의 이러한 차이를 두지 않고 있다.《큰사전》에서 '대:도-회:(大刀會)'와 '대:-도회(大都會)'의 경우를 보면 끊어서 발음할 수 있는(cf. potential pause), 즉 '-'의 부호로 표시된 직접구성요소(intermediate constituents)의 분석상의 차이를 인식한 것으로 이해할 수도 있다. '지서(支署)'의 '署'는 짧게 그리고 '도교-서:(都校署)'의 그것은 길게 발음하도록 표시한 것도 같은 인식에 따른 것이었다고 이해한다. 물론 경계부호가 일관성 있게 쓰였는가 하는 문제는 있지만, 이렇게 보면 비록 발음표시의 하나로 음장을 표시한다는 막연한 범례가 주어졌다고 하더라도 그 나름대로 실제의 기준이 있었다고 이해하여야 할 것이다. 《큰사전》에서의 예들인 '가맣다, 엇셈, 부회장(副會長)'이 이를 암시해 주고 있다. 그러나 '밤-새:(夜禽)'와 '밤-새(夜間)'의 경우에는 어떤 기준에 따랐는지 이해할 수가 없다. 더더군다나 '밤-사이'의 준말로 처리된 '밤-새'는 짧고 '밤-새움'의 준말로 처리된 '밤-샘:'은 길다면 음장의 사전적 처리에 대한 기준이 무엇인지 이해하기 어려운 것이다.

음장의 음운론적 인식에는 방언차는 물론이고 세대차 또한 극심한 것이 사실이다. 표준말의 대상 방언인 서울말에서도 젊은층에서는 음장에 대한 음운론적 인식이 거의 없는 것으로 논의되고 있어서 이러한 현실을 고려하여 〈표준발음법〉에서는 "모음의 장단을 구별하되, 단어의 첫음절에서만 긴소리가 나타나는 것을 원칙으로 한다"(제6항)라고 규정하고 있다. 따라서 '눈:(雪)'은 인정하되 '첫눈(初雪)'의 경우에는 지금까지의 여러 국어사전들에서 '첫눈:'으로 처리했던 태도와는 달리 긴소리를 원칙적으로는 인정하지 않게 되었다. 다만, '원칙으로 한다'라고 한 것은 어느 정도로 끊어서 발음할 수 있는 첩어의 성격을 지닌 합성어의 경우에는, 둘째 음절 이하에서도 긴소리를 인정하였기 때문이었다. 예컨대 '반:신 반:의(半信半疑), 재:삼 재:사(再三再四)'라든가 '반:관 반:민(半官半民), 선:남 선:녀(善男善女), 전:신 전:화(電信電話)' 등의 경우이다. 말하자면 첩어적인 합성어로서 직접 구성요소의 공시적인 분석이 가능한 경우라 하겠다. 이에 따른다면 《큰사전》에서는 '영영(永永)'으로 표시되고 《국어대사전》에서는 '영:영

(永永)'으로 표시되었던 음장상의 차이는 해결될 수가 있게 된 셈이다. 이 경우에 직접구성요소의 분석은 사전학적으로는 불필요하기 때문에 결국 '영:영(永永)'으로 표시하게 될 것이다. '반반(半半)'의 경우와 같이 그 분석이 만만치 않은 경우가 없는 것은 아니다.《큰사전》에서는 '반-반'으로 《국어대사전》에서도 '반-반'으로 표시되었고,《국어새사전》과 《새우리말큰사전》에서는 '반:-반'으로 표시되어 있었던 것으로 모두 분석이 가능한 것으로 경계표시를 하였으면서 음장의 처리에 있어서는 차이를 보였던 것인데, '반반'을 표기법상으로 띄어쓸 수가 없는 것과 마찬가지로 단어경계를 공시적으로 인정하지 않는다면 '반:반'만을 인정하게 될 것이다. 사전편찬자의 음장처리의 기준이 〈표준발음법〉에 따라 일정하고 그 기준에 따라 다시 체계적으로 사전을 편찬한다면, 저 앞에서 들었던 '내:-밀:다, 내:-배:다'와 '내:-밀다, 내:-배다'의 차이도 극복될 수가 있는 것이다.

음장의 표시에 있어서 또 하나의 문제점은 용언의 처리에 있다. 지금까지의 국어사전들은 약호로써 불규칙활용의 종류를 지시한 것과 '다오' 등과 같은 불구적인 패러다임을 보이는 활용형을 더러 제시한 것 이외에는 용언의 활용에 대해서는 큰 관심을 보이지 않았다. 물론 문세영 편의 《조선어사전》(1938)이나, 이윤재 편의 《표준조선말사전》(1947)은 조선총독부 편의 《조선어사전》(1920)의 체제와 비슷하게 모든 용언 항목에 대하여 '-아/어, -ㄴ/은' 또는 '-아/어, -니/으니'(특수하게는 '-거라, -너라')와의 결합형을 표시하였었다. 《큰사전》 이후의 국어사전들에서는 '-다'를 결합시킨 이른바 용언의 기본형을 표제항으로 설정하고서 그것만의 발음을 표시하려 하였기 때문에 활용할 때에 나타나는 다양한 음운정보는 반영될 수가 없었던 것이다. 음장의 교체, 특히 장모음의 단모음화에 대한 정보도 마찬가지로 반영될 수는 없었는데, 모음으로 시작되는 일부의 어미를 포함하는 활용형을 보여 주었던 이전의 국어사전들에서도 역시 이러한 음장의 음운정보는 일체 제시되지 않았었다. 음장을 표제항에 고정시켜 표시함으로써 활용시에 나타나는 음장의 변동을 발음란에 다시 표시하지 않았던 것이다. 국어의 용언어간들 중에는 어미에 따라 음장의 교체를 보인다는 점은 일찍부터 음운론 연구에서 기술되어 왔었다. 예컨대,

안:다	덥:다	썰:다
안:지	덥:지	썰:지
안아	더워	썰:어
안으오	더우오	써:오
안으니까	더우니까	써:니까

와 같이 음장의 교체를 차이 나게 보이는 것이 사실인데, 새로운 국어사전을 편찬하는 경우에는 이러한 음운정보를 효율적으로 표시할 수 있어야 할 것이다. 각각의 표제항에 이상의 단모음화를 대표적인 활용형과 함께 알려 주든가, 아니면 음장의 교체 유형에 따라 용언을 일정하게 분류하고서 그 유형을 각각의 표제항에 제시하든가 하는 방법도 고려할 수 있다. 뒤의 방법을 택하는 경우에는 말할 것도 없이 일러두기에서 단모음화에 대한 기술과 그 약호 또는 분류부호가 제시되어야만 할 것이다. 후술할 바와 같이 음운정보를 포함한 용언 활용표를 작성하고 이에 따른 분류 표시를 표제항에 제시할 수도 있

다. 이는 어떤 표제항에 대해 그것이 쓰이는 통사구조 또는 폭넓은 문법정보를 제시하여 주는 것과 평형되는 태도라 하겠다.

음장의 표시 이외의 음소적인 발음표시에 대해서도 거의 모든 국어사전들이 거의 같은 방식으로 간략히 한정하고 있다. 문세영 편의 《조선어사전》에서는 "재래에 쓰던 철자와 달라진 말 가운데 발음이 상막한 것"에 발음을 표시하였다고 하면서 '장군[-꾼], 좋다[조타], 핥이다[할치-]' 등의 예를 보였다. 1933년 《한글맞춤법통일안》이 나온 지 몇 년 뒤의 일이지만, 당시의 사정을 고려하여 표기에 초점을 맞춘 것이라 할 수 있다. 다만 '발음이 상막한 것'의 기준이 모호한 것이 사실이다. '싫증[-쯩], 실증-론[-쯩-]' 같은 발음표시는 있게 되었으나, '넓다'와 같은 경우에 아무 발음표시가 없어서 그 발음이 [널따]인지 [넙따]인지 알 수가 없게 되었다. 또한 '역대(歷代), 역량(力量), 역마(驛馬), 입법(立法)' 등에는 아무런 발음표시가 되지 않아 '재래에 쓰던 철자'와 달라지지 않은 것으로 보겠으나, ':안건[-껀](案件)' 같은 경우에는 '재래에 쓰던 철자'와 달라졌다고 볼 수가 없는데도 된소리로 발음함을 표시하고 있어서 '재래에 쓰던 철자와 달라진 말'과 '발음이 상막한 것' 사이의 관계가 분명하지가 않게 되었다. 실제로 이 국어사전에서 발음을 표시한 경우는 된소리(경음)와 거센소리(격음)로 바뀌는 경우에 집중되었고, 때로 '콩-엿[-넛]' 같은 경우도 있었는데, 경음화는 한자어 복합어 및 받침 'ㄴ, ㅁ'에 의한 활용시의 것들에 집중되었고, 격음화는 '좋다[조타]'와 같이 활용시에 한정되어 '급-하다, 밋밋-하다, 상막-하다' 등은 제외되었다. 음운론적인 면에서 보면 그 기준이 모호하였던 것이다.

《(조선말) 큰사전》에서는 '발음을 그릇 알기 쉬운 것'에 발음을 보인다고 하면서 '합성어나 한자말이나, 또는 특수한 어휘'인 '콩엿[-넛], 불시[-씨](不時), 걷히다[-치-] 등을 예로 들고 있는데, 이윤재 편의 《표준조선말사전》에서도 '발음을 그릇 말하기 쉬운 것'에 발음을 표시한다고 하여 《큰사전》과 같은 방식을 취하였다. 한글학회의 《중사전》(1958), 그리고 《국어새사전》(1958)과 《표준국어사전》(1958)들에서는 '잘못 읽기 쉬운 말'에 발음을 표시하도록 한정시켰는데, 결국 《큰사전》의 그것과 다를 바가 없는 것이다. 과연 '잘못 읽기 쉬운 말'의 기준은 무엇일까?

이희승 편의 《국어대사전》(1961) 이후로는 거의 대부분의 국어사전들이 '원음과 다르게 발음되는 말'에 발음을 표시하도록 규정하고 있는데, 이 규정 자체는 《큰사전》의 그것과 크게 다르다고는 할 수가 없을 것이다. 왜냐하면 사전 이용자들은 표제항의 맞춤법을 우선 보고서 다시 발음을 확인하기 때문이다. 요컨대 지금까지의 모든 국어사전들이 발음표시의 기준 또는 한계를 지극히 막연하게 제시하였다고 할 수밖에 없다. 이 막연함 때문에 실제의 발음표시는 음운정보를 필요충분하게 나타내는 수준에 도달하지 못하게 한 것이라 볼 수 있다.

과연 '원음과 다르게 발음되는 말'이란 무엇을 뜻하는 것일까. 우선 일러두기에서 제시해 놓은 예들을 통해서 이해하되, 《새우리말큰사전》과 《국어대사전》의 경우를 보자.

《새우리말큰사전》의 경우

겉-아가미[걷-]	옮다[옴따]
옷-안[온-]	떫:다[떨따]

넋-없다[넉-]   얇직-하다[얄찍-]

값-어치[갑-]   내과(內科)[-꽈]

밝다[박-]   신고-법(申告法)[-뻡]

훑이[훌치]   손가락[-까-]

《국어대사전》의 경우

곧이[고지]

붙이다[부치-]

헌법(憲法)[-뻡]

요법(療法)[욧-]

옮기다[옴-]

넓다[널따]

　위의 두 사전에서 공통적인 관심은 구개음화와 관련된 경우 겹받
침의 경우 그리고 '사이시옷'과 관련되는 경음화의 경우이고, 《새우
리말큰사전》의 경우에는 합성어의 단어경계에서의 받침의 발음 문
제가 추가되어 있다. 전체적으로 보아서는 표기된 맞춤법대로 발음
되지 않고 달리 음운의 변동이 일어나는 경우에 그 해당되는 음절의
발음을 표시하고 있는 것이다. 세부적인 논의를 우선은 제외한다면,
여기서 '원음'이란 이른바 원형을 밝혀 적은 형태음소적 원리에 따른
맞춤법의 그것과 다른 뜻을 가지지는 않는 듯하다. 해방 이후의 국어
사전들은 모두 《한글맞춤법통일안》(1933/1946)에 따라 편찬되었기
때문에 결국은 총칙의 "한글 맞춤법은 표준말을 소리대로 적되, 어법
에 맞도록 함으로써 원칙을 삼는다"에 따른 셈이 되는데, 이 표기대

로의 발음, 즉 '원음'대로 발음되는 경우에는 발음표시를 따로 하지 않고 '원음과 다르게 발음하는 말'에만 발음표시를 하게 된 것이다. 이렇게 이해한다면 여기서의 발음은 음운적 차원에 머무는 것이지 음성적 차원에까지 내려가는 것은 아니다. 음장의 표시와 함께 발음을 음소문자인 한글로써 표기한다는 그 자체가 바로 음운적 차원임을 뜻하는 것이다. 음운적 차원까지 발음을 표시한다면 '원음'과 같게 발음되는 말에는 따로 발음을 표시할 필요가 없게 되는데, 이는 표기상으로는 '소리대로' 적는 경우에 해당될 것이다. 문자와 음소 사이의 일정한 대응관계를 가지는 음소문자체계로서의 한글이 지니고 있는 하나의 장점을 말해 주는 것이기도 하다. 원음과 동일한 경우에 발음표시를 생략하는 것은 언어학적인 이유에서라기보다는 사전 편찬상의 경제적인 이유에서인 것이다. 언어학과 사전학은 때로 이와 같이 구별될 수도 있는 것이다.

문제는 '원음과 다르게 발음되는 말'이 어디까지인가 하는 그 기준의 한계에 있다. 맞춤법의 표현으로 바꾸면 '어법에 맞도록 함'의 한계와 관련되는 것이다. 즉 원형, 생성이론의 방법으로는 기저형의 설정과 그의 음운화와 관련되는 셈이다. 예컨대 '읊다[음따]'의 경우에는 'ㄿ'이 자음어미 특히 '-다' 앞에서 /ㅁ/으로 음운화하고 다시 'ㄷ'은 이 /ㅁ/에 의해서 경음화하여 /ㄸ/으로 실현됨을 보이는데 다만 그 표시를 음절 단위로 하고 있는 것이다. '훑이[훌치]'의 경우에는 /훑-/과 /-이/로 분석하여 구개음화를 반영시키면서 다시 음절 단위의 발음표시로 연음화시킨 것이다. '겉-아가미[걷-]'의 경우에는 단어경계에서의 평음화만을 표시하고 음절표시 자체로서는 더 이상의 문제가 없어서 연음화는 고려하지 않은 듯하고 '밝다[박-]'의 경우에는 자음군

단순화만을 표시하고, /ㄱ/에 의한 경음화는 표시하지 않고 있는데, 이는 '먹다'의 경우처럼 폐쇄음 다음에서 경음화가 예외 없이 규칙적으로 일어난다는 사실 때문인 듯하다. '먹다, 받다, 있다, 낮다, 집다' 등과 같이 받침이 폐쇄음화하고 그에 따른 경음화가 실현되는 예외 없는 규칙성의 경우에는 '원음과 다르게 발음되는 말'을 위한 발음표시를 생략했던 것이다. 그러나 이러한 발음표시의 한계를 일러두기에서 명백히 그리고 체계적으로 제시한 국어사전은 거의 없었던 것이다. 《큰사전》에서는, 이른바 자음접변의 경우에 발음표시를 일체 하지 않는다는 점을 밝혔을 뿐이다. 그런데 홍웅선·김민수 편의 《새사전》(1959)에서는 규칙적인 교체의 경우 발음을 생략하였음을 이른바 자음접변의 예를 통해서 '이 사전의 사용법'에서 지적하고 있다.

예외 없이 변하는 발음: 그러나 표기와 발음이 엄청나게 다르면서도 표제어 뒤에 아무런 발음표시가 없는 예를 발견할 것이다. 감로 걸-날리다 경로 들을 찾아보라. 이들은 소리와 소리가 맞부딪는다든가 어떠한 규칙적인 조건으로 말미암아, 설사 표기와 발음이 다를지라도 누구나 다 표준되는 발음에 어긋날 일이 없이 바르게 발음할 수 있는 것들이기 때문이다. 이처럼 거의 예외없이 변화하는 이 법칙을 자음접변(닿소리이어바뀜)이라고 하는데 ……

위의 설명은 현대의 국어음운론의 수준에서 보면 물론 충분한 것은 아니지만 예외 없는 규칙성을 인식하고서 그 사전적 처리를 밝혔다는 점에서는 주목된다.

지금까지의 국어사전들이 '원음과 다르게 발음되는 말'에 발음표시를 하되 다시 그 나름대로의 기준이 있었다고 하더라도, 이러한 기준이 국어음운론 전체에서 보아 얼마나 합리적이고, 또 철저하게 체계적으로 적용되어 발음표시를 하였나 하는 문제는 여전히 남아 있다. 만일 그렇지 않게 편찬된 사전이라면 그것은 사전학 연구의 대상으로서의 텍스트로서도 자격을 충분히 가질 수가 없는 것이다. 예컨대 다음과 같은 《큰사전》의 예를 보자.

갉다	굵다[국-]	긁다
갉작-갉작[각-각-]	굵다랗다[국-]	긁적-거리다
갉작-거리다[각-]	굵직-하다[국-]	긁적-긁적
갉죽-갉죽[각-각-]	굵직-굵직[국-국-]	긁정이
갉죽-거리다[각-]		긁죽-거리다
갉히다[갈키-]		긁죽-긁죽
		긁히다

받침 'ㄺ'은 활용의 경우에 세대차 또는 방언차를 보이기 때문에 규범적인 사전이라면 명확한 발음표시가 있어야 하는데, 하나하나의 표제항을 찾아보는 독자들은 어찌 정확한 발음을 익힐 수 있으며, 이러한 사전적 텍스트를 연구하는 사전학자는 어찌 체계적인 음운정보를 이해할 수 있겠는가. '굵다'에서는 'ㄹ'이 발음되지 않는 '원음과 다르게 발음되는 말'이며 '갉다, 긁다'는 원음과 같이 'ㄹ'을 다 발음한다는 말인가. 또 '갉다'는 원음대로 발음되고 '갉작-갉작'은 원음과 다르게 발음되는가. 최근의 사전일수록 이러한 문제점들이 조금씩 극복되어 가고 있음은 다행이다. 《새우리말큰사전》에서는 위에 제시한 세 예들이,

갉다[각-]	굵다[국-]	긁다[극-]
갉작-갉작[각-각-]	굵-다랗다	긁적-거리다[극-]
갉작-거리다[각-]	굵다래-지다	긁적-긁적[극-극-]
갉죽-갉죽[각-각-]	굵직-굵직[국-국-]	긁적-이다[극-]
갉히다	굵직-하다[국-]	긁정이[극-]
		긁히다

와 같이 표시되어 '굵-다랗다, 굵다래-지다'를 제외하면 아무 문제가
없게 되었다. 다시 《국어대사전》(수정·증보)에서는 '굵-다랗다[국-]'
까지 포함됨으로써 완전히 이전의 문제가 해결되었다. '갉히다, 긁히
다'에서처럼 평음과 'ㅎ'과의 축약에 의한 격음화는 대부분의 국어사
전에서 발음표시하지 않는다. 아마도 규칙적이라고 믿은 듯하다. '활
용의 경우(cf. 좋다)'와 'N-하다'의 경우도 마찬가지다.

그러나 이러한 표제항 자체에 대한 발음표시상의 미비에 대한 해
결이 이루어진다고 하더라도, 현재까지의 국어사전들은 여전히 발음
표시에 있어서 정밀성을 잃고 있다. 이미 앞에서도 언급한 바와 같이
용언의 경우에 이른바 기본형만을 제시하고 있어서 어미 '-다'에 의한
발음만이 표시될 수밖에 없게 되어 있다. '갉다[각-], 굵다[국-], 긁다[극-]'
등이 바로 그 예들이다. /ㄷ/ 앞에서 'ㄺ'이 /ㄱ/으로 실현되는 셈인데,
모든 자음 앞에서 이와 같이 실현된다면 별다른 문제는 일어나지 않
겠으나, 서울말을 바탕으로 한 〈표준발음법〉에 의하면 일정한 조건
에 따라 'ㄺ'은 /ㄱ/으로 발음되는 경우도 있고, /ㄹ/로 발음되는 경우
가 있어서 어미 '-다'에 의한 표제항만의 발음표시로는 위의 음운정보
를 줄 수가 없는 것이다. 〈표준발음법〉에서는 "겹받침 'ㄺ, ㄻ, ㄿ'은
어말 또는 자음 앞에서 각각 [ㄱ, ㅁ, ㅂ]으로 발음한다"고 규정하고서

"다만, 용언의 어간 말음 'ㄺ'은 'ㄱ' 앞에서 [ㄹ]로 발음한다"고 덧붙여서 한계를 두었다. 그 예들로는 다음과 같이 제시되어 있다.

맑게[말께]   묽고[물꼬]   얽거나[얼꺼나]

말하자면 '맑다[막따], 맑지[막찌], 맑니[망니]'처럼 발음하지만, '맑게[말께], 맑고[말꼬], 맑거나[말꺼나]'처럼 발음한다는 것이다. 그러니까 '-다, -지, -는' 등의 [-grave](또는 [+coronal]) 앞에서는 [+grave](또는 [-coronal])의 /ㄱ/을 취하고 [-coronal]의 /ㄹ/을 탈락시키되, '-게, -고, -거나' 등의 [+grave] 앞에서는 [+grave]의 /ㄱ/을 탈락시키고, [-grave]의 /ㄹ/을 취하는 것으로, 일종의 음운결합상에 볼 수 있는 이화적인 것이다. 활용의 경우에 볼 수 있는 이러한 음운정보는 이미 앞에서 지적한 음장의 교체와 마찬가지로 지금까지의 모든 국어사전들이 전혀 고려한 바가 없었던 것이다. 발음표시의 정확성을 요구하는 문제라 할 수 있는데, 효율적인 발음표시의 방법을 창안해야 할 것이다. 국어사전의 부록으로 〈표준발음법〉을 실어 독자로 하여금 참고하게 할 수도 있고 일러두기에 〈표준발음법〉의 내용을 사전적 처리로 체계화시켜 제시할 수도 있겠으나, 독자들에게 좀 더 친밀히 발음을 제시할 수 있는 방법은 필요한 표제항에 정확한 음운정보를 제시하여 주는 방법일 것이다. 활용형과 함께 말이다. 음운정보를 포함하는 활용표를 체계적으로 작성하여 사전의 부록으로 싣는 것도 고려할 수 있다.

4.

지금까지의 국어사전들을 중심으로 발음표시의 기준과 그 실제를 검토한 결과, 그 기준이 모호하여 실제로는 발음표시가 체계적이지 못하였음을 보았다. 만일 사전학자들이나 일반 사전이용자들이 이러한 사전적 텍스트를 대상으로 발음을 연구한다든가 발음을 이해한다면 역시 그들은 체계적인 음운정보를 얻기가 힘들게 될 것이다.

발음표시를 '잘못 읽기 쉬운 것' 또는 '원음과 다르게 발음되는 말'에 일단 한정시킨 것은 그 기준이 모호하여서 정밀하지 못하였음에도 불구하고 분명히 장점을 지닌 것임에는 틀림없다. 이미 지적한 바와 같이 '소리대로' 적은 표제항은 '원음대로' 발음하기 때문에 표제항의 표기 자체가 발음표시를 대체시킨 것으로 본다면 사전적인 경제성을 고려하여 다시금 구태여 발음표시를 할 필요가 없었던 것이다. 말하자면 이중적인 작업을 피하여 발음표시를 생략한 것이라 할 수 있는 것이다. 이는 음소와 문자가 대응되는 음소문자로서의 한글이 가지는 장점의 하나임을 뜻하는 것임에 틀림없다. 이렇게 보면 "원음과 다르게 발음되는 말에는 그 표제어 옆 [ ] 안에 그 (실제의) 발음을 표시했다"를 바꾸어 "표기된 원음과 같게 발음되는 말에는 그 발음표시를 생략한다" 정도로 우선 발음표시의 기준 또는 원칙을 제시하는 것이 좀 더 합리적인 듯하다. 이렇게 바꾸어 놓으면 원칙적으로는 모든 표제항에 그 발음을 표시하여야 하나 사전편찬상의 경제성을 고려하여 표제항의 표기를 발음표시로 대체시킬 수 있는 경우에 그 발음표시를 생략하는 셈이 된다. 예컨대 '소리, 도라지, 해바라기, 빨리' 등이나 '구역(區域), 물리(物理), 생물(生物), 원내(院內), 표기

(表記)' 등의 표제항에는 발음표시를 생략하는 것이다.

그런데 여기에 한 가지 유의할 점이 있다. 표제항의 사전적 표기방식과 그 표제항의 일상적인 표기방식에 있어서 차이가 있는 점이 그것이다. 예컨대 '가:-건:물(假建物), 방:송-국(放送局)' 등이나 '올:-벼, 내:-놓다' 등에서와 같은 장음부호와 경계부호는 일상적 표기에는 쓰이지 않고 사전적 표기에 쓰이는 것이다. 이러한 부호는 거의 모든 사전에 공통적으로 쓰이고 있는데, 이미 앞에서 지적한 바와 같이 사전에 따라 차이 있게 쓰이고 있다. 만일 모든 표제항에 발음을 표시한다면 장음부호는 표제항의 표기에 불필요하겠지만 음소적 표기상으로는(일상적인 표기법에서와 같이) 운율적 자질이 표기되지 않기 때문에 장음부호가 표제항의 사전적 표기에 필요하게 된 셈이다. 이렇게 보면 장음부호의 사전적 표기는 반드시 있어야 할 것이다. 그런데 완전한 하나의 단어를 형성한 어휘소로서의 표제항에 대하여 그 직접구성요소를 보이기 위하여 쓴 경계부호는 사정이 다르다. 이 경계부호의 표시는 결국 어원적 인식에 바탕을 둔 것이기 때문에 만일 순수히 기술적인 사전을 편찬한다면 이 경계부호는 쓰일 필요가 없고, 어원적인 인식을 포함하는 사전이라면 좀 더 철저한 언어학적 분석에 따른 경계부호의 사용이 필요하게 될 것이다. 지금까지의 국어사전들은 '무-찌르다'와 '짓-무찌르다'와 같이 직접구성요소로만 분석하여 한 표제항 안에서는 늘 하나의 경계부호만을 표시하였던 것이다. 이 경계부호는 때로 음운정보 특히 음장과 관련되어 있었다. 예컨대 '떠다-밀:다'와 같은 경우에 하나의 단어로 처리하였으면서도 경계부호에 의해서 '밀:다'와 같은 장음을 인정하기도 하였던 것이다. 만일 '떠다밀다'가 한 단어로 인식하면서 띄어 쓰지 않는다면 〈표준

발음법)의 "모음의 장단을 구별하여, 단어의 첫 음절에서만 긴소리가
나타나는 것을 원칙으로 한다"한 규정(제6항)에 따라 경계부호의 유
무에 관계없이 규범적인 사전에서는 장음부호가 필요 없게 되고, 따
라서 표제항 자체에 대하여는 더 이상의 발음표시도 필요 없게 될
것이다. 유럽 언어사전에서는 분철을 나타낸 경계부호가 쓰이기도
하나 국어사전에서는 이러한 분철의 부호는 필요하지 않다.

　문제는 표기된 원음과 다르게 발음되는 표제항들의 음운정보를 어
떻게 효율적이고도 체계적으로 표시하는가에 있다. 이러한 문제를
효과적으로 해결하기 위해서 형태소 또는 확대된 단어의 내부구조와
형태소경계에서의 음운정보로 나누어 발음표시의 방법을 모색함이
좋을 듯하다.

　형태소 내부구조와 관련되는 발음표시의 문제로서는 이중모음의
표기가 일정한 조건 아래에서 단모음으로 발음되는 경우를 예로 들
수 있다. 〈표준발음법〉에서는 "자음을 첫소리로 가지고 있는 음절의
'ㅢ'는 [ㅣ]로 발음한다"(제5항 다만 3)로 규정하고 있어서 '늴리리, 닁
큼, 무늬, 띄어쓰기, 씌어, 틔어, 희다, 희떱다, ……'의 'ㅢ'를 [ㅣ]로 발
음하게 되어 있다. 이에 따른다면 '희대[히-]'와 같이 발음을 표시하여
야 할 것이다. 〈표준발음법〉에는 원칙적인 발음과 허용되는 발음을
인정한 조항이 있다. 예컨대 '예' 이외의 'ㅖ'는 [ㅔ]로도 발음한다라고
하였다(제5항 다만 2). 이에 따른다면 국어사전의 발음표시는 '계:집
[계:집/게:집], 시계(時計)[시계/시게]' 등의 두 정보를 다 포함하여야
하고 일러두기에서 앞의 것이 원칙이고 뒤의 것이 허용임을 밝혀두
어야 할 것이다. 지금까지의 발음표시방법을 살린다면 '계:집[-/게-], 시
계(時計)[-/-게]' 정도의 발음표시가 가능할 것이다.

하나의 형태소 또는 확대된 어휘소에 대한 발음표시의 문제로 그 구조내부의 받침의 발음이 있는바, 이것이 지금까지의 국어사전들이 일차적으로 발음표시를 하였던 것의 하나였다. 이른바 자음접변이라든가 구개음화, 경음화 또는 사이시옷 등이 그것들이다. 이 중에서 자음접변의 경우에는 여러 사전에서 발음표시를 생략하였다. 자음접변이란 용어는 주시경으로부터 쓰이기 시작되었는바, 그 개념상의 차이가 심했던 것으로 필자는 그 개념을 한정시켜 자음동화라 불러왔다. 이 자음동화에는 크게는 조음방법상의 동화와 조음위치상의 동화가 있는데, 〈표준발음법〉에서는 앞의 것만을 인정하고 뒤의 것은 인정하지 않았다. 예컨대 '감기, 옷감, 있고, 꽃길, 젖먹이, 문법, 꽃밭' 등을 '[강ː기], [옥깜], [익꼬], [꼭낄], [점머기], [뭄뻡], [꼽빧]' 등으로 수의적으로 하는 발음은 표준발음으로는 인정하지 않았던 것이다 (제21항). 그리고 '국물[궁물], 몫몫씨[몽목씨], 옷맵시[온맵씨], 젖멍울[전멍울], 밥물[밤물]' 등이나 '담력[담ː녁], 침략[침냑], 항로[항ː노], 백리[뱅니], 협력[혐녁], 막론[망논]' 등과 같은 필수적인 자음동화만을 표준발음으로 인정하였던 것이다. 이들 조음방법상의 자음동화는 필수적이고 규칙적이나, 조음위치상의 자음동화는 수의적인바, 지금까지의 국어사전들은 필수적인 자음동화의 예들에는 아무 발음표시를 하지 않았고, 수의적인 자음동화의 예들에는 그 동화를 인정하지 않아 역시 발음표시를 하지 않았다. 때로 '옮기다[옴--]' 정도의 발음표시가 있기는 하였으나 [옹--]까지 인정하지는 않았던 것이다. 이러한 사전적 처리는 규범적인 성격의 경우 타당할 수밖에 없다. 그런데 〈표준발음법〉에서는 'ㄹ'과 'ㄴ'이 결합할 경우에 '신라[실라], 칼날[칼랄]' 등과 같이 [ㄹㄹ]의 동화음을 인정하면서도 다만 '의견란[의ː견난], 임진

런[임:진난], 생산량[생산냥], 결단력[결딴녁], 공권력[공꿘녁], ……' 등
과 같은 예외를 두었다. '권력'은 [ㄹㄹ]로 발음하고 '공권력'은 [ㄴㄴ]으
로 발음하는 셈인데, 모두 표기된 원음과는 달리 발음되는 것들이다.
따라서 이들 경우에 비록 발음표시가 복잡하더라도 그 발음을 표시
하여야 할 것이다. 만일 이 경우의 발음을 표시하지 않는다면, 국어
에 -ㄹㄴ- 또는 -ㄴㄹ-과 같은 음운배열 구조가 존재한다고 해야 할
터인데, 그러한 구조는 음운론적으로 존재하지 않는다. 많은 국어사
전들에서는 'ㄴㄹ'의 표기가 [ㄴㄴ]으로 발음되는 경우에는 그 발음을
표시하고 [ㄹㄹ]로 발음되는 경우에는 표시하지 않았는데, 이 처리는
통일성을 잃은 것이라 볼 수 있다.

　　지금까지의 국어사전에서 발음표시로 가장 깊은 관심을 보였던 것
이 경음화와 사이시옷에 관련된 것이었다. '불시[-씨](不時), 간수[-쑤](間
數), 금:법[-뻡](禁法), 공권[-꿘](公權)' 등이라든가 '논길[-낄], 물집[-찝],
움:집[-찝]' 등은 물론이고, '치과[-꽈](齒科), 사기-군[-꾼](詐欺-), 깃-발
(旗-)' 등이 그 예들이다. 말하자면 받침 'ㄴ, ㅁ, ㅇ, ㄹ' 다음에서 또는
표기상의 모음 다음에서 경음화가 일어나는 경우에 해당 음절을 표
시한 것이다. 이는 표기상 같은 조건에서 경음화가 일어나지 않는
경우에 대하여 예외적인 것으로 본 것이다. '깃발'의 경우처럼 표기상
사이시옷이 포함된 경우에는 더 이상의 발음표시를 주지 않은 것은
일반적인 어말의 'ㅅ'받침의 음운행위와 같다고 보았기 때문일 것이다.

　　구개음화의 경우에는 '갇히다[-치-], 밭이다[바치-], 훑이다[훌치-]'라든
가 '맏이[마지], 같이[가치], 훑이[훌치]' 등과 같이 표시되어 결국 연음
화까지 포함시키고 있다. 구개음화의 표시는 모든 사전들이 대체로
통일되어 있으나, 연음화의 처리에 있어서는 대부분의 국어사전들이

306

통일성을 결여하고 있다. 확대된 어휘소 특히, 합성어에서 'ㅅ, ㅈ, ㅊ, ㅌ'이 'ㄷ'으로 실현되는 경우에 '겉-옷[걷-]'과 같이만 표기하고 있다. '국어(國語), 절약(節約)' 등의 경우에도 물론 연음화의 정보는 생략되어 있다. 따라서 '겉-옷[걷-]'과 같이 연음화를 하지 않은 것은 일반적인 원칙을 지킨 것이라 볼 수 있는데, 그렇게 되면 구개음화에서 '같이[가치]'와 같이 연음화까지 표시한 것이 오히려 예외가 되는 셈이다. 그러나 '절약[저략]~[절약]' 같은 연음화의 방언차까지 고려한다면 구개음화의 경우와 같이 '겉-옷[거돋]'으로 연음화시켜 표기하여야 할 것이다. 사전학에서 통일성을 강조하는 이유가 여기에 있는 것이다. 위의 연음화에 대해서는 〈표준발음법〉의 〈제15항〉에서 명시하고 있다. 모든 표제항에 연음화의 정보를 일일이 명시하지 않으려면 일러두기에서 연음화표시의 한계를 미리 밝혀 두어야만 할 것이다.

하나의 형태소 또는 확대된 어휘소의 내부구조의 발음표시에서 표기와 달리 발음되는 경우에 그 발음을 표시하려 하였으나, 일반적으로 규칙적인 것으로 보이는 음운정보는 흔히 표시하지 않았던 듯하다. 자음동화가 그러했고, 연음화가 그러했다. 순수히 규칙적인 것은 물론 발음표시를 할 필요가 없겠으나, 이러한 사실을 일러두기에 엄격히 한정시켜 명시해 두어야 함은 물론이다.

지금까지의 국어사전들이 안고 있었던 가장 큰 결함의 하나는 체언이나 용언의 표제항이 아무런 음운정보를 보여주지 않았다든가 그것을 주더라도 표제항으로 제시된 그 자체에 한정된 점이다. 이렇게 '닭[닥], 밝다[박-]' 등과 같이 발음표시를 한다면 곡용이나 활용에서 나타나는 다양한 음운정보를 제시하지 못함은 말할 것도 없는데, 위의 표시는 결국 '닭#, 밝+다' 같은 주어진 환경에서의 발음만을 위한 것이 된다. 이미 지적한 바와 같이 지금까지의 국어사전들은 대부분 곡용형식에는 거의 관심이 없었고 활용형식에는 불규칙활용에 한정시켜 관심이 있었으나, 그것은 표기와 관련되기도 했던 것이다. 조선총독부의 《조선어사전》, 문세영의 《조선어사전》 및 이윤재의 《표준조선말사전》 등에서 활용형식이 제시되기도 하였으나 곡용형식에는 전혀 관심을 보인 바 없다. 활용형식과 마찬가지로 곡용형식에도 때로 관심을 보였던 것은 일찍이 《대한민보》에 연재되었던 〈사전연구초〉(1910)였다. 예컨대

나 我也ㅣ니(나ㅣ가, 나는, 나도, 나로도, 나를, 나다려)等이有홈

나누다 分ᄒ다ㅣ니(나눈, 나눌, 나눔)等이有홈

과 같았다. 그러나 역시 이들은 활용형의 표기형식을 보여주기 위한 것이었지 음운정보를 제시하기 위한 사전적 처리라고는 할 수가 없다.

체언과 용언의 경우에 차이가 있는 것은 체언이 비록 조사와 함께 쓰임이 원칙이더라도 자립형식으로 쓰일 수 있는 반면에 용언은 언제나 어미와의 결합을 요구하는 의존형식으로만 쓰일 수 있는 형태론적 특징을 각각 가지는 점이다. 이것이 체언표제항을 조사 없는 독립형으로 보이고 용언표제항을 기본형으로 보인 이유이다. 체언의 경우와 마찬가지로 용언의 경우에도 어간만을 표제항으로 제시하였던 사전은 《말모이》가 대표적이다. 그 바탕이 된 이론은 주시경의 문법이론이었던 것이다. 그러나 표제항을 어떤 형식으로 제시하든 필요충분한 음운정보는 사전에서 효율적으로 처리되어야 할 것이다. 국어가 지니고 있는 형태론적 특징으로서의 교착어적 성격에 따라

곡용형식 및 활용형식을 음운정보와 함께 제시하여야 한다는 뜻이다. 그러기 위해서는 우선적으로 체언 중심의 곡용표와 용언 중심의 활용표가 작성되되, 거기에 음운론적 정보를 반영시켜 일정한 분류를 꾀하고 이를 국어사전의 부록으로 실으면서 나아가 해당 표제항에 그 분류번호를 명시하여 주는 방법을 사전편찬에 이용할 수도 있을 것이다. 예컨대,

(체 1)	(체 2)	(체 3)
소리	물	밤:
소리가	물이[무리]	밤이[바:미]
소리를	물을[무를]	밤을[바:믈]
소리로	물로	밤으로[밤:므로]
소리에	물에[무레]	밤에[바:메]
소리의	물의[무릐~무레]	밤의[바:믜~바:메]
소리와	물과	밤과[밤:과]
소리다	물이다[무리다]	밤이다[바:미다]
소리도	물도	밤도[밤:도]
소리만	물만	밤:만[밤:만]

(체 4.1)	(체 4.2)
닭[닥]	값[갑]
닭이[달기]	값이[갑씨]
닭을[달글]	값을[갑쓸]
닭으로[달그로]	값으로[갑쓰로]
닭에[달게]	값에[갑쎄]
닭의[달긔~달게]	값의[갑쓱~갑쎄]

닭이다[달기다]	값이다[갑씨다]
닭과[닥꽈]	값과[갑꽈]
닭도[닥또]	값도[갑또]
닭보다[닥뽀다]	값보다[갑뽀다]
닭만[당만]	값만[감만]

과 같이 분류표를 작성한다면, 표제항에는 각각

A모형		B모형	
소리	【명】(체 1)	소리	【명】(1)
물	【명】(체 2)	물	【명】(2)
밤 :	【명】(체 3)	밤 :	【명】(3)
닭	【명】(체 4.1)	닭	【명】(4.1)
값	【명】(체 4.2)	값	【명】(4.2)

와 같이 A모형이나 B모형 또는 그와 비슷한 모형으로 이들 음운정보
를 제시하는 방법을 고려할 수 있다.

　용언의 경우에도 같은 모형으로 제시할 수 있을 것이다. 예컨대

용 1.1	용 1.2	용 1.3
두다	쑤다[쑤:다]	푸다
두지	쑤지[쑤:지]	푸지
두고	쑤고[쑤:고]	푸고
두면	쑤면[쑤:면]	푸면
두시다	쑤시다[쑤:시다]	푸시다
두어	쑤어[쑤:어]	퍼
(둬[둬:])	(쒀[쒀:])	

와 같이 분류한다면 다시 각각의 표제항에는

A모형			B모형		
두다	【동】	(용 1.1)	두다	【동】	(1.1)
쑤:다	【동】	(용 1.2)	쑤:다	【동】	(1.2)
푸다	【동】	(용 1.3)	푸다	【동】	(1.3)

와 같이 A모형 또는 B모형으로 표시할 수도 있다. 여기서 B모형을
채택하는 경우에는 그 활용형식과 음운정보가 동사에만 적용되고 형
용사에는 적용되지 않는다는 오해가 있을 수 있다. 동사와 형용사는
그 활용체계상의 차이가 있지만 음운행위상의 차이는 거의 없다. 예
컨대 '눕다'와 '춥다' 또는 '굽:다'와 '밉:다' 사이에는 음운행위상의 근
본적인 차이는 발견되지 않는다. 따라서 동사니 형용사니 하는 문법
적 범주에 따른 음운행위상의 차이가 없다면 통일된 음운정보를 체
계적으로 제시할 수 있도록 방안을 모색하여야 할 것이다. 다음과
같은 경우에는 단순하지가 않다.

여덟[여덜]	밟:다[밥:따]	넓다[널따]
여덟이[여덜비]	밟아[발바]	넓어[널버]
여덟을[여덜블]	밟을[발블]	넓을[널블]
여덟도[여덜도]	밟지[밥:찌]	넓지[널찌]
여덟만[여덜만]	밟니[밤:니]	넓니[널리]

이 세 경우에는 음장 문제를 제외하면 'ㄼ'의 자음군단순화는 문법범
주에 따른 차이라 할 수 없는데, 경음화는 체언과 용언이라는 문법범
주에 따른 차이라 할 수 있다. 경음화에 관한 한, 'ㄹ' 이외에 'ㄴ, ㅁ,

ㅎ'의 경우에도 마찬가지로 문법범주에 따른 차이를 보이고 있음은 잘 알려진 사실이다. 따라서 이러한 경우에 대한 사전적 처리를 위하여서는 일정한 기준에 따른 분류까지 이루어진 곡용표와 활용표가 작성될 필요가 있는 것이다.

활용표를 작성할 때에는 음소적인 면은 물론이고 운소적인 면, 즉 음장의 변동까지도 고려하여야 할 것이다. 예컨대

A군	B군	C군
알:다	떫:다	모르다
알:고	떫:고	모르고
알:면	떫:으면	모르면
알아	떫:어	몰:라

와 같이 A군은 문법범주상의 제약을 일단 무시한다면 V→[-long]/__ +[V⋯] 정도의 지배를 받는 것들이요, B군은 이 규칙의 예외들이고, C군은 예외적인 '르'불규칙활용 용언들인데, 여기에는 '흐르+어 → 흘러'와 같이 장모음화하지 않는 예들이 있어서 또한 이를 따로 분류하여야만 할 것이다. 이러한 음장의 변동은 용언에만 적용되고 체언에는 적용되지 않는다. 이 예들을 통하여 알 수 있는 바와 같이 용언에 한정되는 것이라면 좀 더 정밀하게 분류된 활용표가 작성되어야만 할 것이다.

음운정보를 정밀화시킨 활용표 또는 곡용표를 〈표준발음법〉에 따라 작성하고서 그 유형을 발음표시에 추가시키는 방식은 물론 그 나름대로의 장점을 가지기도 하지만 또한 단점도 있을 수 있다. 왜냐하면 비록 음운정보를 필요충분하게 제시하여 사전학자나 사전이용자

에게 정확하고도 체계적인 지식을 부여할 수는 있다고 하더라도 특히 사전이용자들이 활용표나 곡용표를 따로 충분히 이해하여야 하는 불편함이 하나의 단점일 수 있기 때문이다.

지금까지의 국어사전들을 중심으로 발음표시의 기준과 그 실제를 검토하여 체계적이지 못하였고 통일적이지도 못하였으며 음운정보를 필요충분하게 표시하지도 못하였음을 지적하였다. 그리고 이를 극복하기 위한 사전적 발음표시의 새로운 방식을 제안하여 보기도 하였다. 음운정보를 필요충분하게 나타내어 줄 수 있는 방식으로는 특히 곡용표와 활용표를 유형 별로 분류·작성하여 그 유형을 표제항의 발음표시에 추가하는 방식을 고려할 수 있다고 하였다. 위에서 구체적으로 언급하지는 않았지만, 예외 없이 규칙적인 경우에는 그러면서 방언차나 세대차가 없는 경우에는 발음표시를 생략할 수 있음은 물론이다. 이는 외국인을 위해서가 아니라 순수한 국어사전을 이용하는 한국인을 위해서인 것이다. 이상의 사전적 발음표시방식은 하나의 방안에 지나지 않는 것이지만, 음운정보를 필요충분하게 제시할 수 있다는 점에서는 한번쯤 고려하여 볼 가치가 있다고 현재 필자는 믿고 있는 것이다.

[《애산학보》 7, 1989]

붙임: 음운론적 단위인 '음절(音節)'에 평행되는 사전 인쇄상의 문자론적 단위로 가정한 '자절(字節)'을 중심으로 맞춤법에 따른 사전표제항에 대한 음운론적 정보 표시 문제를 검토한 글이다. 주로 한국어의 형태론적 특성을 고려해 패러다임 중심으로 발음 표시의 필요 충분한 효율적인 음운표시 방법을 제시해 보려 하였다. 곡용과 활용 패러다임이 검토의 중심이 되었다.

참고사전

〈사전연구초〉(1910), 《대한민보》(연재).

조선광문회(1911~?), 《말모이》(고본), 《한국문화》(서울대) 7(재수록).

조선총독부(1920), 《조선어사전》.

문세영(1938), 《조선어사전》, 조선어사전간행회.

이윤재(1947), 《표준조선말사전》, 아문각.

한글학회(1947~1957), 《(조선말)큰사전》, 을유문화사.

한글학회(1958), 《중사전》, 한글학회 출판부.

국어국문학회(1958), 《국어새사전》, 동아출판사.

신기철 · 신용철(1958), 《표준국어사전》, 을유문화사.

김민수 · 홍웅선(1959), 《새사전》, 대한교과서주식회사.

이희승(1961), 《국어대사전》, 민중서관.

신기철 · 신용철(1975), 《새우리말큰사전》, 삼성출판사.

이희승(1982), 《국어대사전》(수정 · 증보), 민중서림.

남광우 · 이철수 · 유만근(1984), 《한국어표준발음사전》, 한국정신문화연구원.

참고문헌

국어연구소(1988), 《표준어규정 해설》, 국어연구소.

남기심 · 안삼환 · 이상섭 · 최영애 · 홍재성(1987), 기존 국어사전의 반성과 대표
　　　적 외국 사전의 사례 연구, 《성곡논총》 18.

문교부(1988), 《표준어규정》, 문교부고시 제88-2호.

이병근(1982), 국어사전사 편고, 《백영정병욱선생화갑기념논총》, 신구문화사.

이병근(1986), 국어사전 편찬의 역사, 《국어생활》 7.

이병근(1988), 개화기의 어휘정리와 사전편찬, 《주시경학보》 1.

이현복(1987), 국어사전에서의 발음표시, 《어학연구》(서울대) 23-1.

조재수(1984), 《국어사전 편찬론》, 과학사.

조재수(1986), 《북한의 말과 글: 사전편찬을 중심으로》, 한글학회.

홍재성(1987), 한국어사전에서의 동사항목의 기술과 통사정보, 《인문과학》(연세
　　대) 57.

음장의 사전적 기술

1. 머리말

사전에서의 표제항은 그에 바탕이 되는 언어의 맞춤법에 따라 표기되고 그 맞춤법을 읽는 일정한 독음규칙(reading rules)에 따라 발음하게 된다. 그런데 표제항의 맞춤법이 그 발음과 언제나 일치되는 것은 아니어서 그러한 경우에는 사전 특유의 발음표시를 하게 마련이다. 일반적으로 말해서 특히 운소적 자질은 맞춤법으로는 반영되지 않기 때문에 사전에서는 맞춤법과는 달리 별도의 표시 방법이 요청된다. 본고에서는 국어의 시차적인 운율적 자질인 음장을 사전에 효율적으로 표시하는 방식을 모색하려 한다.

음장은 발음에 관련된 음운정보의 하나이다. 이러한 음장정보는 맞춤법에는 전혀 드러나지 않기 때문에 그 정보를 필요충분하게 보조기호를 사용하여 표시하여야만 할 것이다. 물론 발음에 관련된 음운정보의 표시가 모든 언어 사전에 필수적인 것은 아니다. 예컨대 에스파냐어나 핀란드어 등은 사전에서의 이러한 정보 표시의 필요성이 덜한 것으로 알려져 있다. 그것은 음운과 자소(字素) 나아가서 말과 글 사이의 관계를 나타내는 유관한 독음규칙의 지식이 맞춤법으로부터 자연스레 추론될 수 있기 때문이란다. 국어는 '한글'이라는 문자체계의 상당히 정연한 대응관계를 가지는 음운론적 성격 때문에 많은 경우에는 이러한 성격을 지니는 것이 사실이나 한편으로는 한글맞춤법 자체의 독음규칙만으로는 추론되기 힘든 경우가 많은 것도 사실이다. 예컨대 '호수(戶數)'와 '호수(號數)' 등에서의 '수(數)'는 [쑤]로 발음되나 '기수(奇數)'와 '우수(偶數)' 등에서의 '수(數)'는 [수]로 발음된다. 또한 〈표준발음법〉에 따르면 '맑다, 맑지, 맑습니다' 등에서의 '맑'은 [막]으로 발음되나 '맑고, 맑게, 맑거나' 등에서의 '맑'은 [말]로 발음되어 똑같이 표기된 '맑'이 그 환경에 따라서 [막] 또는 [말]로 달리 발음되는 것이다. 따라서 국어사전의 경우에는 발음을 지배하는 음운정보를 필요충분하게 효율적으로 제공하지 않으면 안 될 것이다.

음운정보로서의 음장도 발음 표시에 의한 정보 제공에 있어서 마찬가지의 필요성이 있기 때문에 역시 음장에 대한 필요충분한 정보가 발음 표시에 포함되어야만 할 것이다. '반'이라는 표제항은 음장의 차이에 따라 '班([반])'일 수도 있고 '半([반ː])'일 수도 있는가 하면 이들의 반복복합어들은 '班班(이)[반반(이)]'와 '半半[반ː반]'으로 발음이 되고, '알다(知)'의 경우에는 활용형에 따라 '알고[알ː고], 알면[알ː면], 알지[알ː지]' 등과 '알아[아라]' 등과 같이 교체하는 음장규칙이 있는 가변성을 지니고 있기 때문이다. '모르다(不知)'의 경우에는 '모르고, 모르지, 모르니, 모르면, 모를' 등과 같은 활용에서는 그 첫음절이 단음으로 실현되지만 '몰라'의 경우에는 그 첫음절이 장음으로 실현되는 것

318

이 일반적이고도 표준적이기 때문에 이 경우에는 '덥대[덥:때], 더워 [더워], 더운[더운]' 등의 경우와 마찬가지로 음소적(phonématique)인 교체와 함께 음장으로 나타나는 운율적(prosodique)인 교체에 대한 정보까지도 제시하여야만 할 것이다. 이러한 언어현실의 음운정보가 사전의 발음 표시에 필요충분하게 주어지지 않는다면 그러한 사전들 은 사전이 가지는 언어과학성과 언어교육성을 필요충분하게 발휘하 지 못하여 사전의 사회적 기능을 다는 할 수 없게 될 것이다. 이러한 이유로 필자는 이미 〈국어사전과 음운론〉(1989)에서 기존 국어사전 들의 발음 표시 원칙을 검토하고서 필요충분한 음운정보를 제시하는 방안을 모색한 바 있다. 비록 필자 나름대로의 기본적인 방향을 제시 한 것이기는 하나 음운정보의 전반적인 처리를 위한 것이었기에 지 극히 개략적인 것이었다.

본고에서는 음운정보 가운데서 음장에 초점을 두고서 이전의 국어 사전들에서의 음장 처리를 검토하고 이를 바탕으로 음장의 효율적인 사전적 처리 방안을 모색하고자 한다. 일단은 현대어 중심의 공시론 적 처리에 초점을 맞추려 하는데, 이러한 처리 방안은 나아가서 통시 적인 역사사전(historical dictionary)의 편찬에도 암시하는 바 있을 것 으로 스스로 기대한다. 자료에 있어서 현대어의 기술적인 면에서 표 제화(lemmatisation)를 요구하는 여러 형식들이 존재할 수 있는데, 역 사적인 면에서는 성조의 변동 이외에 여러 이표기들이 존재하는 점 에 있어서도 상관성이 있을 것이다.

2. 국어사전에서의 음장의 처리

2.1. 음장 인식의 음운론적 단위

음장의 음운론적 인식은 흔히 장음과 단음으로 변별되지만, 음장이 관여하는 단위에 대한 인식은 모음과 음절 두 가지로 갈리고 있다. 그리하여 운율적 요소로서의 음장을 사전에 표시함에도 역시 모음에 표시된 경우가 있고 음절에 표시된 경우도 있다.

음장을 모음에 얹힌 사전으로는 *Dictionnaire coréen-français* (1880) 와 《말모이》(조선광문회 편)가 대표적이다. 음장의 음운론적 시차성을 지적한 첫 번째의 기술은 이미 알려진 바와 같이 위의 《한불ㅈ뎐》과 밀접한 관계가 있는 *Grammaire coréenne* (1881)에서였는데, 예컨대 pām(châtaigne)과 pam(nuit) 등의 핵모음들이 각각 장모음(voyelle longue) 과 단모음(voyelle brève)을 포함하는 단어들이란 것이었다. 이러한 인식에 따라 그들의 사전에서도 장음 부호를 다음과 같이 핵모음 위에 얹혔던 것이다.

감긔. KĀM · KEUI. 感氣 Rhume de cerveau

근ㅅㅎ다. KEUN · SA · HĂ · TA……

눈. NOUN, · I. 雪 ……

셰샹. SYĒI · SYANG, · I. 世上 ……

왕릭ㅎ다 OĀNG · RAI · HĂ · TA. 往來 ……

죵손. TJYŌNG · SON, · I 從孫 ……

    음장을 음절이 아니라 모음의 분별성질로 인식하고서 이에 따라
사전적 처리를 철저히 한 또 하나의 대표적인 사전이 바로 조선광문
회 편의 《말모이》였던 것이다. 이 사전의 대표 편찬자 주시경은 그의
저술들에서 늘 음장이 모음의 분별성질임을 지적하곤 하였다.

> 그음이길던지졀은것은다모음의분별이요ᄌ음에는아모상관업스니
>
> 《대한국어문법》, p.47

> 高低長短廣狹은母音에當ᄒ分別이요子音에關係가無ᄒ즉此를分別ᄒ는表는
> 母音字에附ᄒ이音理에適當ᄒ니라
>
> 《국어문전음학》, p.36

> 길고자름은소리가나는때의동안을이름이오……때로쓰는말을적는글에는
> 소리가나는때의동안을길고자름의두가지로만가르어그서로다른바만알게함
> 이넉넉하니라
> (잡이) 닷소리에는이네가지의다름이업나니라
>
> 《말의소리》, ㄱㄹ

    즉 음장의 구별은 장·단만으로 넉넉한데, 그것은 자음에는 없고 모
음에만 있다는 것이다. 이러한 언급은 《훈민정음》의 방점에 대한 해
석과 모음의 장단·고저·광협 등에 의한 분류에서 등장하는데,
《말모이》에서는 "말소리의 높으고 낮은 것은 '· ··'의 보람을 두고
흔히 쓰이는 이사소리는 보람을 아니 둠 [벼슬을갈. 논을갈. 칼을갈]"의
일러두기와 같이 모음 위에 고저 표시를 했던 것이다. 결국 《말모

이》에서는 장단이 아니라 고저로 표시하게는 되었으나 역시 모음에 관련된 것으로 처리하였던 것이다. 또한《말모이》의 편찬자로 참여하였던 김두봉도 이 사전의 바탕이 되는 문법서인 그의《조선말본》에서 고저·장단을 모음의 성질로 보았던 것이다. 즉 '깊소리'와 '이사소리'가 있다고 하면서 '새(날새어떠하오릿가) 말(이말에집이많소) 배(글을배고)'는 깊소리의 예들이고 '새(절새는날아들고) 말(다락가튼말을타고) 배(먹물이배고)'는 이사소리의 예들인데 "새, 말, 배들의 길이는 ㅐ ㅏ ㅐ들의 길이니라"라고 하여 역시 모음의 길이로 보았고, 〈말소리〉에서 제시한 '갈(벼슬을갈것) 갈(칼을갈고) 갈(밭을갈고)' 등의 예들은 각각 '높은소리', '이사소리', '낮은소리'인데 "갈, 달, 말들의 높이는 ㅏ에 있나니라"라고 하여 소리의 높이조차도 음절이 아니라 모음의 높이로 보았던 것이다. 장단과 고저 중에서 고저로서《말모이》에 표시한 것이 김두봉의 동남방언적인 특징이 작용한 것인지는 현재로서 가릴 수는 없다.

최현배의《우리말본》(첫째매)과《우리말본》등에서는 '짜른소리(짧은소리, 단음), 예사소리(상음, 중음), 긴소리(장음)'의 세 가지로 나누었는데, 이들도 모음의 길이를 뜻하는 것이었다. 다만 모음만을 따로 언급한 것이 아니고 "낱낱의 소리가 이어서 말을 이룬 이은소리(연음)"에서 관찰하였음을 밝히고 있는데, 주시경·김두봉 등과 근본적인 차이가 있는 것은 아니다. 고저는 서울말에서는 잘 구별되지 않는 사실도 지적하고 있다.

순수한 국어사전에서의 음장의 인식단위는《말모이》다음에는 '글자' 내지는 '음절'이었다.《조선어사전》(1938)에서는 "발음이 길게 되는 것은 그 글자의 왼쪽에 두 점 곧 :을 달었습니다"라고 하였고《표준조선말사전》(1947)에서도 "발음이 길게 나는 것은 그 글자 위에 'ㄱ'을 그어 표하였다"라고 하였으며 《국어새사전》(1958)에서도 '장음'에 대하여 "표시는 현대 서울말의 발음을 실지로 조사한 바에 의하여 뚜렷하게 길게 발음되는 글자 뒤에 :표를 넣었다"고 하여 주로 '글자'라는 단위를 표시단위로 삼았다. 《새우리말큰사전》(1975)에서도 장음 표시는 "표제어에서 장음으로 발음되는 글자의 오른쪽"에 하는 것으로 되어 있다. 《조선말큰사전》(1947)에서는 "발음이 길게 나는 음절(音節)은 머리줄을 질러 표하였음"이라 하였고 《국어대사전》(1961) 및 그 수정증보판(1982)에서도 "길게 발음되는 음절은 그 글자 오른편에 :표를 질렀다"라고 하여 '음절'을 음장의 표시단위로 삼았다. 결국 음장의 표시단위가 모음으로부터 '글자' 내지는 '음절'로 바뀐 셈이다. 그러나 사전에서의 음장의 표시단위인 '글자'나 '음절'이 바로 음장의 인식단위였는지는 구체적인 논의가 없기 때문에 더 이상 분명히 가늠할 수가 없다. 말하자면 글자 내지 음절 단위로 음장을 표시하는 사전적 처리에서 음장의 인식단위가 꼭 음절이었다고 단정할 수는 없다는 것이다. 북한에서 간행된 《조선어소사전》(1956) 및 《조선말사전》(1960~62)에서는 "길게 나는 음에 대하여는 해당 음절 위에 장음 부호 ˉ를 붙인다"라고 하여 '음'에 장단이 있으나 장음부호만은 음절 단위로 붙인다고 하였는바 음절보다 작은 단위로서의 음을 내세우고 있다. 만일 음의 장단이 자음에는 상관이 없는 음운론적 기능을 가지는 것이라면 음절 단위로 표시한 것은 장단의 인식단위로서의 '음'과는 달리 맞춤법에 따른 편의에 지나지 않을 것이다.

현재 우리의 사전은 어떠한가. 1988년에 고시된 문교부의 《표준어 규정》의 제2부 제3장 〈소리의 길이〉에서는 "모음의 장단을 구별하여 발음하되, 단어의 첫음절에서만 긴소리가 나타나는 것을 원칙으로 한다"라고 하고서 '눈보래[눈ː보래]'와 같이 단어의 첫음절 '눈'의 모음 'ㅜ'가 장음이지만 그 표시에 있어서는 [눈ː]과 같이 음절 전체에 걸치게 예시하고 있다. 다시 말하자면 장단의 구별은 모음에 관련된 것으로 그 표시단위는 그 모음이 속한 단어의 첫음절에 한정됨을 원칙으로 한다는 것이다. 단어가 음운론적 복합체로 보는 경우 그것은 음절의 복합체이고 또 음소의 복합체인데 음장이 직접 관여하는 단위는 음절핵을 이루는 모음인 셈이다. 음절이 장음이라 함은 장모음을 포함한 결과에 지나지 않는 셈이다. 이에 따른다면 '눈(雪)'의 경우에 [누ː니] 또는 [ㄴㅜː니]과 같이 장음을 표시하는 것이 원칙이나 음절 단위의 맞춤법을 이용하는 경우에는 [눈ː]과 같이 표시하여도 무방하리라 여긴다. 이는 자음이 음운론적으로 장단의 시차성을 가지지 않음을 전제로 하는 것이다. 만일 정의적인 장음까지도 표시하려는 경우라면 '말짱[malːʧ'aŋ]'과 같은 장자음의 예들이 있어서 맞춤법에 따른 음절 단위 장음 표시는 재고하여야 함은 물론이다.

음장이 관계하는 직접적인 단위가 음절구성의 핵모음이라는 사실은 간단히 증명될 수가 있다. /그/+/사ː람/ →[그사람]과 같은 경우에 흔히 하나의 기식군을 이루면서 단음화를 일으키는데, 이때에 단음화 이외의 어떠한 음절구조의 변동도 일어나지 않는다. 또한 /알ː/+/아/ →[아래]와 같은 단음화의 경우에 'ㄹ'이 연음화하여 음절구조를 바꾸기는 하나 그러한 변형된 음절구조가 단음화의 직접적인 요인이 될 수는 없는 것이다. 더욱이 음운변화의 경우에는 분명하다. 예컨대 '게ː〉그(ː)이, 어ː른〉으ː른, 정ː씨(鄭氏)〉증ː씨'와 같은 'ㅓ〉ㅡ'를 방언자료에서 볼 때에 결국 음장이 작용한 음운변화의 단위가 음절이 아니라 음절의 핵모음임을 알 수가 있다. 흔히 장음에 의한 'ㅓ'의 상승화에 대한 예외로 '열(十)'을 드는데, 이는 '하나'부터 '열'까지의 기본수를 셀 때에 2음절어에 맞추어 단음절어를 길게 발음하여 리듬을 이루게 한 결과이기 때문에 사정이 다른 것이다. '열하나, 열둘, ……, 열아홉'에서나 '여남은(十餘)' 등에서는 전체의 의미 전달에 방해가 없기에 '열'을 흔히 단음으로 발음하는 것도 그 증거일 것이다.

요컨대 음장이 운율적 요소로서 관여하는 인식단위는 단어의 구성요소로서의 음절이라기보다는 음절의 핵모음인 것인데, 흔히는 단어의 첫음절의 핵모음에서만 음장의 음운론적 시차성이 드러나는 것이다. 이러한 관점에서 본다면 지금까지의 국어사전들에서 음장 그 중에서 장음을 정확하게 표시한 경우는 《한불ᄌ뎐》과 《말모이》라 할수 있고, 나머지의 사전들은 맞춤법의 편의상 '음절'이나 '글자'에 관련된 표시를 하였다고 볼 수 있다.

2.2. 음장 실현의 유형과 사전적 처리

지금까지 잘 알려진 바와 같이 또 이미 언급한 바와 같이 현대어에 있어서 음장의 시차성은 단어 또는 어간의 첫음절에서 확인된다. 제이음절 이하에서의 음장의식은 개인차 내지는 세대차가 지극히 심하여 이의 사전적 처리는 통일성이 결여되어 있다. 첫음절의 음장을 지금까지의 국어사전들에서는 어찌 처리하였는가.

지금까지의 국어사전들―대역사전들까지 포함하여―에서는 흔히 음장의 표시를 장음에 한하여 표제항의 관련된 부분 즉 해당 모음이나 음절식 글자에 장음 부호를 다는 방식이었다. 예컨대 '속:(속), 감:

기(감기)'라든가 '얻:다(얻다), 알:다(알다)' 등과 같은 방식이 가장 일반적이었던 것이다. 표제항을 중심으로 한 이러한 음장의 표시는 결국 표제화와 밀접히 관련된다. 국어의 어휘들은 크게는 곡용이나 활용을 보이는 부류와 그러한 교착적인 성격을 보이지 않는 부류로 나뉘는데, 체언과 용언을 포함하는 전자의 부류들에 대해서는 기본형을 하나 설정하여 표제화시켜 표제항으로 삼고 관형사, 부사, 감탄사 등을 포함하는 후자의 부류들에 대해서는 각각의 그 자체를 표제화시켜 그대로 표제항으로 삼았다. 이렇게 표제화하여 올린 표제항에 대해 발음은 흔히 독음규칙으로 예측하기 어려운 부분에 표시되었고 음장은 표제항 그 자체의 형식을 중심으로 표시되었다. 표제항 가운데서 곡용이나 활용을 행하는 항목들에 대해 표제항 자체만을 제시하는 경우에는 그들의 형태·통사적 정보나 그에 따른 음운정보를 필요충분하게 제시하지 못할 것이다. 《큰사전》 이후의 대부분 사전들이 바로 그러했던 것이다. 다만 예외적으로 제시했던 것이 형태음운정보인 이른바 '변칙활용' 즉 불규칙활용의 종류의 표시였던 것이다. 그것도 불규칙적인 음운정보를 제공하기 위해서보다는 음소적 원리에 따른 표기를 위해서였을 것이다. 이 경우에도 예컨대 '덥:다 혱(ㅂ변)'나 '묻:다 탬(ㄷ변)' 같은 방식으로 제시함으로써 음소적 교체만을 지적하였지 '덥:+어→[더워]'라든가 '묻:어→[무러]' 같은 운율적 교체로서의 단음화에 대한 정보는 지적하지 않았던 것이다. 말하자면 표제항 자체에 대한 음장의 표시만 있어서 그것이 환경에 따라 가변적일 수 있을 경우에 그 가변성에 대한 일체의 정보를 주지 못했던 것이다. 《말모이》의 경우에는 주시경의 문법이론에 따라 용언 어휘들에 대해 어간형식만을 표제화하였기에 더더욱 그러했던 것이다.

그러나 모든 사전들이 이러했던 것은 아니다. 《큰사전》 이전의 국어 사전들은 부분적인 차이가 있었기는 하나 대부분 용언 표제항들에 대해 몇몇 모음 어미에 의한 활용형을 제시하였었다. '-아/어'와 '-ㄴ/은' 또는 '-아/어'와 '-니/으니' 등에 의한 활용형을 표제항에 대해 보였던 것이다. 다만 《조선어사전》(문세영)과 《표준조선말사전》(이윤재)에 서는 이른바 '변격활용(變格活用)'의 경우에만 그러한 활용형을 제시 하였는데, 이는 표기상의 차이 때문이었을 것이다. 예컨대

《한영ᄌᆞ뎐》(Gale)

감다 l 아 ; 은 To wind.

《朝鮮語辭典》(朝鮮總督府)

· 감ㅅ다 ⎰감아⎱ (活) 捲く(繩·絲等に いふ).
⎱감은⎰

《朝鮮語辭典》(文世榮)

감:다(-따)(他) ① 둘러가며 칭칭 말다. ② 옷을 입다.

깁깁:다(ㅂ변)[기워·기운](他) 터진 곳에 조각을 대고 꿰매다.

《표준조선말사전》(이윤재)

감다(-따)(움) 실 같은 것을 둘러가며 돌리다.

깁다〈기워, 기우니〉(움) 해진 곳에 조각을 대어서 때우다.

이들 사전은 이와 같이 일부의 모음어미에 의한 활용형을 보이려 하였으나 여전히 음장에 대한 정보는 표제항에 한정시키는 데에 머물렀던 것이다. 실상 이들 사전이 활용형을 제시한 전통은 《한불ᄌᆞ던》으로 거슬러 올라간다. 《한불ᄌᆞ던》은 대부분의 용언표제항에 대해 이러한 활용형의 제시 이외에 대부분의 체언표제항에 대해 주격조사의 '-ㅣ'에 의한 곡용형(솟 SOT, SOTCHI 鼎 Chaudière)까지 보였고 나아가서는 음장의 가변성에 대한 정보까지도 보이려 하였던 것이다. 몇몇 용언표제항의 예를 보자.

앗다,	ĀT-TA, A-SYE, A-SEUN,	奪 Oter, retrancher,…
곱다,	KŌP-TA, KO-A, KO-EUN,	妍 Beau.
더럽다,	TĒ-REP-TA, -RE-OUE, -RE-ON,	醜 Sale, …
검다,	KĒM-TA, KĒM-E, KĒM-EUN	皂 Noir; être noir.

이 사전에서 인식된 음장의 정보가 얼마나 신빙성이 있는지는 의심스러운 점이 많으나, 위에 제시된 예들을 통해서 보면 표제항 자체의 음장 인식에서 머물지 않고 활용형에 있어서의 음장의 가변성을 보이려 한 노력을 엿볼 수가 있다. 즉 '앗다, 곱다'의 경우에는 모음어미 앞에서 단음화함을 보여 주고 있으며 '더럽다'의 경우에는 '더'의 장음이 활용과 관계없이 불변적임을 나타내 주고 있는데, '검다'의 경우에도 자음어미 앞에서나 모음어미 앞에서나 음장의 불변적임을 보여주고 있는 것이다. 체언의 경우에도 마찬가지의 유형화를 보이고 있다. 예컨대

눈　NŌUN, -I 雪	벌　PĒL, -I 蜂
눈　NOUN, -I 眼	벌　PEL, -I 罰
밤　PĀM, -I 夜	담　TĀM, -I 氈, 痰
밤　PAM, -I 栗	담　TAM, -I 墻, 膽

등에서와 같이 체언형태소의 어간 및 주격조사 -I와의 결합을 보이면
서 표제항의 음장 교체는 일체 보이지 않았다. 이는 체언형태소들이
곡용시에 가지는 음장의 불변성을 말해 주는 것이라 할 수 있다. 요
컨대《한불ㅈ뎐》은 표제화된 표제항 자체에 대한 음장 정보뿐만 아
니라 곡용이나 활용의 경우에 가지는 음장의 불변성 또는 가변성이
라는 운율적 정보까지 제시하려 하였다고 할 수 있다.

《한불ㅈ뎐》의 간행 이후로 나온 순수한 국어사전이나 대역사전들
은 이러한 가변적인 음운정보 특히 운율적 정보를 외면하고서 표제
항 자체에만 음운정보를 그것도 체계적이지도 못하고 통일성도 없이
제시하기만 하였던 것이다. 이미 앞에서 보였던 것처럼 Gale의《한영
ㅈ뎐》(1897)에서는 몇몇 활용형을 보이면서도 음장의 정보는 표제항
자체에 대해 l. s.로 음절의 장단만을 보였고《큰사전》이후로는 순수
한 국어사전들에서는 표제항 자체에 대해 장음음절의 글자에만 장음
부호를 표시하는 것으로 만족하였던 것이다. 그런데《한불ㅈ뎐》이
나온 지 한 세기가 지난 뒤에 나온 대역사전의 하나인《コスモス朝和
辭典》(1988)에서는 가변적인 음운정보가 보이게 되었다. 예컨대

알다[a:lda アールタ] 알아[ara アラ] 아는[a:nɯn アーヌン]
곱다[ko:pʼta コーブタ] 고와[kowa コワ] 고운[koun コウン] 곱네[ko:mne

コームチ]

모르다[morɯda モルダ] 몰라[moːlla モールラ]

◇ 모르면 몰라도[morɯmjɔn moːllado …

더럽다[tɔːrʌpˀta トーロプタ] 더러워[tɔːrʌwo トーロウオ]

더러운 ʌnmɛːrɔt トーロウン] 더럽네[tɔːrʌmne トーロムチ]

이 사전에서의 음운정보의 처리 방식은 활용형의 제시로 되어 있기 때문에 결국 음소정보와 운율적인 정보를 함께 보인 방식인 셈이다. 체언 곡용에 대해서는 선별적으로 음운정보를 주고 있는데, 예컨대 '닭[tak タク], ~이[talgi タルギ(書)/tagi タギ(話)], ~만 taŋman タンマン]'과 같이 그리고 '살다'의 하위표제항 '삶'에 대하여는 '삶[saːm サームᄉ], 삶이[saːlmi サールミ]' 등과 같이 표시하고 있다. 사전 전체의 텍스트에서 보면 《한불ᄌ뎐》에 비해 통일적이고 체계적이며 좀 더 규범화되어 있다.

지금까지의 국어사전들－단일어사전이든 대역사전이든－은 결국 음장을 중심으로 하여 볼 때에 크게 두 가지 유형으로 나누어 볼 수 있다. 그 하나는 《한불ᄌ뎐》과 《コスモス朝和辭典》에서와 같이 음장의 표시를 표제항 자체에 한정시키지 않고 활용이나 곡용의 경우에까지 부분적으로나마 포함시켜 그 가변성까지 나타내도록 처리한 형식의 사전들이고, 또 하나는 대부분의 국어사전들에서와 같이 표제항 자체의 음장 정보만을 제시하려 한 형식의 사전들이다. 운율적 요소로서의 음장의 이러한 처리 방식은 물론 음소적 정보의 처리방식과 대체로 평행되는 것이었다. 이 두 가지의 처리 유형 가운데서 활용·곡용의 경우에 나타나는 음소적·운율적인 즉 음운정보를 그

래도 좀 더 풍부하게 제시한 방식이 표제항 자체의 음운정보만을 제시한 방식보다 언어학적으로나 사전학적으로나 나은 것임은 말할 나위도 없을 것이다. 마치 '맑다[막따]'와 같이 표제항 자체에 대한 발음표시만을 한 것보다는 '맑다[막따]'란 표제항에 대해 '맑게[말께], 맑고[말꼬], 맑거나[말꺼나], 맑지[막찌], 맑더니[막떠니], 맑은[말근], 맑아[말가]' 등과 같이 활용 시에 환경에 따라 보이는 음소·운소의 변동까지 발음표시를 한 것이 음운정보를 좀 더 필요충분하게 해 준 방식으로는 낫다는 말이다.

문제는 이러한 음운정보 특히 음장의 정보를 사전을 편찬할 때에 어떻게 체계화시키고 통일시켜야 하는가에 있다. 사전에 오를 표제항 하나하나를 일일이 검토하면서 처리해야 되겠으나 사전텍스트의 체계성과 통일성을 위해서는 음장의 정보를 유형화하고 그 유형에 따라 표제항들을 분류하여 사전편찬의 작업을 진행하지 않으면 안 될 것이다.

3. 음장의 효율적인 사전적 처리

사전적 표제항에 대해 그 표제항이 지니는 음운정보를 필요충분하게 제시함은 언어지식 특히 음운론적 지식의 정확한 획득을 위해 필수불가결한 것이다. 그러면 음운정보의 사전적 처리로서는 어떤 방식이 효율적일까.

음장에 관한 정보를 포함한 음운정보를 각 표제항에 부여하여 사전 이용자들이 그 음운정보를 얻게 하는 사전의 발음교육상의 기능을 필요충분하게 행하게 하기 위해서는 과학적인 언어분석에 의한 음운론적 지식을 갖추어야 할 것이다. 개개의 표제항 중심의 미시구조는 그 나름대로의 개체적 특성을 지니는 듯하지만 실은 미시구조의 한 조항은 다른 미시구조들의 조항들과 상호관련성을 가지는 것이고 개개의 표제항은 일정한 딴 표제항들과는 음운론적 · 형태통사론적 및 의미론적 관련체계를 이루기 때문에 이러한 관련체계를 고려하여 표제항들을 분류하고 동질적인 정보를 바탕으로 유형화하여 사전을 편찬하여야 할 것이다. 그래야만 통일성 있고 체계적인 텍스트로서의 사전이 형성될 수가 있는 것이다.

음장 중심의 음운정보의 유형화는 자연히 음장의 교체 유형에 따를 것이다. 사전에 올리는 표제항의 단위는 기본적으로 어휘소이기 때문에 이 어휘소 단위의 음장 인식이 음장 교체유형의 시발점이 될 것이다. 단일형태소로 이루어진 어휘소가 표제항인 경우에도 사전에 따라 음장을 달리 인식한 경우를 흔히 보게 된다. 예컨대

	곪다	굶다	닮다	삶다	옮다	젊다	짊다
조선어사전 (1920)	+	+	+	+	+	+	
조선어사전 (1938)	−	+	−	+	+	−	
표준조선말사전 (1947)	−	−	−	−	+	−	−
(조선말)큰사전 (1947-)	−	−	−	+	−	+	−
표준국어사전 (1958)	−	+	+	+	+	+	
국어새사전 (1958)	+	+	+	+	+	+	
국어대사전 (1961)	−	−	−	+	+	+	−
새우리말큰사전 (1975)	−	−	−	+	+	+	−

※ +:장음 −:단음(빈칸은 표제어가 없는 경우임)

와 같이 음장의 표시에 있어서 극심한 불일치를 보이고 있다. 가장 심한 차이를 보인 표제어는 '굶다'로 4:4이고 가장 적은 차이를 보인 표제어는 '삶다, 옮다'로 7:1이다. 파생어나 합성어 등의 어휘소들에 있어서도 마찬가지이다.

조선어사전 (1920)	·감ㅅ다(·감아타) ·쌈ㅅ다(·쌈아타)	-(-) -(·썸어타)	쒸노다	뒤노다
조선어사전 (1938)	감ㅅ다(가맣다) 깜다(까맣다)	검ㅅ다(거멓다) 껌다(꺼멓다)	뛰-놀:다	뒤-놀:다
표준조선말사전 (1947)	감다(가맣다) 깜다(까맣다)	검다(거멓다) 껌다(꺼멓다)	뛰놀다	뒤-놀다
(조선말)큰사전 (1947-)	감다(까맣다) 깜다(까맣다)	검다(거멓다) 껌다(꺼멓다)	뛰-놀다	뒤-놀다
표준국어사전 (1958)	감다(가맣다) -(-)	검다(거멓다) -(-)	뛰-놀:다	뒤-놀다
국어새사전 (1958)	감:다(가:맣다) 깜:다(까:맣다)	검:다(거:멓다) 껌:다(꺼:멓다)	뛰-놀:다	뒤-놀:다
국어대사전 (1961)	감:다(가맣다) 깜:다(까맣다)	검:다(거:멓다) 껌:다(꺼멓다)	뛰-놀:다	뒤-놀:다
새우리말큰사전 (1975)	감:다(가:맣다) 깜:다(까:맣다)	검:다(거:멓다) 껌:다(꺼:멓다)	뛰-놀다	뒤-놀다

'검:다'에 대한 '거:멓다, 꺼:멓다'라든가 '길:다'에 대한 '기:다랗다, 길:다랗다' 등은 《표준어모음》(1990)에서 모두 장음을 인정한 것인데, 이들 경우에는 대체로 정의적인 가치가 수반하는 것으로서 어느 정도 굳어진 것으로 보아 처리한 경우이다. 일반적으로는 정의적인 표현으로 인한 장음화는 사전적 표제항에서는 인정하지 않았는데, 때로 《한영ᄌ뎐》(1897)에서는

쌕 s. and l.	벅벅 s. and l.
쌕쌕ㅎ다 s. and l.	핑핑 l. and s.
발발 l. and s.	살살 l. and s.
쌧쌧 s. and l.	쿡쿡 s. and l.
붉아타 s. and l.	

등과 같이 단음과 장음 모두 인정하기도 하였으며《한국어표준발음사전》에서는 '노랗다 노(:)라타 [no(:)ratʰa] 누르스름하다 누르스름(:)하다 [nurɯsɯrɯ(:)mhada]'와 같이 "정의적 표현에 따라 長短 양쪽으로 다 발음되는 단어는 완전장음표시를 괄호( )로 묶어 정의적 표현의 발음표시임"을 나타내기도 하였다. 이에 따라 '저기 저기/저:기 [Jʌgi/Jəːgi]'와 같은 예도 실리게 되었는데, '저기'의 경우에는 사실 거리감을 나타내는 정의적 표현의 정도에 따라 모음의 길이를 더욱 길게도 할 수 있는 것이다. 정의적인 가치로서의 음장은 현재로서 정확히 유형화할 수가 없기 때문에 사전에 이의 표시까지 하기란 쉽지 않은 것이다.

문제는 '뒤놀다, 뛰놀다'와 같은 복합어휘소들의 음장 인식과 그 표시에 있다. 즉 첫 구성요소 이외에서 장음을 과연 인정하겠는가 하는 문제이다. 이전의 사전일수록 본래의 음장을 유지하는 것으로 처리하였다가 최근의 사전에서는 차츰 장음을 인정하지 않는 경향으로 처리하고 있다. 다만《한국어표준발음사전》(1984)에서는 '신대·륙(新大陸), 가건·물(假建物), 한사·군(漢四郡), 맥없·다' 등과 같이 반장음을 인정하여 처리한 경우도 있는데, 이 경우는 분석 가능성을 고려한 것으로서, 완전히 단음화한 '군:밤, 알밤' 등의 '밤'과는 구별시킨 것이다. 음장을 장·단의 대립으로 처리하지 않고 그 중간적인 반장음을 인정하는 것은 음운 차원에서가 아니라 음성 차원에서임은 말할 것도 없다. 《표준어규정》(1988)의 〈표준발음법〉에서 "모음의 장단을 구별하여 발음하되, 단어의 첫음절에서만 긴소리가 나타나는 것을 원칙으로 한다."라고 규정한 것은 위의 여러 음운론적 사정들이 고려된 것이었다. 그럼에도 불구하고 '반신반의(半信半疑), 재삼재사(再三再四)'의 경우와 같이 "합성어의 경우에는 둘째 음절 이하에서도 분명한 긴소리를 인정한다"라는 부칙 규정을 두게 되었는데 이들 예들은 '반신 반의, 재삼 재사'처럼 띄어쓰기를 포함한 표제항들이었기에 마치 두 단어처럼 읽을 수도 있는 성격의 것들이다. 만일 규범적인 성격의 사전을 편찬하려면 위의 표준어규정에 따라 표제항에 대해 음장 정보를 부여해야 할 것이다. 따라서 '뒤놀다, 뛰놀다' 같은 경우는 제2음절 이하에서 장음의 '놀-'을 인정할 필요가 없게 되고 '반신반의, 재삼재사' 등도 띄어쓰기를 하지 않고서 표제항을 제시한다면 비록 반복적인(첩어적인) 구성요소를 포함하더라도 제2음절 이하에서 장음을 인정하지 않게 될 것이다. 그러나 기술적인 사전이라면 '반:신 반(:)의, 재:삼 재(:)사'와 같이 수의적인 것으로 처리될 수도 있을 것이다. 요컨대 사전의 표제항 자체의 음장에 대한 처리는 기본적으로는 음운론적 표제화에 의존하게 되는데, 이때에 음장의 표제화 기준은 사전의 성격에 따라 달라질 수 있는 것이다.

음장 정보에 대한 사전적 처리에 있어서 무엇보다도 중요한 것은 가변적인 음장 정보의 처리에 있다. 형태소 중심으로 볼 때에 국어 음장의 가변성을 보이는 경우는 그리 많은 예들을 포함하는 것은 아니다. 그 가변성을 보이는 경우는 용언어간 중에서도 단음절 어간들에 한정되는데, 그것도 불변적인 예들은 제외되는 것이다. 예컨대 '얻:다, 얻:고, 얻:지, 얻:는, 얻:어, 얻:은, 얻:으면' 등과 '오고, 오지, 오면, 오는, 와' 등은 늘 장음 아니면 단음으로 실현되어 환경에 따른 음장의 교체는 보이지 않는다. 음장의 가변성에는 두 종류가 있다. 즉 하나는 장음의 단음화요, 또 하나는 단음의 장음화이다. 전자를 흔히 단모음화라 불러 왔고 후자를 보상적 장모음화로 대표하여 왔다. 예컨대 단모음화의 예로는 '밟:다, 밟:고, 밟:지, 밟:는, 밟아, 밟으면, 밟은' 같은 것이 있고 보상적 장모음화의 예로는 '보다, 보고, 보지, 보는, 보면, 본, 보아~봐:' 같은 것이 각각 있다. '보다'의 사역동사인 '보이다'의 축약형 '뵈:다'도 보상적 장모음화를 입은 것임에는 틀림없으나 이는 사전적 표제항으로 별도로 처리될 수 있는 경우로 여기서 말하는 음장의 가변성과는 성격을 달리하는 것이다.

　그러면 가변적 음장을 어찌 유형화하여 사전 편찬 작업의 기초로 삼을 것인가, 우선 단모음화의 경우를 보자.

안:다	안고	안:지	안:는	안:습니다
	안은	안으면	안으오	안아
심:다	심:고	심:지	심:는	심:습니다
	심은	심으면	심으오	심어
닮:다	닮:고	닮:지	닮:는	닮:습니다
	닮은	닮으면	닮으오	닮아
밟:다	밟:고	밟:지	밟:는	밟:습니다
	밟은	밟으면	밟으오	밟아

닿:다	닿:고	닿:지	닿:는	닿:습니다
	닿은	닿으면	닿으오	닿아

이미 잘 알려진 바와 같이 이 단모음화는 자음어미 앞에서 장음으로 되는 용언어간이 모음어미 앞에서는 단음으로 실현되는 현상을 말한다. 따라서 이러한 음장의 정보를 사전에 제시하려면 자연히 자음어미와 모음어미에 의한 차이를 나타내도록 해야 할 것이다. 불규칙 활용을 보이는 'ㄷ, ㅂ, ㅅ' 불규칙활용 용언어간 중에서 단음절의 경우도 음장의 교체에 있어서는 기본적으로 다를 바가 없다.

묻:다	묻:고	묻:지	묻:는	묻:습니다
	물은	물으면	물으오	물어
굽:다	굽:고	굽:지	굽:는	굽:습니다
	구운	구우면	구우오	구워
짓:다	짓:고	짓:지	짓:는	짓:습니다
	지은	지으면	지으오	지어

그런데 위의 단모음화와 관련된 하나의 주의할 환경이 있다. 그것은 '-(으)오'와의 결합인 경우인데, 응당 앞에서 보인 예들에서처럼 자음으로 끝나는 용언어간들은 이 '-(으)오'에 의한 단모음화를 겪게 되나 일부의 용언어간들은 좀 다른 형식을 이룬다. 'ㄹ'로 끝나는 용언어간들은 다음과 같은 형식으로 나타난다.

| 알:다 | 알:고 | 알:지 | 아:는 | 압:니다 |
| | 안: | 알:면 | 아:오 | 알아 |

여기서 '알:+는→[아:는]'은 'ㄴ' 앞에서 'ㄹ'이 탈락한 경우이기에 음장의 교체와는 상관이 없게 되고, '알:+(으)ㅂ니다→[암:니다]'와 '알:+(으)ㄴ→[안:]'은 '으'의 생략 다음에 후속자음에 의한 'ㄹ' 탈락이 이루어진 결과로 역시 음장의 교체와는 상관이 없게 되었다고 할 수 있는데, '알:+(으)오→[아:오]'의 경우에는 'ㄹ' 아래에서는 '으'가 생략되어 '알:+오'의 결합이 형성되어 [아로]가 기대되나 [아:오]로 나타나 공시론적으로는 형태론적으로 조건되었다고 볼 수가 있고 모음어미 '-오'에 의한 단모음화가 외면당하고 있다 할 것이다. 음운론적 해석이야 달리할 수가 있겠으나 일단 앞의 단모음화 형식과는 구별되는 형식이기에 유형을 달리 분류해야 할 것이다. 음장의 교체로만 보면 이러한 'ㄹ'어간말 용언들과 평행되는 것이 모음으로 끝나는 개음절의 용언어간들이다. 물론 장음을 포함하는 단음절로 구성된 어간들이다.

비:다	비:고	비:지	비:는	빕:니다
	빈:	비:면	비:오	비어~비여(벼:)
배:다	배:고	배:지	배:는	뱁:니다
	뺀:	배:면	배:오	배어~배여(배:)
쏘:다	쏘:고	쏘:지	쏘:는	쏩:니다
	쏜:	쏘:면	쏘:오	쏘아~쏘와(쏴:)
죄:다	죄:고	죄:지	죄:는	죕:니다
	죈:	죄:면	죄:오	죄어~죄여(좨:)

쥐:다	쥐:고	쥐:지	쥐:는	쥡:니다
	쥔:	쥐:면	쥐:오	쥐어~쥐여(쥐:)
꿰:다	꿰:고	꿰:지	꿰:는	꿰:니다
	꿴:	꿰:면	꿰:오	꿰어~꿰여(꿰:)

　이들 개음절 어간들의 음장 교체 유형은 'ㄹ'어간말 용언의 그것과 완전히 일치하고 있음을 볼 수가 있다. 따라서 용언어간들의 단모음화는 크게 두 가지의 유형으로 분류될 수 있는데, 그 하나는 모든 모음어미 앞에서 단모음화를 경험하는 어간말자음 용언의 유형이요 또 하나는 '-(으)오' 앞에서는 단모음화를 경험하지 않는 유음말 용언과 개음절 용언의 유형이다. 음장의 가변성을 표시하려고 한 지금까지의 사전들 예컨대《한불ᄌ뎐》이나《コスモス朝和辭典》그리고《한국어표준발음사전》에서는 이러한 두 유형을 구별하지 않았던 것이다. 이 두 유형의 가변성에 대한 정보를 사전에 표시하려면 '단모음화 Ⅰ'과 '단모음화Ⅱ' 또는 이의 적절한 약호로써 제시하고 이에 대한 설명이 사전의 일러두기 또는 부록 등에서 주어져야만 할 것이다. 그 표시 방식은 물론 사전적 미시구조에 따라 결정되어야 할 것이다.

　음장의 가변성에 대한 또 하나의 문제는 이른바 보상적 장모음화의 경우이다. 여기서 문제로 삼는 장모음화도 용언의 활용이나 일부의 체언의 곡용에 한정되는 것이지 형태소 내부에서 통시적으로 이루어진 '빗얌 〉뱀:, 서홀다 〉썰:다'라든가, 변화의 수의적 단계에 있는 '마음~맘:, 아이~애:' 등과 같은 경우를 말하는 것은 아니다. 예컨대 '보+아 → 보아~보와~봐:'와 같은 수의적인 교체 형식에서의 장모음화라든가 '너+ㅣ가 → 네:가'와 같은 특이한 교체 형식에서의 장모음

화 등을 말하는 것이다. 용언 활용상에 나타나는 장모음화는 기본적
으로는 하나의 유형으로 분류된다고 해야 하나 다만 어간말모음에
따라 다음과 같이 하위분류할 수가 있다.

피다	피고	피지	피는	핍니다
	핀	피면	피어~피여~펴:	
보다	보고	보지	보는	봅니다
	본	보면	보아~보와~봐:	
두다	두고	두지	두는	둡니다
	둔	두면	두어~두워~둬:	

　이들 예에서 보듯이 'ㅣ, ㅗ, ㅜ'로 끝나는 단음절어간이 모음어미
'-아/어'와 결합하여 이른바 전설적 또는 원순적 활음화에 의한 비음
절화로 인한 보상적 장모음화가 수의적으로 일어난다. 음운론적으로
보면 특이한 다음과 같은 경우도 있다.

하다	하고	하지	하는	합니다
	한	하면	하여~해:	
되다	되고	되지	되는	됩니다
	된	되면	되어~되여~돼:	

　이들에 대한 음운론적 설명은 사전학에서는 불필요하고 오직 이러
한 수의적 교체를 효율적으로 반영하면 그뿐이다. 용언어간에서 볼
수 있는 이러한 수의적 교체까지 사전에 반영시킨다면 그것은 어느

정도로는 기술적인 성격을 띠게 될 것이다. 만일 기술적인 사전을 편찬한다면 저 앞에서 보인 단모음화의 예들 즉 '비:+어→비어, 쏘:+아→쏘아'같은 경우에도 다시 수의적으로 실현되는 '벼:, 쏴:' 등의 보상적 장모음화도 표시되어야 할 것이다. 나아가서 '짓:+어→지어~져:, 굽:+어→구워~궈:' 같은 경우의 수의적 교체형 '져:, 궈:'도 포함되어야 함은 물론이다. 또한 '배:+어→배어~배:, 죄:+어→죄어~좨:, 쥐:+어→쥐어~줴:, 꿰:+어→꿰어~꿰:' 등에서의 '배:, 좨:, 줴:, 꿰:' 같은 교체형도 기술적 사전에는 포함되어야 할 것이다. 물론 '배:+어→배:'의 실현은 보상적 장모음화는 아니고 오히려 특이한 환경에서 접속어미 '-아/어'가 생략됨으로 어간형태소의 음장이 유보된 것으로도 볼 수 있다.

　용언 가운데서 특이한 음장의 가변성을 보이는 것으로 '모르다'가 있다. 이 예만은 '몰:라'와 같은 장음화한 활용형을 갖고 있다. '누르다'도 중세어에서는 '모르다'와 같은 유형에 속하였는데 현대어에서는 개인에 따라 달라서 '눌러~눌:러'가 나타난다.

　체언, 그 중에서 대명사의 곡용에서 보이는 장모음화는 그 자료에 있어서 지극히 한정되는데, 그것도 관찰자에 따라 차이를 보이고 있다. 몇몇 사전에서 예를 보자.

	날	널	네(가)	뉘	제(가)
(조선말) 큰사전	날	널	네	뉘	제
국어대사전(수정증보)	날:	널	네	뉘:	제
새우리말큰사전	날	널	네	뉘	제
한국어표준발음사전	날:	널:	네:	뉘:	제:

위에 든 예들에 한정한다면 《새우리말큰사전》과 《한국어표준발음사전》은 가장 극단적인 대립을 보이고 있다. 많은 사전들에서 '날(나를)'과 '뉘(누구의)'가 특히 장음으로 표시되고 있는 것은 중세어에서의 상성으로의 실현과 관련이 있는 것이다. 현재도 나이 든 연령층에서는 이를 따르고 있으나 젊은 연령층에 이르면 대부분 《새우리말큰사전》에서처럼 단음으로 실현시키고 있다. 대명사의 일부 곡용형식에서 실현되는 이 장모음화를 공시적으로 보상적인 것으로 볼 것인가 하는 것은 문제가 없는 바 아니나, 사전에서는 적어도 대명사의 곡용형식에 대한 발음 표시에서 이러한 장음화의 정보를 포함해야 함은 당연한 일일 것이다. 《コスモス朝和辭典》에서의 처리를 예로 제시하면 다음과 같다.

> 너[nɔ ノ] 네가[ne: ga ネーガ]/니가[ni: ga ニーガ](話), ~의[nɔe ノエ](書)/
> 네[ne 처]/니[ni: ニー](話), ~에게[nɔege ノエゲ](書)/네게[nege ネ
> ゲ](書), ~는[nɔnɯn ノヌン]/년[nɔn ノン](話), ~를[nɔrɯl ノルル]/
> 널[nɔl ノル](話) [代…

《표준어규정》의 제18항에서 복수표준어로 제시한 '쇠가죽/소가죽, 쇠고기/소고기, 쇠기름/소기름, 쇠머리/소머리, 쇠뼈/소뼈'에서의 속격형 '쇠'도 장음으로 표시되어야 하는데, 이도 중세어의 상성에 통하는 경우이다.

체언 가운데서 고유어 계통의 수사의 음장은 특이한 관심을 불러일으킨다. 수사는 기본적으로 한 음절 또는 두 음절로 구성되는데, 한 음절의 수사만은 모두 장음으로 실현된다.

하나, 둘:, 셋:, 넷:, 다섯, 여섯, 일곱, 여덟, 아홉, 열:, 스물, 서른, 마흔,
쉰:, 예순, 일흔, 여든, 아흔, ……

이미 앞에서도 지적한 바와 같이 아마도 수를 셀 때에 일정한 호흡
단위로 리듬을 맞추는 동기에서 이같은 현상이 빚어졌는지는 모르겠
으나, 문제는 이들 수의 조합형에서는 흔히 첫음절의 장음을 잃는
데에 있다. 사전에는 흔히

한둘, 두엇, 두서넛, 서넛, 네댓, 너더댓, 대여섯, 예닐곱, 여남은, 열두제자,
열댓

과 같은 예들이 표제항으로 실려 있는데, 그 자체가 음장의 가변성을
보이는 것은 아니어서 표제화의 문제가 될 것이다. 만일 '열:'에 대해
서 '열둘, 열여덜' 등의 '열'이 단음으로 실현되고 그러한 형식으로 표
제화시킨다면 이런 음운정보를 참작하여 별도의 표제항으로 설정해
야 하지 않을까 하는 것이다. 말하자면 음운론적 가변성은 하나의
표제항 안에서 처리될 수 있으나 음운론적 형식을 달리하는 경우에
는 표제화의 문제가 된다는 것이다. 표제화에 있어서는 어휘소의 의
미론적 · 통사론적 기준뿐만 아니라 음운론적 기준도 고려되어야 한
다고 믿기 때문이다.

지금까지 음장의 가변성을 중심으로 한 유형화를 위한 기술을 꾀
하였다. 앞에서도 이미 언급한 바와 같이 불변적 음장의 예에 비해
가변적 음장의 예가 훨씬 적음은 사실인데, 표제항의 필요충분한 음
운정보, 특히 음장의 정보를 정확하게 제시하려면 유형별로 음장의

가변성을 분류하여 그 유형에 따라 통일성 있는 사전적 처리가 가능하도록 해야 할 것이다.

음장의 사전적 처리는 음장의 교체를 음소적 교체와 별도로 할 수는 없기 때문에 결국 용언활용형이나 체언곡용형에 음장의 정보를 포함시켜야 할 것이다. 그러자면 음운정보를 필요충분하게 줄 수 있는 활용형들이나 곡용형들을 일일이 표제항에 대해 제시하게 될 것이다. 이것이 《한불ᄌ뎐》이나 《コスモス朝和辭典》에서 꾀한 기초방식이다. 이 방식도 체계적으로 또는 통일성 있게 이루어진다면 하나의 효율적인 방식이 될 수가 있다. 특히 불규칙활용형식까지 표기하게 되기 때문에 발음뿐만 아니라 맞춤법의 정보까지 주는 장점을 가진다고 할 수 있다. 만일 이렇게 활용형이나 곡용형을 일일이 제시하는 방식을 번잡스럽게 여긴다면, 흔히 서양의 사전들에서 취하고 있는 분류번호 제시방식도 고려할 수 있다. 활용형 내지는 곡용형에 음장의 정보까지 포함시켜 유형화하고 그 유형들의 분류번호를 표제항 다음에 적절히 표시하는 방식을 말하는데, 이 방식은 사전적 경제성에서는 분명히 장점을 가지지만, 그러한 유형화한 정보를 '일러두기'나 '부록'에 실어야 하기 때문에 독자들이 이를 확인해야 하는 불편도 없지 않다. 어떠한 방식으로 미시구조에 표시하든, 미시구조 안에서 음운정보 이외의 딴 정보를 표시하는 방식과 평행되는 것이 좋을 것이다. 예컨대 예문들에 대하여 통사구조를 약식부호화하여 넣을 때에는 음운정보도 약식부호화하여 넣는 것이 체계적일 것이고 만일 통사구조를 분류번호화하여 표시하는 경우에는 음운정보도 역시 분류번호화하여 표시함으로써 평행하게 하는 것이 좋을 것이다. 이에 대한 예시는 졸고(1989)로 미룬다.

4. 맺음말

본고에서는 음운정보 가운데서 음장에 초점을 두고서 이전의 국어 사전들에서의 음장 처리를 검토하고 이를 바탕으로 음장의 효율적인 사전적 처리 방안을 모색하여 보았다.

지금까지의 사전들을 검토해 보면 음장 인식의 음운론적 단위는 모음과 음절 두 가지로 나뉘며, 음장 실현의 사전적 처리는 표제항 자체에만 음장을 표시한 사전들과 활용형 또는 곡용형의 제시와 함께 음장의 가변성까지 표시하려 한 사전들로 양분된다. 여기서 바람직한 음운정보 특히 음장의 사전적 처리 방식은 음장 인식의 단위로서는 모음으로 하고 음장의 가변성까지 제시하려 한 사전의 방식이라 할 수 있다.

이러한 음장의 필요충분한 정보를 사전에 나타내려면 우선 음장의 실현을 유형화하여 표제항들을 분류하고서 같은 유형에 속하는 표제항들에 대한 음장의 처리는 동일한 방식으로 이루어져야만 체계적이고 통일성 있게 될 것이다. 하나의 표제항에 관련된 미시구조에서 음장의 정보를 표시하는 방식을 그 미시구조의 딴 정보를 표시하는 방식에 평행되도록 함이 좋을 것이다.

본고는 기본적으로 현대어 중심의 공시적인 사전 편찬을 염두에 둔 논의였다. 만일 중세어 중심의 사전이라면 성조를 중심으로 유형화하여 마찬가지로 체계적으로 그리고 통일성 있게 편찬할 수 있을 것이다. 지금까지의 옛말사전들은 현대어사전들에서와 마찬가지로 표제항 자체에 대한 운소적 표시만을 했던 것이다.

[《진단학보》 70, 1990]

붙임: 한국어 음장의 인식 단위 문제와 음장 실현의 유형을 고려해 사전에서 표기상의 음절(音節)에 비례하는 자절(字節) 단위에서의 음장 표시 방법을 시도해 본 것이다. 음운론 연구의 결과를 사전에 접목시킨 응용(應用)음운론이다. 어떤 방법이 음장을 필요충분하게 표시할 수 있는 가장 효율적인 방법일까. 사전에서의 음장 처리는 기본적으로 한국어의 대표적인 두 방언 즉 동쪽의 성조방언과 서쪽의 음장방언 가운데 표준방언이 서쪽의 음장방언이기 때문이다.

참고사전

〈사전연구초〉(1910), 《대한민보》(연재).

조선광문회(1911~?), 《말모이》(고본), 《한국문화》(서울대) 7(재수록).

조선총독부(1920), 《조선어사전》.

문세영(1938), 《조선어사전》, 조선어사전간행회.

이윤재(1947), 《표준조선말사전》, 아문각.

한글학회(1947~1957), 《(조선말)큰사전》, 을유문화사.

한글학회(1958), 《중사전》, 한글학회 출판부.

국어국문학회(1958), 《국어새사전》, 동아출판사.

신기철·신용철(1958), 《표준국어사전》, 을유문화사.

김민수·홍웅선(1959), 《새사전》, 대한교과서주식회사.

이희승(1961), 《국어대사전》, 민중서관.

신기철·신용철(1975), 《새우리말큰사전》, 삼성출판사.

이희승(1982), 《국어대사전》(수정·증보), 민중서림.

남광우·이철수·유만근(1984), 《한국어표준발음사전》, 한국정신문화연구원.

문교부(1988), 《표준어규정》, 문교부고시 제88-2호.

菅野裕臣 外(1988), 《コスモス朝和辞典》, 東京: 白水社.

Gale, James S.(1897), 《한영ᄌ뎐》(A Korean · English Dictionary), Yokohama.

Les Missionnaires de Corée de la Société des Missions Etrangéres de Paris(1880), 《한

불ᄌ뎐(Dictionnaire coréen-français)》, Yokohama.

Les Missionnaires de Corée de la Société des Missions Etrangéres de Paris(1881), Grammaire coréenne, Yokohama.

참고문헌

국어연구소(1988), 《표준어규정 해설》, 국어연구소.

국어연구소(1990), 《표준어모음》, 국어연구소.

국어학회(1977), 《국어학총서》, 탑출판사.

김완진(1972), 형태론적 현안의 음운론적 극복을 위하여, 《동아문화》(서울대) 11.

김완진(1973), 《중세국어성조의 연구》(한국문화연구총서 11), 서울대 한국문화 연구소.

남기심·안삼환·이상섭·최영애·홍재성(1987), 기존 국어사전의 반성과 대표 적 외국 사전의 사례 연구, 《성곡논총》 18.

이병근(1977), 최초의 국어사전 《말모이》(고본), 《언어》 2-1.

이병근(1978), 국어의 장모음화와 보상성, 《국어학》 6.

이병근(1982), 국어사전사 편고, 《백영정병욱선생화갑기념논총》, 신구문화사.

이병근(1985), 주시경, 《국어연구의 발자취》 I, 김완진·안병희·이병근 편, 서 울대 출판부.

이병근(1986), 국어사전 편찬의 역사, 《국어생활》 7.

이병근(1986), 발화에 있어서의 음장, 《국어학》 15.

이병근(1989), 국어사전과 음운론, 《애산학보》 7.

이현복(1987), 국어사전에서의 발음표시, 《어학연구》(서울대) 23-1.

조재수(1984), 《국어사전 편찬론》, 과학사.

홍재성(1987), 한국어사전에서의 동사항목의 기술과 통사정보, 《인문과학》(연세 대) 57.

음운론의 연구
흐름과 동향

1. 음운론연구사 서술의 의의

'한국어'라고 하는 개별언어의 음운 체계와 음운 현상들, 그리고 그 역사에 대한 음운론적 층위에서의 체계화를 '국어음운론'이라고 한다면, 이에 대한 연구사의 서술은 공시 음운론적 연구와 통시 음운론적 연구를 모두 포함하게 될 것이다. 그러나 숱한 논저들을 일일이 늘어놓으면서 해제식으로 서술하는 방법은 자칫하면 연구사의 흐름을 파악함에 오히려 방해가 되기 쉽다. 국어의 음운 체계나 음운 현상에 있어서 구체적으로 어떤 주제들이 문제가 되어 왔으며 어떻게 인식해 왔는가를 이해하고 앞으로 어떻게 발전시킬 것인가를 생각하는 것이 본질적으로 중요한 것이라면 이러한 면에서 연구의 흐름을 서술하여야 할 것이다. 국어의 음운 구조에 대한 인식 내지 연구가 구체적인 논저로 남겨진 것들이 연구사 서술의 핵심이 될 수밖에 없는 바, 차자표기에 반영된 음운론적 인식이 있었다고 하더라도 그러한 자료 자체가 체계적인 음운론적 기술이 아니기 때문에 현재의 연구사 서술에서는 일단 제외될 수밖에 없는 것이다. 이렇게 보면 국어 음운론의 연구사적 서술은 자연히 《훈민정음》에 나타난 음운 이론을 그 출발점으로 삼게 된다. 여기에서 비롯된 문자 중심의 음운론 이론은 고대 인도의 음운론의 영향을 받은 중국의 운학으로부터 수용된 것이기는 하나 조선 시대의 전통을 이루다시피 되었는바, 19세기 후반에 비롯된 서양 이론의 수용은 조선 시대의 음운론적 과제를 이어 받으면서 새로운 과제를 계속 던져 주면서 현재에 이르고 있다. 외국 이론의 범람과 그 벅찬 수용을 안고 있는 현재의 국어 음운론 연구는 좀 더 진지하게 반성할 계기를 맞고 있기 때문에, 음운론 연구의 역사를 우선 이해한다는 것은 앞으로의 음운론 연구 과제의 발굴과 방법의 개발이라는 점에서 의의가 있을 것이다.

우리는 흔히 음성학과 음운론을 구별하면서 음운 체계의 확립과 음운 현상의 기술에 음성적 자질들을 활용하여 왔다. 최근의 음운론뿐만 아니라 《훈민정음》이 그러했다. 음성학과 음운론의 분기점은 언어적 의사소통에 유효한 음적 요소에 두게 되는데, 이는 곧 시차적(또는 변별적)인 자질을 뜻한다. 따라서 음운론적 단위인 음운이나 음운론적 최소 요소인 시차적 자질보다 하위 층위에 속하는 기술은 자연히 음성학의 범위에 들 것이며 음운론적 작업일 수는 없는 것이다. 예컨대 이음이란 음운의 조건적 실현음이기 때문에 그것의 기술은 자연히 음운론의 범위에 들 수 있지만, 음운이 설정되기 이전의 단음은 음성 목록에 지나지 않기 때문에 그것의 기술은 음성학의 범위에 드는 것이다. 국어의 무성음 [p]와 유성음 [b]는 상보적 분포를 보여 그 실현위치가 일정한 것이기 때문에 하나의 이음 [p]에서 또 하나의 이음 [b]로 유성음화한다는 방식의 기술은 음운론적인 면에서는 어불성설인 것이다. 음운과 이음, 그리고 시차적 자질이란 개념이 체계화되지 못했던 이전의 연구는 음성학과 음운론을 넘나들었던 것으로 '음학'이라 할 수 있다. 전통적인 면에서 볼 때에 음학(cf. 소리갈)이란 흔히 문자론과 깊이 관련되었고, 또 음성학과 음운론이 분화되지 못한 단계에서의 언어음('말의 소리')에 관한 연구로서 문법의 한 하위 분야로 서술되기도 하였다. 훈민정음의 이론이 그러했고, 주시경의 음학이 또한 그러했으며, 최현배의 《우리말본》의 "소리갈"은 아예 음성학에 가까운 것이었다. 음운론이란 개념을 유럽의 언어학에 맞추어 국어 음운론의 역사를 서술한다면 그 출발점은 음운과 음운 체계라는 개념이 확립된 1940년대가 되겠지만, 이 글에서는 음학까지를 포함시켜 서술함으로써 음학에 있어서의 음운론적 인식을 이해하는 데에 도움을 주고자 한다. 음성학과 음운론의 구별은 언어 연구에서 꼭 필요한 것이지만 그것은 외래적인 것이고 우리 자신이 우리의 언어를 관찰하면서 자생적으로 형성한 것은 아니다. 외국 이론의 수용이 늘 있을 수밖에 없고 또 필요한 것이지만 그 수용이 기술제휴나 보세가공에만 머물 수는 없는 것이다. 《훈민정음》이나 주시경의 음학에서 바로 이러한 태도를 우리는 배울 수 있는 것이다.

음운론 연구의 역사 서술에서도 마찬가지다. 전반적인 국어학사의 서술에서 때로 외래적 이론에 맞추어 음학이니 구조주의이니 또 생성 이론이니 하고서 서술하면서 그 수용상에 있어서 나타난 문제들을 분석하지 않은 것을 보기도 하는데, 적어도 국어 음운론의 역사, 나아가서 국어학사에 한정한다면 그러한 태도는 그리 바람직하지는 않다고 여겨진다.

국어 음운론 연구의 역사를 개략적으로 서술하려는 이 글에서는 그 흐름을 파악하는 정도로 그치되, 그 흐름의 두드러진 요철에 초점을 두려 한다. 우선은 연구사의 엄격한 시대 구분은 피하고 《훈민정음》으로부터 현대에 이르는 과정을 서술하되, 다만 편의상 '조선시대의 음학', '개항기에서 해방까지의 음학' 및 '해방 40년의 음운론'으로 나눈다.

2. 조선시대의 음학

국어의 음운론적 연구는 우리 민족의 문화 유산 가운데서 최대의 것이라고도 할 수 있는 《훈민정음》의 등장에서 비롯된다. 《훈민정음》이 비록 새로운 문자로서의 훈민정음에 대한 제자원리 및 그 용법을 설명한 것일지라도 음운론적인 인식 없이는 문자 특히 음소문자를 새로이 만들 수가 없고 또 실제로 《훈민정음》이 높은 수준의 음성학적 · 음운론적인 설명을 보여 주고 있기 때문에 국어 음운론 연구를 역사적으로 서술함에 출발점이 될 수 있다고 믿는다.

《훈민정음》은 서와 후서를 제외하면 '新制二十八字'를 중심으로 한 예의 및 제자해 · 초성해 · 중성해 · 종성해 · 합자해 · 용자례를 포함하는 해례의 두 부분으로 크게 구성되어 있다. 《훈민정음》에 있어서의 음운론적 논의는 각 문자의 음학적 설명, 음절과 그 구성 요소의 인식, 그리고 그 구성 요소인 초 · 중 · 종성의 음운론적 구조의 인식 등이 그 핵심을 이룬다. 음절 구조의 인식은 盖字韻之要在於中聲과 初終合而成音에서 볼 수 있듯이 중성은 음절의 요체가 되고 초 · 종성이 합해서 음절을 이루는데, 음절의 세 구성 요소인 초 · 중 · 종성은 각각

正音初聲 卽韻書之字母也 聲音由此而生故曰母

中聲者 居字韻之中 合初終而成音

終聲者 承初中而成字韻

과 같이 음절 구조상의 구실을 한다는 것이다. 이러한 설명은 합자해의 初中終三聲合而成字와 같은 문자론적 음운론인 것이다.

초성 체계의 음운론적 설명과 중성 체계의 그것 사이에는 커다란 차이점이 있다. 이미 잘 알려진 바와 같이 초성의 이론은 기본적으로 오행에 의하고 중성의 그것은 천지인 삼재와 음양에 의하여 설명된다. 예의에는 초성에 대해서는 아설순치후 및 반설음, 반치음의 17자와 병서 6자의 예시와 음성 분류의 제시가 있는데, 중성에 대해서는 예시도 음성 분류도 없다.

훈민정음의 이론에서 가장 특징적인 것의 하나는 자질에 의한 분류라 할 수 있는데, 초성에 대해서는 아설순치후의 5음은 물론이고 全淸/次淸/全濁/不淸/不濁 厲/不厲/最不厲 등 조음 위치와 조음 방법에 따라 음운 부류를 나누고 있는 데에 반해서, 중성에 대해서는 舌縮/舌小縮/舌不縮 聲深/聲不深不淺/聲淺 口蹙 口張 陰陽 등의 자질에 따라 분류하고 있다. 이들 자질의 개념을 현대 음운론의 자질에 맞추어 해석하기도 하고 때로《훈민정음》자체의 개념으로 해석하기도 하였으나, 훈민정음의 이러한 자질들의 해석으로부터 구성된 당시의 음운 체계들 사이에는 아직도 차이가 있어서 앞으로의 연구 과제로 여전히 남아 있는 셈이다. 현재로서는《훈민정음》의 음운론적 기술을 그 자체 안에서 이해하고 현대 음운론의 관점에서 확대·해석하는 일은 피해야 할 것이다.《훈민정음》의 음운 이론에서 우리가 주목해야 할 일은 음운들을 그 나름대로의 자질로서 분류하면서 이들 분류된 부류를 제자원리와 결합했다는 점일 것이다. 이러한 음운론의 실용이 수준 높은 것임은 두말할 필요조차 없는 것이다.

종성에 대해서는 대체로 초성의 자질들을 이용하였는데, 여기에 새로이 보태진 자질로는 사성과 관련된 (舒)緩/(促)急이 있다. 소리가 세지 않은 불청불탁자는 평·상·거성에 마땅하고 그 소리가 센 나머지는 촉급한 입성에 마땅한데, 종성에는 ㄱㅇㄷㄴㅂㅁㅅㄹ의 8자만으로 넉넉히 쓸 수 있다는 것이다. 그리하여 8종성은 촉급과 서완을 모두 포함하게 되었다. 음절말 위치에서 실현되는 종성들은 그에 대당되는 초성자를 빌어 썼는바, 이것이 바로 終聲復用初聲으로 규정된 것이다. 구태여 현대 언어학의 관점에서 본다면 음절말 위치에서의 내파화나 중화의 결과인 것이다. 훈민정음의 종성 체계는 대립의 상실로 오는 공통자질의 공유를 뜻하는 원음소를 고려하여 이에 해당하는 새로운 문자를 만든 것이 아니고, 예컨대 ㅅㅈㅊ → ㅅ/__$에서처럼 한 음운이 일정한 환경에서 딴 음운으로 바뀌는 일종의 자질변경 규칙에 맞먹는 것이었다. 《훈민정음》에 따르면, '厲'한 차청음들이 종성의 위치에서 '稍厲'한 전청으로 바뀌되, 다만 두 전청을 포함하는 치음계열에 있어서는 'ㅈ'이 그보다는 '稍厲'한 'ㅅ'으로 바뀌는 것이다. 차청의 'ㅎ'은 전청인 'ㆆ'과 중화를 이루지 않는다. 8종성 체계는 초성 체계와는 달리 고유어 표기를 위한 것으로 보인다. 한자음에만 쓰일 수 있었던 후음 'ㆆ'이 종성해 및 그 용자례에 빠져 있음이 이를 말해주는 것이다. 종성 위치에서 'ㄷ'과 'ㅅ'이 구별되었음은 곧 'ㅅ'의 'ㄷ'으로의 내파화가 당시로서는 실현되지 않았음을 뜻한다. '앗이, 웃ㅂ니' 등의 제한된 위치에서 보이는 종성 'ㅿ'은 훈민정음의 창제자에게는

354

종성으로서 인식되지는 못했던 것이다.

요컨대 《훈민정음》의 음학은 새로운 문자 체계의 확립을 위한 실용적인 것이지만, 음절 구조의 인식에 이어 그 구성 요소로서의 단위 음들을 일정한 자질들에 의하여 분류·기술하고 그 부류들 사이의 구조적 관계까지도 어느 정도로는 인식할 수 있었다는 점에서, 그리고 외래 이론을 수용·극복한 독창성과 《훈민정음》의 체제에서 볼 수 있는 어느 정도의 체계성에서 수준 높은 것이었다고 할 수 있다.

세종에 이어 집현전 학사들이 추진했던 이러한 문자론적인 음학은 모처럼 형성되었던 이 젊은 언어학파가 정치적 사건으로 거의 무너지는 바람에 실학의 부흥이 일기까지는 거의 공백 상태에 빠져 있었다. 역관 출신의 최세진이 "암흑시대에 나타난 혜성과 같은 존재"로 평가되기도 하였으나(김윤경의 말), 그는 중국어 교과서인 《박통사》, 《노걸대》라든가 한자 학습서인 《훈몽자회》, 운서인 《사성통해》, 《전운옥편》 및 이문집인 《이문집람》 등을 편찬하였으므로, 때로 문자론적인 관심을 보여 주었다고 하더라도 순수한 음운론 연구의 역사에서 보면 진취적인 창의성을 보여 주지는 못했다 할 것이다.

훈민정음에서의 운학적인 연구가 더욱 철저하게 성리학에 바탕을 두고 이루어진 시대가 이른바 실학 시대이었다. 《경세정운》(최석정), 《화동정음통석운고》(박성원), 《훈음종편》(이사질), 《훈민정음운해》(신경준), 《언문지》(유희) 등이 이 시기의 대표적인 음학 연구이기는 하나, 국어 음운론의 관점에서 보면 《훈민정음》의 이론에서 크게는 나아가지 못했던 것이다. 음학 연구에 있어서 체계적인 서술은 아니라도 부분적으로 언급된 사실들이 특히 음운사 연구에 도움이 된다. 예컨대 이미 없어진 문자의 음가론으로서 'ㅿ, ㅸ'을 각각 'ㅅ-ㅇ, ㅂ-ㅇ'

의 간음으로 보았다든가, 반대로 새로운 문자의 제정을 주장하면서 ':(其聲比 差重 其氣比 差長), ◇(ㅇㅇ◇ 此三者 出聲相近), ㅌㅌㄸㄴ(cf. 서북인의 설상음)' 등과 같은 음가를 제시하였다든가 또 '橫자의 중중성 'ㅣ'를 '侵자의 중성 'ㅣ'와 구별했다든가 한 것들이다. 또한 《훈민정음》의 종성으로 차이 있게 쓰인 'ㅅ'과 'ㄷ(ㅈ, ㅿ)'의 혼기 및 구개음화에 대한 기술도 볼 수 있다. 요컨대 실학 시대의 음학은 운학 그 자체 또는 그 이론에 따른 것이 대부분으로, 비록 체계적인 기술은 못 되더라도 문자론과 함께 음운사연구에 관련되어 근대 국어의 음운론적 연구에 기여하여 온 셈이다. 외래 이론으로서의 운학을 지나치게 바라보았던 관계로 국어 음운론의 독창적이고도 체계적인 인식에는 도달하지 못했던 것이다.

훈민정음으로부터 실학 시대까지의 한자 중심의 음운학은 한마디로 말해서 성리학을 배경으로 한 운학적인 음학이라 할 수 있으나, 훈민정음의 높은 수준의 음학 이론에서 볼 수 있었던 독창성과 체계성은 특기할 만한 것이다.

3. 개항기에서 광복까지의 음학

훈민정음에서 비롯된 문자론에 관련된 음학이 여전히 성리학의 배경 속에서 실학 시대에 전통화되다시피 된 경향에서 그 주제들이 계승·발전되기 시작한 때가 19세기 후반이라 할 수 있다. 여기서 말하는 주제들이란 문자 체계의 새로운 확립을 위하여 검토했던 음운사적인 것들을 말한다. 지석영의 《신정국문》,《대한국문설》,《국문정식》 등은 그 예가 된다. 이러한 연구들은 당분간은 음운사 자체의 서술을 위한 것이라기보다는 잃어버린 국권의 회복이란 민족의 소망으로서의 이데올로기인 어문민족주의에 입각한 애국계몽의 수단으로서 새로운 문자 체계 또는 표기법을 마련하려는 데에 그 동기가 있었던 것이다. 훈민정음에서 볼 수 있었던 바와 같이 역시 현실적 필요에 따른 실천학문이었던 것이다. 19세기와 20세기와의 교체기에 있었던 또 하나의 특징은 문법서들의 출현으로 음학이 문법의 한 분야로서 서술되었던 일이다. 《한어문전》(Grammaire Coréenne, 1881) 같은 것들이 그 예가 되겠는데, 이는 외국 선교사들 자신의 전교활동을 위한 한국어 학습서의 성격을 띠는 것이다. 그리하여 선교사들 자신의 언어로 쓰여질 수밖에 없었던 것이다. 이러한 문법서들은 곧 성서 번역이나 대역사전의 편찬과도 관련되어 있어서 결국 음학의 서술도 그들의 현실적 요구에 따른 것이라 할 수 있다. 그 체제는 음학, 형태론(품사론) 및 통사론의 삼분법에 따르는데, 음학은 그 서설로서 문자 중심으로 모음·자음에 대하여 그에 대당되는 예를 그들 언어로 보이고 음절을 서술하였다. 한국인에 의한 국어 문법서의 음학도 대체로 이러한 방식을 따랐으나, 물론 각 문자에 대한 예시는 거의 불필요했던 것이다.

　주시경의 《국문강의》(《대한국어문법》, 1906)과 《국어문전음학》(1908)은 어문민족주의의 이데올로기로부터 쓰여진 문자론적 음학의 대표적인 것이라 할 수 있는바, 새로운 문자 체계의 확립을 위한 것이었기에 자연히 훈민정음과 관련된 음운사 연구의 성격을 지니게 되었다. 문자와 음을 밀접히 관련시킨 근거는 "國文은 國語의 影子요 國語의 寫眞이라"에 있었다. 표기법에 대한 주시경의 깊은 관심은 이른바 '사이ㅅ'이라 불리기도 했던 속격 'ㅅ'의 기술에서도 볼 수 있다.

《龍飛御天歌》에 ㅅ을 兩名號間에 置홈이 有ᄒ고 上名號末에 附홈도 有ᄒ니
六章에 東海之濱을 東海ㅅᄀ라 홈과 五十章에 天星을 하ᄂᆞᆺ벼리라 홈이라 發音
으로는 一般이나 ㅅ은 上名號를 形名體로 變ᄒ기 爲ᄒ여 加ᄒ는 것이요 下名
號에는 關係가 無흔즉 上名號에 附홈이 可ᄒ니라.

《국어문전음학》, p.53

통감부 시절의 일본인의 감독 아래 세워진 학부 국문연구소의 연
구도 같은 성격의 것으로 국문의 원리, 연혁, 현재행용, 장래발전 등
에 관련된 것들인바, 자연히 음운사 연구를 밑바탕으로 하였던 것이
다. 'ㆍ'를 비롯한 문자 중심의 음학에서 주시경의 서술 방법은 '분합'
이라는 분석 방법에 의한 것이 그 특징이다. 철저한 분석에 의하여
원소적인 기본 단위를 설정하며 합음에 의하여 서술하는 방식이 그
것이다. 예컨대 훈민정음의 중성 11자(ㅑㅕㅓㅗㅛㅜㅠㅡㅣㆍ)
가운데서 ㅏㅓㅗㅜㅡㅣ는 단음(홋소리)으로 여섯 원소이고, ㅑㅕㅛ
ㅠ는 각각 ㅣㅏ, ㅣㅓ, ㅣㅗ, ㅣㅜ의 합음인데 ㅣㅣ의 합음은 별다른 발
음이 되지 못하지만, 응당 있어야 할 ㅣㅡ의 합음이 없다는 것이다.
이 빈칸에 해당되는 것이 곧 'ㆍ'로 두 모음 원소 ㅣㅡ의 합음일 수밖
에 없다는 것이다. 이러한 분합의 절차에 따라 음운 현상도 기술하게
되는데, 예컨대 '맡고→맏고'에서 'ㅌ'는 ㄷㅎ의 합음으로 자음 앞에서
'말의 익음'으로 ㅎ이 나지 않아서 '맏고'에 이른다는 것이다. 이러한
음운 현상은 이른바 '자음접변'이라 불리게 된 자음동화와 함께 '접
변'(셔로 접ᄒ면 변ᄒ는 子音들)에서 다루어진 것들이다.
　이 시기에 국문연구소의 위원을 지냈던 이종일은 일찍이 훈민정음
의 초성들을 발음기관의 상형으로 이해한 최초의 인물이었다.

음학에 관한 이상의 주제들은 《훈민정음》은 물론이고 실학 시대의 음학과 관련되는 것이다. 주시경의 음학은 그리하여 공시론과 통시론을 넘나들었던 것이었는데, 《국어문법》(1910) 및 그 부분적인 개정판 같은 문법서들에 있어서의 음학도 역시 같은 방식으로 서술되었다. 다만 그의 문법서들에서는 음학 이외의 문법론(씨갈, 짬듬갈 등)에서 산발적으로나마 문법형태소들의 이형태들에 대해서 그 환경과 함께 언급하기도 하는데, 이러한 음학의 이분법은 《조선어학》(박승빈, 1935), 《우리말본》(최현배, 1937) 등을 거쳐 현재까지의 대부분의 학교 문법서들에 이어져 왔다.

문법서의 서설로서의 음학이나 문자론적인 음운사로서의 음학으로부터 벗어나 음학을 독립시켜 공시론적으로 서술한 최초의 것이 주시경의 《말의소리》(1914)이다. 이 책에서는 훈민정음과 관련되는 문자음가론은 완전히 사라져 끊임없이 논증해 온 'ㆍ'에 대한 언급도 자취를 감추게 되었다. 그의 분합이라는 철저한 추상적 분석 방법은 여전하였으며, 문법형태소들의 교체에 대한 본격적인 서술도 물론 포함되지 않았다. 어간 형태소들의 교체에 대해서만은 더욱 관심을 확대시켰다. 품사 분류와 관련하여 우선 '몸'과 '토'로 분류하였는데, 이는 각각 의미부와 형태부에 해당되는 것으로 다시 '늣씨'라는 용어에 의하여 그 나름대로의 분합을 부호로써 제시하였다. 예컨대 '해바라기'는 '해, 바라, 기'의 세 '늣씨'로 구성된 것이며, '으나'는 '으, 나'의 두 '늣씨'로 이루어진 구성이라는 것이다. 이러한 분합이 있었음에도 '토'의 음운 현상들은 《말의소리》에 포함시키지 않고서 '닭, 높-' 등과 같은 '몸'의 음운 현상들만을 포함시켰던 것이다. 당시의 표기에서 지극히 혼란을 보였던 '높고~놉고, 놉흐면~노프면'과 같은 경우에 '몸'을 잡기 위해서 ① '높~놉', ② '높', ③ '놉(흐면)'의 세 방법을 놓고서 고민하여 몸을 이형태인 '높'과 '놉'의 두 가지로 잡을 수 있다고 하였다. 어휘형태의 변화 중에 있던 '땅~따'도 그대로 두 가지의 몸으로 잡을 수 있다고 한 것을 보면 역사를 완전히 배제하였음을 알 수 있다.

주시경의 제자이며 후계자인 김두봉은 《말의소리》 또는 《국어문법》을 계승하였으면서도 중요한 차이를 보여 주었다. 그의 《조선말본》(1916)과 그 개정판(1922)의 《소리갈》에서는 공시론과 통시론을 어느 정도 구별하였고 추상적 분석에서 구상적 분석으로 바뀐 모습을 보였는데, 이는 아마도 그의 음학이 본질적으로 생리음성학에 철저하게 기초를 두었던 데에서 온 결과인 듯하다. 'ㅔ, ㅐ'를 '거듭소리'로 분석했던 주시경과는 달리 '홋홀소리'로 볼 수밖에 없게 되었다. 생리음성학적인 관찰은 자음동화와 같은 음운 현상을 조음 위치와 조음 방법에 따라 서술할 수 있게 하였다. 즉 음성적 자질에 의하여 음운 현상을 설명할 수 있는 음학이 싹트게 된 것이다. 그리하여 이러한 생리음성학적 음학은 문법서에서의 음학의 전통이 되다시피 되었다. 안확의 《조선문법》(1917)에서의 'ㅏ ㅓ ㅗ ㅜ ㅡ ㅣ ㅐ ㅔ'의 8모음 체계는 같은 서술인 셈이다. 小倉進平의 《國語及朝鮮語發音槪說》(1923)도 생리음성학적 기초 위에서 두 언어에 대한 대조적 음학을 시도한 것으로 발음기관, 음운 각론 및 음의 결합 등을 내용으로 하였는데, 주로 공시론에 속하지만 때로 이중모음의 단모음화, 구개음화 등의 음운사적인 서술도 곁들이었다. 음운 각론에서 'n, m'에 대하여 'd, b'와 같이 발음된다는 식의 기술이 있는 것을 보면 이 책은 음성학과 음운론을 아직 구별하지 않았던 음학의 차원에 머물렀음을 말해 주는 것이다. 음운이란 용어는 단지 단음 정도의 개념에 지나지 않는 것이었다.

1930년대에 들어서면서 박승빈의 《조선어학강의요지》(1931)에서와 같이 이론음과 표준음으로 음성과 음운을 구별한다든가, 최현배의 《우리말본》(1937)에서와 같이 phoneme이란 용어를 쓰게 되었다든가 하게 되었지만, 아직도 대체로는 음학의 단계에 머물러 있었던 것이다. 다만 최현배의 경우 《우리말본》(첫째 매, 1929)에서는 아직 공시론과 통시론을 구별하지 않았으나 《우리말본》(1937)의 〈말소리갈〉에서는 생리음성학적 기초 위에서 공시적인 면만을 다루고서 음운사의 서술은 《한글갈》(1942)로 넘겨 문자사 중심의 음가론으로 전통을 이었던 것이다.

요컨대 1930년대까지의 음학은 유럽의 이론을 직접·간접으로 수용하면서 생리음성학의 기초 위에서 공시론적인 서술이 싹트고 또 한편으로는 조선 시대로부터 물려받은 문자 중심의 음운사 주제들을 계속 연구하였던 것이다. 방언음운론도 방종현의 〈방언에 나타나는 △음의 변천〉(1935)에서 볼 수 있듯이 같은 길을 걸었다고 할 수 있다. 음학의 범위는 단음, 음절 및 몇몇 음운 현상들을 포함하는 것이 일반적이었으며 어간 형태소들(cf. 활용어)의 음운 현상이나 문법 형태소들의 형태들은 문법의 기술에 포함하는 것이 또한 일반적이었다. 이렇게 해서 등장한 용어들이 '변체, 변동, 변격' 등인바, 여기서 이른바 불규칙활용을 인식하게 된 셈이다. 다만 주시경의 《말의소리》만은 어휘 형태소들의 음운 형식까지 포함시킨 음학으로서 당시로서는 특이한 것이었다.

일본의 제국주의적 침략 아래에서라는 시대적 상황 속에서 이루어진 음학 연구는 어문민족주의의 이데올로기에 따른 이념과학의 한

부분일 수도 있고, 반대로 당시의 식민 통치자들이었던 일본인들에게는 이른바 '일선동조론'의 합리화를 위한 '일한동원사' 연구의 한 부분이었다. 조선총독부의 취조국 및 참사관실에서 계획·추진했던 구관제도조사사업은 새로운 식민 통치를 위한 자료 수집으로서 식민 통치자들에 대한 한국어 교육과 '동원사(同源史)'의 연구로 이어졌던 것이다(졸고 1985). 이완응의 《조선어발음급문법》(1935)에 이르는 강의록들은 총독부의 《조선어사전》과 함께 식민정책을 위한 그 한 예가 될 것이다.

람스테트(G. J. Ramstedt)의 《Remarks on the Korean Language》(1928)에 이어진 한국어 연구들은 기본적으로 알타이어학의 수립을 위한 역사적 연구들이지만, 이러한 상황 속에서는 특이한 위치를 차지한다. 아마도 핀란드 사람으로서 어떠한 형식적인 요구를 받지 않았기 때문일 것이다. 결과적으로 순수과학의 성격을 지니게 된 셈인데, 한국어의 사료를 충분히 검토하지 않은 그로서 통찰력 있는 음운사 연구를 행한 점은 높이 평가될 만한 것이었다. 현대 국어의 단모음들인 'ㅐ, ㅔ' 등이 이전에는 이중모음이었을 것이라고 한 것이 하나의 예가 될 것이다. 그의 연구는 광복 이후에야 알려지게 되었다.

4. 광복 40년의 음운론

광복을 맞아 일본의 제국주의로부터 벗어나면서 민족적 이데올로기로부터 파생된 국수적인 경향을 비판하여 국어학이 순수과학이 되기를 강조하게 되었는바, 거기에는 일본인들이 이루어 놓았던 언어 연구의 수준을 극복하려는 동기도 숨어 있었던 것이다. 이는 주로 음운사 연구에 관련된 것으로서 음운 체계와 음운 현상 그 자체를 객관적으로 해명하려 했던 것이다. 1930년대에 이미 음성과 음운을 구별하려는 경향이 있었으나, 음운과 음운 체계라는 개념을 분명히 유럽 언어학으로부터 수용하여 하나의 음운을 체계 속에서 이해하게 된 것은 1940년을 전후해서였다. 이숭녕의 〈'ㆍ' 음고〉(1940)이 그 시 발점이었다. 즉 그 이전의 대부분의 연구에서 'ㆍ'를 개체사로서 아니면 《훈민정음》에서 제시된 자질들만에 의하여 기술해 왔던 태도로부터 발전하여 모음조화라는 음운 현상을 고려해서 당시의 모음체계 안에서의 'ㆍ'의 위치를 밝히려 하였다. 'ㆍ'의 음운 변화도 물론 추가되었다. 'ㆍ'의 음운사를 체계적으로 다루어 집대성한 것이 바로 《조선어음운론연구》(제1집 'ㆍ'음고)(1949)인데, 이어서 나온 50년대까지의 많은 음운사 연구들은 국어 음운론 연구의 기초와 방향을 확립시켜 주었다고 할 수 있다. 조선 시대로부터 일제시대를 거쳐 물려받은 음운사 주제들을 단순한 음가론으로부터 벗어나 체계적으로 재검토하고 또 새로운 주제들을 확대시켰고 외국 이론을 적극적으로 원용하면서 정밀하게 기술·설명해 온 것이 광복 40년 동안의 음운론 연구라 할 수 있다.

4.1.

50년대의 음운론 연구는 이전의 음가론 중심의 음운론 연구를 보다 뚜렷하게 부각시켰다고 할 수 있다. 음가론 내지 음가변이론은 비록 동일한 문자로 표기되었더라도 시대에 따라 서로 다른 값어치를 가질 수 있음을 강조한 셈이다(이숭녕 1949, 허웅 1952). 크게는 음운사의 문제가 되겠는데, 개화기로부터 집중적인 관심이 된 이 음운사 연구는 일본의 제국주의 아래에서도 여전히 음운론 연구의 주류가 되었던 것이다. 이미 여러 국어학사 분야의 글들에서 말해 온 것처럼, 현실집약적인 어문정리에 발맞추어 이른바 소실문자(없어진 글자)의 음가를 탐색하는 가운데서 음운사 연구가 부각되었는데, 'ㆍ, ㅸ, ㅿ' 등에 관한 논문들 이외에 병서의 음가에 관한 몇 편의 논문들이 쏟아져 나온 것도 그 대표적인 예가 될 것이다(김민수 1953, 1955). 본질적으로는 음운사 연구에 속하는 이 시기의 음가변이론은 우선 두 가지 면의 특징을 가진 것으로 보인다. 첫째로, 음가론의 대상은 대부분 15세기의 것들이었다. 문헌자료 중심의 역사적 연구에서 15세기를 출발점으로 삼게 된 것은 자료적인 면에서 볼 때에 너무나도 당연한 것이었다. 둘째로, 15세기를 중심으로 설정된 음가가 그 뒤에 겪은 통시적인 변화의 과정과 시기에 관심을 기울였다. 변화 시기의 추정에 있어서는 언어외적인 정치사적 · 문화사적인 고려를 벗어나 언어내적인 변화, 즉 언어의 내사를 중심으로 시대 구분을 할 것을 강조하곤 하였다. 상이한 시대에 대한 상이한 가치를 부여함으로써, 현대어에 바탕을 두고서 이전의 언어 사실을 동일시하려 했던 해석 태도, 즉 '현대적 편견'은 점차 극복되어 온 셈이다. 이런 가운데에서 음운사 연구는 15세기 중심의 중세어를 기점으로 하여 시대차를 밝히되 변화의 단계를 정밀화시키는 방향으로 발전되기 시작하였다. 예컨대 'ㆍ'의 비음운화는 16세기에는 제2음절 이하에서만 가능했다든가(이기문 1959), t구개음화는 남부 방언에서 먼저 실현되어 중앙어로 확산되었는데(안병희 1957), 15세기의 치음이었던 'ㅈ ㅊ'들이 우선 구개음으로 바뀌고서야 t구개음화로 확산되었을 것이라든가 하는 등의 지적이다.

또 하나의 발전적인 모습은 원자론적인 방법의 극복이다. 즉 음운사를 single item의 역사(개체사)로만 기술하지 않고 체계의 역사로서 기술하게 된 점이다. 중세어의 모음 체계 속에서의 'ㆍ'의 대립 관계를 밝히려 했던 1940년대의 음운론 연구에서 비롯되어 그 후로 음운 체계의 변천이란 사실을 더욱 깊이 있게 부각시킨 것은 아마도 60년대 초엽 이후가 아닌가 한다. 체계 중심의 음운론은 첫째로, 음성과 음운과의 구별을 더욱 뚜렷하게 하였고, 둘째, 음운 현상을 체계와의 유기적인 관련 아래에서 관찰하게 하였으며, 셋째로, 하나의 음운 변화는 연쇄적인 변화들의 한 외적 실현으로 음운 체계의 변화를 뜻하는 것으로서 서술하게 하였다고 여겨진다. 예컨대 'ㆍ'의 비음운화와 이중모음의 단모음화 및 움라우트 현상은 연쇄적인 음운 변화로서 이 음운 변화들은 모음 체계의 추이와 직접적인 관계에 있다는 것인데, 중세어의 7모음 체계에서 근대어의 8모음 체계로 넘어오는 데에서 이루어진 체계 내의 대립적 관계의 변천이라는 것이다(김완진 1963). 시대 구분도 자연히 이에 따르게 되었다.

음운 체계와 음운 현상과의 유기적인 해석은 일찍이 모음 체계와 모음 조화와의 관계에 관한 연구에서 비롯되었는데, 60년대 이후로는 모음 체계와 모음 조화 사이의 '일치'와 '불일치'가 문제로 등장하곤 하였다(이기문 1968). 모음 체계와 모음 조화를 하나의 일치된 체계로 해석하려는 태도에서는 체계와 현상을 합치시킬 수 있는 음운론적 자질에 대한 새로운 추구가 계속되었고(김완진 1978), 모음 체계와 모음 조화 사이의 불일치를 전제로 하는 태도에서는 모음 조화를 공시론적으로는 형태음소론적인 현상으로 간주하고 있다. 이 상이한 논의는 음운 변화가 체계 변천의 외적인 실현인가, 아니면 체계란 음운 변화들에 대한 실증적인 연구로부터 귀납적으로 얻어질 수 있는 것인가 하는 차이를 가지며, 또는 어떤 음운 현상을 음운론적 자질에 의하여 순전히 음운론적으로 설명할 것인가 아니면 그 음운 현상을 형태음소론적 내지는 형태론적 규칙으로 설명할 것인가 하는 차이를 가진다. 이러한 문제는 현재의 음운론 연구에서도 늘 문제가 되고 있는 것이다(졸고 1976). 뒤에 언급할 불규칙 활용에 대한 기술은 그 대표적인 예가 될 것이다.

음운 현상과 음운 체계 사이의 관계에 대한 또 하나의 문제로 등장했던 과제가 구개음화에 대한 논의이었다. 훈민정음에서 치음으로 분류되었던 'ㅅ(ㅿ), ㅈ, ㅊ' 들은 역시 현대어에서와 같은 구개음이 아니었다는 사실이 강조되면서 'ㅿ'이 환경에 따라 [z, ʒ]로 실현되었다는 이전의 견해를 비판하고 오직 치음인 [z]이었으며 구개음 [ʒ]는 있을 수 없었다는 이음에 대한 논의가 있었다. /i, j/ 앞에서 구개음인 [ʧ, ʧʰ] 등의 이음이 우선 실현되고 이 이음이 음운화하여 ts 〉 ʧ의 음운 변화가 일어났다고 보는 견해, 즉 이음의 음운화에 의한 서술에 대해서(허웅 1964) 서북 방언의 /ㅈ/이 /ts/이며 t구개음화가 실현되지 않고 있음에 유의하여 우선 /ts/ 〉/ʧ/의 음운 변화(일종의 구개음화) 이후에 t구개음화가 일어났다고 보는 견해, 즉 음운 자체의 재음운화에 따라 새로운 음운 현상이 연쇄적으로 실현되었다는 견해가 등장했다. 이 두 해석 방법은 순수 논리의 면에서는 모두 가능한 것으로 음운사 연구에서는 때로 문제가 되곤 했던 서술 방법상의 문제이다. 만일 음성적 차원의 gradual change를 음운 변화에서 도외시한다면 후자의 해석이 보다 바람직할 것이다.

구개음화의 문제와 비슷한 음운사적 주제로 이른바 움라우트 현상을 들 수 있다. 움라우트 현상에 대한 집중적인 연구는 70년대의 일이기는 하지만, 예컨대 '어미 〉 에미'의 실현에 있어서 /əj/ 〉 /e/의 단모음화를 전제로 하는가 아니면 이 움라우트의 환경에서 실현된 [e]가 /ə/의 한 이음에 지나지 않는가 하는 해석의 문제가 일어난다. '에, 애(외, 위)' 들의 단모음화가 이루어진 이후에야 각각의 움라우트 현상이 실현된다는 해석(졸고 1970)이 보다 더 음운론적 해석이라 여긴다.

4.2.

현대어에 대한 공시론적인 음학 연구는 주시경의 《말의소리》(1914)를 비롯하여 여러 연구들이 있었으나, 음운론적인 차원에서의 공시 음운론 연구는 1950년대에 싹트기 시작했다. 음소론이란 이름 아래 나온 기술적인 연구들이 대체로 이에 속할 것인데, 동남 방언의 50년대 성조론도 같은 성질의 연구일 것이다. 60년대 이후의 방언 음운론 연구에 있어서 개별 방언 중심의 공시론적 연구가 주류가 된 사실은 이 시기의 국어학 연구의 한 경향을 보여 주는 것으로 여겨진다. 5·60년대의 공시 음운론의 특징을 든다면, 최소 대립어를 확인하는 commutation testing과 상보적 분포의 확인에 주로 의존하여 음운 목록을 작성하고서 음운 체계를 설정하고 음운 결합의 유형, 나아가서 음운의 변동을 다루는 서술 방식이었던 점이다. 말할 것도 없이 이는 프라그학파의 공시음운론과 미국의 기술언어학으로부터의 영향을 받은 서술이었다. 성조론에 있어서도 최소 대립어에 의한 성조소의 확인, 성조 유형의 파악 및 성조 변동의 기술이 주요한 관심 대상이었던 것은 음운론 연구의 이러한 경향을 말해 준 셈이다(정연찬 1960). 여기에 유럽의 기능·구조주의의 음운론이 함께 수용된 경우에는 음운 체계에 내재하는 대립 관계, 특히 상관 관계에 깊은 관심이 주어졌음을 볼 수가 있다(Tcheu 1967). 이러한 대립 관계의 확립은 음운 현상을 지배하는 내재적인 기제를 발견하려는 방향으로 이어지곤 하였던 것이다. 이 경우 음운론적인 대립은 시차적 자질을 바탕으로 하는데, 이미 훈민정음의 설명에서, 그리고 1910년대의 음운 현상에 대한 생리음성학적 설명에서도 그 싹이 텄었고, 40년대 이후의 음운사 연구에서는 음운 체계와 음운 현상에 대한 구조적 해명이 더욱 깊이 한바, 이 40년대가 현대적인 음운론 연구의 기점이 되었던 것이다.

4.3.

국어의 구조적 특징으로 흔히 교착성을 우선적으로 들게 되는데, 이 교착성은 음운론적인 면에서는 어휘 형태소와 문법 형태소 사이에서의 여러 음운 현상을 노출시켜 준다. 이 음운 현상에 대한 인식은 주시경의 문법에서도 있었는데, 주로 음학에서 다루었었다. 이른바 '자음접변'은 그 대표적인 예이었다. 전통문법론에서는 순수하게 음성적으로 설명될 수 있는 현상, 예컨대 동화 등은 음운론에서 다루었고 대체로 불규칙 활용과 같은 형태음소론적인 현상은 품사론에서 다루어 왔다. 김두봉의 《깁더조선말본》에서는 이 두 가지를 '소리의 버릇'과 '말의 버릇'으로 구별하여 각각 '소리'와 '씨'에서 나누어 다루고 있다.

50년대의 'ㅎ' 종성체언에 대한 연구를 비롯하여 중세어 활용어간의 이형태들에 대한 기술이라든가(김민수 1952) '아ᅀᆞ~앙' 등의 이른바 특수어간 교체에 대한 기술들이 이어졌는데(이기문 1962), 50년대로부터 형태음소론(morphophonemics)이란 이름의 분야가 등장하면서는 음운론적으로 조건된 자동적 교체들이나, 일정한 형태소 부류들에 한정되어 나타나는 비자동적 교체들이나 모두 포함시켜 논의함으로써 전통문법론에서의 서술 방식과는 약간의 차이를 보이게 되었다(Martin 1952). 물론 '음운의 변동'이란 이름 아래에서 형태음소론적인 현상을 논의하여 음운론의 범위를 확대시킨 경우도 있었던 것이다. 이와 같이 음운론의 범위가 들쑥날쑥하게 된 모습을 띠었던 것이 5, 60년대의 국어학 연구의 현실이었다고 할 수 있을 것이다.

형태음소론적인 연구는 교체에 앞서는 기본적 구조에 대한 인식을 깊이 해 주게 되는데, 여기에 심층분석적 인식이 보태짐으로써 이전의 국어학 연구에서는 발굴하지 못했던 음운 사실들이 제시되기도 하였다. 예컨대, 훈민정음으로는 제대로 표기되지 않은 jʌ, jɨ, ij 및 ji 등의 이중모음들의 재구를 음운사 연구에서 제시하게 되었다(김완진 1964, 이기문 1969). 특히 생성이론의 자극은 몇 가지 면에서 60년대 말엽 이후의 국어 음운론 연구에 새로운 방향을 보이게 하였다. 첫째로, 훈민정음의 제자 원리나 주시경의 분석적인 음학이론과 비슷하게 추상적인 기본 단위 또는 기본 구조를 설정하고 이른바 규칙에 의한 변형으로 음운 현상을 기술하는 경향을 보이게 되었다. 즉 기저음운의 설정, 형태소의 기저형 설정 및 표면형으로 유도되는 데에 관여하는 규칙들의 기술이 공시 음운론의 주요한 임무들이었다. 음운 변화와 재구라는 역사음운학의 기본 개념에 익숙해져 있었던 음운론 연구자들에게는 생성음운론의 이러한 작업이 낯선 것은 아니었다. 둘째로, 음운론의 범위를 형태음소론까지 포함시켜 확대시킨 경향을 보였다. 교착적인 구조적 특성을 지닌 국어의 경우에는 음운론의 과제가 더욱 풍부해진 셈이었다. 셋째로, 생성에 의한 강력한 설명력을 내세운 생성이론의 매력에 이끌려 예외를 가능한 한 줄이고 지극히 추상적인 단계로부터 서술하려는 경향을 보이기도 하였는데, 그 대표적인 예가 국어의 이른바 불규칙 활용에 대하여 추상적인 기저형을 설정하고서 순수한 음운 규칙으로 서술함으로써 규칙화시키려 한 경우이다. 이전의 형태(음소)론적인 현상들에 대하여 되도록 이면 음운론적으로 설명하려는 경향이 짙어졌던 것이다. 이때에 기저형의 설정과 그 설정에 소용되는 기저음운의 확립이 가장 심각한 문제가 되는데, 추상성의 정도에 대한 갈등은 외국의 음운론에서뿐만 아니라 국어 음운론에서도 계속되고 있는 것이다. 넷째로, 통사부에 매어 달린 음운부의 연구가 음운론이라는 생각과 국어의 교착적인 특성에 대하여 가졌던 깊은 인식의 두 가지가 어울려서, 음운론이 형태소 구조 규칙뿐만 아니라 형태소 경계에서의 음운 규칙까지 다루면서, 결국 음운 현상을 지배하는 규칙에 있어서는 음운론적 제약 이외에 형태론적·통사론적 제약 즉 비음운론적인 제약이 작용하는 문제를 전통문법론에서 보다 더욱 정밀하게 부각시키게 되었다. 예컨대 '(아기를) 안다'는 '안:+기(명사형어미) → 안:끼(~앙:끼)' 등과 같이 교체되어 자음 어미 앞에서는 장모음을 유지하면서 된소리화를 겪게 되는데(자음동화는 수의적), 사동의 '안기다'는 '앙기다~앵기다'와 교체되어 장모음을 단모음화시키면서 된소리화는 겪지 않으며 명사형 어미 '-기'와는 달리 움라우트까지 수의적으로 겪고 있어서, 두 경우가 차이를 보이고 있음이 강조되곤 하였다(졸고 1975). 영어보다는 훨씬 복잡한 교착어로서의 국어는 이상과 같은 다양한 문제들이 더욱 심각하게 일어날 수 있음이 강조되곤 하였다. 70년대에 들어서면서 활기를 띠기 시작한 공시론적인 방언음운론도 같은 경향을 보여 왔다. 전통적인 국어학에서 쓰였던 '법칙'이란 명칭이 이 시기에는 '규칙'이란 명칭으로 바뀌면서 숱한 규칙들이 제시되곤 하여, 규칙이 난무하는 시대를 맞은 듯한 느낌마저 들게 하였다. 진정한 규칙이 어떤 것인지 반성할 단계에 와 닿은 것이다.

4.4.

국어의 교착어적인 '특질'(어문민족주의에서의 '특이성'이 아니라 순수한 언어과학에서의 보편성 위의 특수성) 속에서의 음운 현상들이 보여 주는 다양성은 그 현상들을 지배하는 규칙성들을 정밀화시킬 것을 요구하게 되는데, 음운 체계로부터의 형태음소론적 또는 형태론적 제약, 나아가서 통사론적 제약 등을 정밀하게, 그리고 체계적으로 검토하지 않으면 안 될 것이다. 그리고 진정한 음운론적 규칙이 무엇인가를 되씹어 보아야 할 것이다. 사실 70년대 이후의 국어 음운론 연구는 음운 현상을 지배하는 규칙을 정밀화시키려는 노력을 기울여 왔다(송철의 1982). 이 정밀화의 작업에 의한 사실의 발견이 귀중한 것이기는 하나, 자칫 잘못하여 미세한 사실의 기술에만 만족하게 되면 소탐대실의 결과를 가져오게 될 우려가 있을 것이다. 물론 국어 음운 현상을 폭넓게 지배하는 공모성을 밝혀 음운 현상을 설명하려 한다든가, 음운 현상의 동기를 음운 체계의 내재적인 구조에 따라 설명하려는 그러한 노력이 없었던 것은 아니다. 국어 음운론 연구가 기술에만 만족하지 않고 설명의 단계에까지 발전하려면, 풍부하고도 신빙성 있는 자료를 바탕으로 음운 구조와 음운 현상을 실증적으로 기술하는 일과 '왜 그러한 규칙들이 실현될 수 있는가'에 대하여 이론적으로 설명하는 일, 이 두 가지 면이 조화를 이루어야만 할 것이다. 음운사 연구에 있어서도 마찬가지일 것인데, 그동안 부진했던 고대국어와 근대국어의 음운사적 연구가 새로운 관심의 대상으로 최근 부각되고 있는 것은 국어 음운론의 폭과 깊이를 위해서는 다행한 일이라 할 것이다.

5. 결론

지금까지 우리는 《훈민정음》 이래로 현재에 이르는 국어 음운론 연구의 역사를 개략적으로 그리고 시대의 흐름에 따른 발전의 요철을 보이면서 기술하였다. 때로는 시대적 상황을 염두에 두기도 하였다. 두드러지게 강조하지는 않았으나 외래적인 음운론 이론의 강한 영향이 있었음을 볼 수도 있었던 셈이다. 다만 《훈민정음》이나 주시경의 음학이 지닌 체계성과 독창성을 강조하기도 하였다. 그것은 국어를 국어로서 진정 관찰하면서 그 나름대로의 방법론을 확립하려는 노력을 높이 평가하고 싶은 동기에서 강조했던 것이다. 이는 국어 음운론의 '자료'를 보는 눈을 뜻하는 것이다. 애초에 강조했던 것처럼, 외래 이론의 수용은 꼭 필요한 일이지만 그것이 '기술제휴'나 '보세가공'의 차원에 머무는 것일 수는 없다는 것이다. 국어의 음운 구조 내지는 음운 현상에 대한 진정한 관찰로부터 지금까지 밝히지 못했던 새로운 사실을 제시하면서 국어 음운론의 폭을 넓히고 나아가서 국어 음운론의 균형 있는 연구를 행하여 국어의 음운 구조와 음운 현상이 지니는 특수성과 보편성을 밝힌다면, 그것은 국어 음운론 연구를 바람직하게 발전시킬 것이며 진정 일반 음운론에도 이바지하게 될 것이라 믿는다. 언어학을 지금까지 이끌어 왔던 음운론이 이상과 같은 방향으로 계속된다면 여전히 선두주자의 구실을 할 것으로 믿는다. 첫머리에서 국어 음운론 연구를 역사적으로 전개시키는 경우 운학이니 구조언어학이니 또는 생성이론이니 하는 외국 언어학의 역사에 맞추어 기술하는 것은 바람직하지는 않다고 한 소이가 또한 여기에 있는 것이다.

[《국어학연구사》, 정연사, 1985]

붙임: 한국어의 음운론연구사를 그 흐름과 동향에 초점을 두고서 개괄적으로 서술하려 한 글이다. 다만 서술의 편의상 '조선시대의 음학(音學)', '개항기에서 광복까지의 음학', '광복 40년의 음운론'으로 나누어 그 특징과 흐름을 파악하고자 하였다. 음운론 연구의 역사를 서술함에는 음운론 연구의 역사를 우선 이해하고 앞으로의 연구 과제의 발굴과 연구 방법의 개발이란 점에 의의를 두려 하였다.

참고문헌

김민수(1952), ㅎ조사 연구, 《국어국문학》 1.

김민수(1953), 각자병서 음가론, 《국어국문학》 4.

김민수(1955), 합용병서음가론, 《국어국문학》 13.

김완진(1963), 국어모음체계의 신고찰, 《진단학보》 24.

김완진(1964), 중세국어 이중모음의 음운론적 해석에 대하여, 《학술원논문집》 4.

김완진(1978), 모음체계와 모음조화에 대한 반성, 《어학연구》(서울대) 14-2.

송철의(1982), 음운현상의 기술을 정밀화시킨 국어음운론연구에 대하여, 《한국학보》 27.

안병희(1957), 중간두시언해의 t구개음화에 대하여, 《이희승선생 송수기념논총》, 일조각.

이기문(1959), 십육세기의 국어의 연구, 《문리논집》 4.

이기문(1962), 중세국어의 특수어간교체에 대하여, 《진단학보》 23.

이기문(1968), 모음조화와 모음체계, 《이숭녕박사 송수기념논총》, 을유문화사.

이기문(1969), 중세국어음운론의 제문제, 《진단학보》 32.

이병근(1970), 19세기 후기국어의 모음체계, 《학술원논문집》 9.

이병근(1975), 음운규칙과 비음운론적 제약, 《국어학》 3.

이병근(1976), 19세기 국어의 모음체계와 모음조화, 《국어국문학》 72·73.

이병근(1985), 조선총독부 편 《조선어사전》의 편찬목적과 그 경위, 《진단학보》 59.

이숭녕(1949), '애·에·외'의 음가변이론, 《한글》 106.

정연찬(1960), 15세기 국어의 Tone에 대한 연구, 《국어연구》 8.

허 웅(1952), '에 애 외 이'의 음가, 《국어국문학》 1.

허 웅(1964), 치음고, 《국어국문학》 27.

Martin, S. E.(1952), *Korean Morphophonemics*, Baltimore: Linguistic Society of America.

Tcheu, Soc-Kiou(1967), La neutralisation et le consonantisme coréen, *La Linguistique* 2.

편집후기

이 논문집은 이병근 선생님의 팔순(八旬)을 기념하기 위해 기획되었습니다. 한 2년쯤 전, 이와 관련하여 김현 교수와 얘기하다가 선생님 논문의 상당수를 입력해 둔 사실을 알게 되었습니다. 그리하여 빠진 논문을 여럿이서 마저 입력하고 난 후 선생님께 여쭈었더니 '음운' 12편과 '방언' 13편을 골라 주시었습니다. 이에 선생님께서 주신 각권 부제를 붙여 《음운과 방언》 두 권을 각각 선집의 형태로 간행합니다.

선생님의 국어학은 '체계'를 구명하는 데 집중되었다고 할 수 있습니다. '체계를 고려한 언어 현상의 접근' 바로 이것이 선생님께서 항상 말씀하신 국어 연구의 기본 태도였습니다. 또 체계와 현상의 유기적 해석 및 예외에 대한 체계적 해명을 위해 "원자론적인 태도"에서 벗어날 것을 늘 당부하셨습니다. 아울러 선생님은 외국의 선진 언어 이론의 수용에도 인색하지 않으셨습니다. 다만, 외래 이론을 받아들이되 그것의 수용이 "保稅加工"에 머물러서는 안 된다는 점을 강조하시기도 하였습니다. 이 선집 속에 선명히 드러나 있는 이러한 태도는 오늘날 우리 문하생들의 학문적 바탕이 되었습니다.

이 선집을 펴내는 데는 편집에 관한 모든 일을 진두지휘한 김현 교수의 수고가 제일 컸습니다. 물론 실제 입력·교정을 하느라 서울대 대학원의 김고은·김동은·김수영·김영규·김유겸·배윤정·웅연·이현주·임홍연·전진호·홍은영 학생들도 애를 많이 썼습니다. 이에 대한 고마운 마음을 전하면서 이 책의 간행이 후학의 연구 태도 확립에 도움이 될 수 있기를 바랍니다. 나아가 약간의 입력과 출간 관련 조언을 제공한 김주필·장윤희·정인호·박기영·유필재·신중진 교수, 그리고 기념 책자의 발간에 매번 도움을 주시는 ㈜태학사의 지현구 회장님을 비롯한 직원 여러분께도 감사드립니다.

2020년 5월 15일
정승철 삼가 적어 올립니다